철학자가 들려주는 철학 이야기 041~050권

아비투어 철학 논술 5

●

초급편

철학자가 들려주는 철학 이야기

아비투어 철학 논술 5

초판 1쇄 발행일 | 2011년 3월 18일
초판 2쇄 발행일 | 2012년 2월 20일

지은이 | 박민수, 정인회, 오지은, 최지윤, 박현정, 권상, 이지영
펴낸이 | 강병철
펴낸곳 | (주)자음과모음

주　　간 | 정은영
제　　작 | 고성은
마 케 팅 | 전소연, 이선희
영　　업 | 조광진, 장성준, 김상윤, 이도은, 박제연

출판등록 | 2001년 5월 8일 제20－222호
주　　소 | 121－840 서울시 마포구 서교동 396－33
전　　화 | 편집부 (02)324－2347, 총무부 (02)325－6047
팩　　스 | 편집부 (02)324－2348, 총무부 (02)2648－1311
e－mail | soseries@jamobook.com
Home page | www.jamo21.net

ISBN 978－89－544－2672－5 (04100)
ISBN 978－89－544－2667－1 (set)

• 잘못된 책은 교환해 드립니다.

철학자가 들려주는 철학이야기 041~050

아비투어 철학 논술

초급편

5

(주)자음과모음

차례

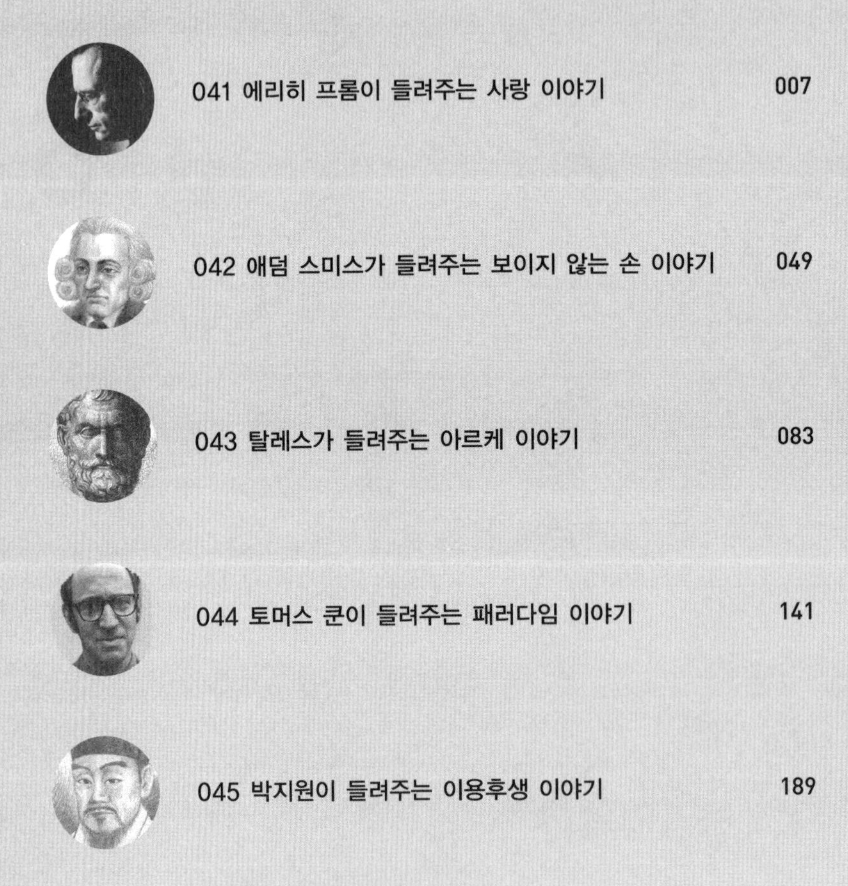

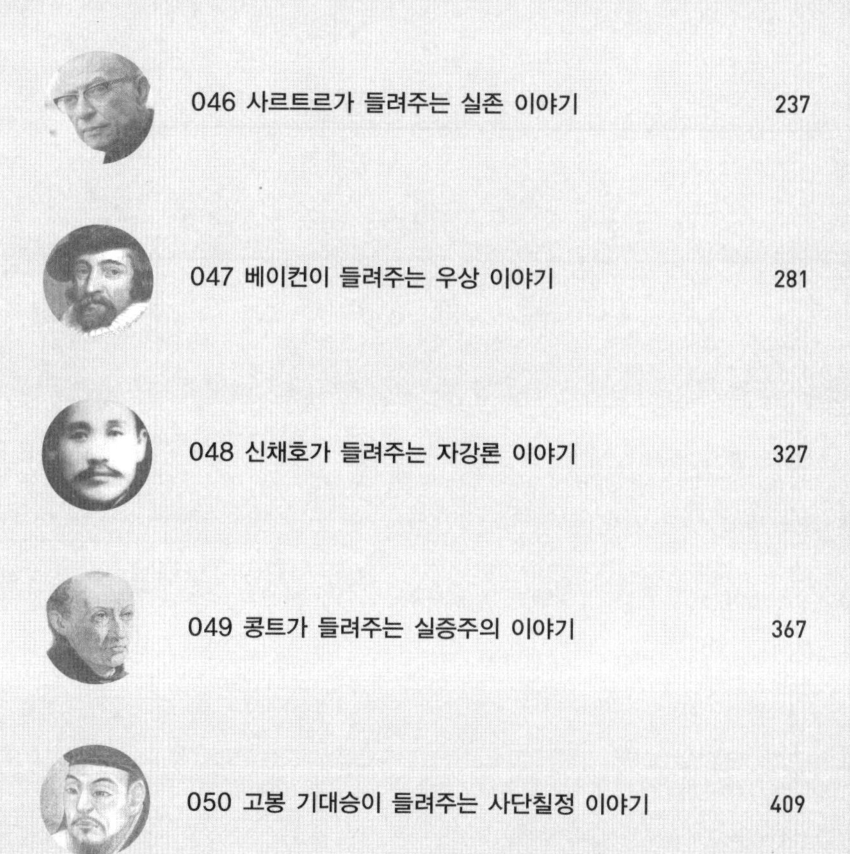

Abitur

철학자가 들려주는 철학이야기 041

에리히 프롬이 들려주는 사랑 이야기

저자_**박민수**
연세대학교 독문과를 졸업하고 동대학원에서 석사 학위를 받았다. 지금은 독일 베를린 자유대학에서 〈근대 미학에서 미적 가상의 개념〉이란 주제로 박사 논문을 준비하고 있다. 전문 번역가로도 활동하고 있으며, 저서로는 《아비투어 철학 논술: 칸트가 들려주는 순수 이성 비판 이야기》《아비투어 철학 논술: 니체가 들려주는 슈퍼맨 이야기》《아비투어 철학 논술: 헤겔이 들려주는 정신 이야기》 등이 있고, 역서로는 《우리의 포스트모던적 모던》《데리다 - 니체, 니체 - 데리다》《신의 독약》《책벌레》《크라바트》 등이 있다.

에리히 프롬과 《사랑의 기술》

Erich Fromm

에리히 프롬과 《사랑의 기술》

1. 에리히 프롬은 누구일까요?

에리히 프롬(1900~1980)은 독일에서 태어난 사회학자이자 심리학자이고 철학자이기도 합니다. 프롬은 독일의 프랑크푸르트에서 유대인으로 태어났고 하이델베르크와 뮌헨, 베를린에서 공부했습니다. 그런데 1933년 독일에서 히틀러의 나치스당이 정권을 잡았습니다. 히틀러의 정권은 독재 정치를 실시했고 비밀경찰인 게슈타포를 조직하여 모든 국민을 감시했으며 정권에 반대하는 사람을 잡아내서 죽이거나 가두었습니다. 또 나치스 정권은 인종주의를 내세우며 유대인을 억압했습니다. 유대인이었던 프롬의 가족은 탄압이 심해지자 어쩔 수 없이 미국으로 망명했습니다. 미국으로 이주한 프롬은 대학 교수가 되어 학

> **어휘 다지기**
>
> **심리학**
> 인간의 심리, 즉 의식과 무의식 작용에 관해 연구하는 학문
>
> **사회학**
> 인간의 사회적 공동생활에 관해 연구하는 학문으로, 19세기 후반에 프랑스의 학자 오거스트 콩트가 창시하였다.

문적 연구를 계속했고 1941년에 《자유로부터의 도피》라는 명저를 탄생시켰습니다. 프롬은 1951년에 멕시코로 다시 이주하여 작은 도시에 살면서 현대 사회와 인간에 대한 연구를 계속했으며 미국과 멕시코의 주요 대학에서 교수로도 활동했습니다. 그리고 《건전한 사회》 《인간 상실과 인간 회복》 《사랑의 기술》 《소유냐 존재냐》와 같은 훌륭한 저서들을 썼습니다. 프롬은 일흔네 살이 된 1974년에 스위스의 무랄토라는 곳으로 이주했고 거기서 사망했습니다.

2. 《사랑의 기술》과 프롬의 사랑 철학

① 사랑은 기술

사람들은 '사랑한다'는 것을 아주 쉬운 일로 여깁니다. 어느 날 갑자기 우연히 찾아오는 감정이 사랑이고, 그런 감정에 자신을 내맡기는 것이 사랑에 필요한 유일한 행위라고 생각하지요. 이런 것이 사랑의 전부라면 사랑을 통해서는 뭔가 배우고 익히는 일 따위는 전혀 필요하지 않습니다. 화가 나면 화를 내고 슬프면 슬퍼하는 것처럼 사랑의 감정을 그저 느끼고 사랑의 행위를 하면 그만일 테니까요. 하지만 프롬은 이런 1차원적인 생각 자체가 사랑에 대한 크나큰 오해라고 말합니다.

《사랑의 기술》에서 프롬이 말하는 바에 따르면, 참되게 사랑하는 것은 정말로 어려운 일이며, 진정한 사랑은 끊임없는 노력과 훈련을 통해 얻을 수 있는 능력을 일컫습니다. 이는 사랑한다는 것이 어쩌다 생겨난 감정에 따르기만 하면 되는 수동적인 것이 아니라 자발적이고 능동적인 행위라는 뜻입니다. 그리고 많은 사람들이 이런 점을 깨닫지 못하기 때문에 사랑에 실패하는 것이라 말합니다. 사실 사랑은 능동적인 행위이고 연습과 훈련이 필요하며, 모든 연습과 훈련이 그렇듯 지식과 노력을 필요로 한다는 것입니다.

오채환 선생님이 프롬의 《사랑의 기술》을 재미있는 동화로 풀어 쓰신 《에리히 프롬이 들려주는 사랑 이야기》는 이에 관해 아래와 같이 설명하고 있습니다.

사랑은 아무 준비 없이 그저 하면 되는 것, 우연한 기회에 주어지는 운명과도 같은 것이라는 생각이 매우 보편적입니다. 하지만 그것은 많은 사람들이 사랑의 행위적 측면만을 강조하기 때문에 생긴 편견입니다. 다시 말해 사랑을 그저 달콤한 기분으로 유쾌하게 탐닉해 버리고 마는 것쯤으로 생각하는 것입니다.

마침내 사랑을 애써 배워야 하는 것으로 여기지 않아 사람들은 사랑받을 수 있는 요건을 갖추는 일 또는 사랑스러운 대상을 찾는 문제에만 매달리고, 사랑을 하기 위해 자발적이고 능동적인 능력을 갖추는 일에는 소홀합니다. 마치 그림을 그리기 위해 무엇을 그릴지만 골몰하고, 어떻게 그려 낼 것인가는 걱정하지 않는 태도와 같습니다. 이는 많은 사람들이 간절하게 사랑을 원하면서도 실패를 거듭하는 이유입니다. 물론 사랑은 행동을 해야 비로소 이루어지므로 실천이 매우 중요한 것은 사실입니다. 그렇지만 배움을 거치지 않은 사랑은 서툰 사랑 혹은 병적인 사랑에 이르기 때문에 진정한 사랑의 실천이 어렵다는 사실 또한 명심해야 합니다.

사랑이란 의술을 습득하거나 악기 연주를 익히는 일처럼 지식과 노력이 필요한 일입니다. 따라서 사랑도 하나의 기술이라고 볼 수 있습니다. 여기서 말하는 기술이란 단순히 기교나 기법, 즉 테크닉이 아니고, 사랑의 원리 전체를 꿰뚫는 능력에 대한 지식과 노력을 뜻합니다.

-《에리히 프롬이 들려주는 사랑 이야기》 중에서

② 사랑은 왜 하는 걸까?

그런데 수동적인 것이건 능동적인 것이건, 배워야 하는 것이건 배움이 없어도 되는 것이건 간에 우리는 왜 사랑을 하는 것일까요? 《에리히 프롬이 들려주는 사랑 이야기》의 한 대목을 읽어 봅시다.

인간은 본래 생각이 많기 때문에 스스로 판단하고 스스로 해결하는 능력이 뛰어납니다. 따라서 다른 짐승들보다 자연적 세계에서 멀리 떨어진 인위적 세계를 만들어 살게 됩니다. 이처럼 세계에서 분리되어 사는 인간은 외로움 속에서 불안을 느끼고, 심지어는 수치심과 죄책감까지 느낍니다.

(……)

이처럼 본원적으로 외로울 수밖에 없는 인간이기에 가질 수밖에 없는 불안함 (……) 등을 극복하기 위하여 해야 할 가장 바람직한 노력이 바로 올바른 사랑이며, 그런 사랑을 위해서는 사랑의 기술이 필요한 것입니다.

-《에리히 프롬이 들려주는 사랑 이야기》 중에서

또 이런 설명도 나옵니다.

인간은 본래 생각할 줄 아는 사고 능력이 뛰어나서 자연 세계와 분리되어 인위적 세계에 살기 때문에 외로울 수밖에 없습니다. 이런 인간이 취할 수 있는 가장 바람직한 노력이 바로 올바른 사랑이며, 그런 사랑을 위해서는 사랑의 기술이 필요합니다.

-《에리히 프롬이 들려주는 사랑 이야기》 중에서

위의 대화와 설명에 따르면, 우리 인간이 서로 사랑하는 것은 '외롭기' 때문입니다. 그러면 인간은 왜 외로움을 느끼는 것일까요? 프롬은 인간이 동물과 달리 자연의 속박에서 벗어나 문화를 가꾸는 능력이 있기 때문에, 달리 말해 자유롭기 때문이라고 대답합니다. 지구상의 다른 동물은 자연 속에서 자연의 일부로 살아갑니다. 동물은 자연의 굴레에서 벗어나겠다는 '생각' 같은 것은 하지 않고 그저 본능에 따라 살아간다는 얘기입니다. 하지만 인간은 자연이 시키는 대로만 살지 않고 인간에게 유리하게 자연을 가공합니다. 그래서 원래 자연뿐이었던 세상에 인간은 인위적인 것들을 만들어 놓기 시작했지요. 그 인위적인 것이 바로 인간 사회의 여러 제도와 문물과 문화입니다.

이런 제도와 문물과 문화를 가꾼다는 것은 인간이 자연의 굴레에 얽매이지 않는 자유로운 존재라는 뜻입니다. 다른 동물들처럼 자연이 시키는 대로 살지 않고 자연의 힘에 맞서고 자연의 힘을 유리하게 이용하고 게다가 자연을 크게 변화시키기도 하니까요. 이런 점에서 인간에게는 분명 위대함이 있습니다.

하지만 이런 위대함이 인간에게는 바로 외로움의 근원이 되기도 합니다. 이 외로움은 어머니와 자식의 관계에 비교해서 설명할 수 있습니다. 다른 동물들은 자연이라는 어머니에서 태어나고 그 품에서 살다 죽는 존재들입니다. 인간도 원래 자연이라는 어머니 품에서 태어났기는 했지만 오래전에 그 품을 떠났습니다. 그리고 이제 인간은 자연에서 태어난다는 의식보다는 인간들 사이에서 태어난다는 의식을 더 강하게 갖습니다. 달리 말해 인간은 자연이라는 어머니에 대해 거리를 두고 독립적으로 사는 존재라는 것입니다. 하지만 바로 이런 독립과 자유가 인간들로부터 외로움의 감정을 싹트게 만듭니다. 어머니 없이 홀로 세상에 있다는 느낌 때문이겠죠.

하지만 인간은 자연의 품으로 다시 돌아갈 수는 없습니다. 그러려면 인간이 동물과 같아져야 하니까요. 그래서 인간들은 서로의 품에서 외로움을 달래고자 합니다. 그리고 바로 여기서 인간은 사랑하는 능력을 갖게 됩니다. 그런데 인간이 사회 속에서 맺는 관계는 참 다양합니다. 그래서 인간의 사랑에도 몇 가지 형태가 있다고 프롬은 말합니다.

③ 사랑의 형태

프롬은 누가 누구를 사랑하는 것인가에 따라 사랑의 형태를 다음과 같이 나누어 설명합니다.

어머니의 사랑은 자녀에게 행복이고 평화이며 애써 획득할 필요도 없고 보상을 바라지도 않는 무조건적인 것입니다. 그러나 무조건적이기에 필요에 따라 획득할 수도 없고 만들어 낼 수도 없을 뿐만 아니라 통제할 수도 없다는 부정적인 측면도 있습니다. 간섭이 심한 어머니의 경우, 아이가 어머니에게 지나치게 의존하고 무력감을 느끼는 수동적 인간이 되더라도 이를 통제하기가 어렵습니다. 아이가 성장함에 따라 어머니의 임무는 어린애의 분리를 관용할 뿐 아니라 바라고 후원해 주어야 하는 어려운 과업으로 변합니다. 이 단계에서 많은 어머니들은 모성애라는 그들의 과업에서 실패를 겪기도 합니다.

아버지의 사랑은 어머니의 사랑보다는 다소 조건적입니다. 아버지의 사랑에 대해서는 복종이 주요한 덕이고 불복종은 주요한 죄입니다. 아버지의 사랑은 조건부이기 때문에 '나' 라는 자아는 아버지의 사랑을 얻기 위해 무슨 일인가를 할 수 있고 또 노력할 수 있습니다. 아버지의 사랑은 어머니의 사랑처럼 '나'의 통제를 벗어나 있는 것은 아닙니다. 그렇지만 복종하지 않으면 아버지의 사랑은 철회되기도 합니다. 아버지의 사랑은 주로 원칙과 권위에 따라서 자녀에 대한 기대와 문제 해결 능력을 베푸는 것으로 나타납니다.

형제애의 특징은 동등한 자들 사이의 서로에 대한 수평적 사랑입니다. 부모의 사랑(특히 모성애)이 근본적으로 무력한 존재인 어린 자녀에 대한 일방적 사랑인 것과 비교하면 조금 대조적인 사랑입니다. 형제를 가장 넓게 보면 이 세상의 모든 이웃입니다. 따라서 형제애는 모든 형태의 사랑의 바탕에 놓여 있는 가장 기본적인 사랑입니다. 모든 인간은 근원적으로 동등한 하나라는 평등 개념의 기반 위에 있기 때문에 가장 크게 열려 있는 사랑입니다.

이성 간의 사랑은 형제애와는 대조적으로 가장 배타적인 사랑입니다. 형제애는 동등한 자들 사이의 사랑이고 모성애는 무력한 자에 대한 사랑입니다. 두 사랑은 근본적으로 편애를 배격하며 한 사람에게만 국한되지 않는다는 공통점을 갖고 있습니다. 그렇지만 이성 간의 사랑은 서로를 독점하고자 하는 배타성이 가장 큰 특징입니다. 바꿔 말하면 '두 사람을 단위로 한 이기주의'인 것입니다. 이런 배타성은 자칫 사랑을 중단시키는 소유욕으로 바뀌기 쉽고, 그래서 이성 간의 사랑은 가장 쉽게 이끌려 시작되지만 오래 지속되는 일이 드물기도 합니다. 또 모성애와는 사랑의 방향이 반대라는 사실이 특징입니다.

모성애는 어머니와 하나였던 자녀가 성장하면서 독립하여 분리되는 것을 목표로 하는 데 반해, 이성 간의 사랑은 분리되어 있던 남녀가 하나로 일치됨을 목표로 합니다.

자기애는 의외로 오해하기 쉽기 때문에 더 많은 '사랑의 기술' 이 필요한 사랑입니다. 사람들은 사랑의 개념을 여러 가지 대상에 적용하는 데 반대하지 않으면서도, '다른 사람을 사랑하는 것은 덕이지만 자기 자신을 사랑하는 것은 죄' 라는 신념이 널리 퍼져 있습니다. (……) 자신을 사랑할수록 남을 사랑하지 못하고, 그래서 자기애는 이기심과 같다고 생각되고 있는 것입니다. 그러나 진정한 자기애는 '나만 사랑하는 것' 이 아니라 내가 실천하는 보편적 형제애의 대상에 '나까지 포함해서 사랑하는 것' 입니다. '나를 사랑하지 않는 사람은 아무도 사랑할 수 없다' 는 격언은 자기애의 핵심을 잘 드러냅니다.

신과의 사랑은 종교가 다양한 만큼 다양한 모습으로 나타납니다. 공통된 것은 어버이의 사랑과 중요한 평형 관계를 보인다는 점입니다. 우리는 신을 모든 일에서 보호해 주는 어머니 또는 상벌을 주는 아버지로서 경험하는 것이 보통입니다. 그렇지만 더욱 성숙된 단계의 사랑까지 포함하는 것이 신과의 사랑입니다. 이런 신과의 사랑은 현실적으로는 불가능한 절대적이고 영원한 사랑까지 포함하기 때문에 이해가 아닌 신앙의 대상이 됩니다.

-《에리히 프롬이 들려주는 사랑 이야기》 중에서

이처럼 사랑은 누구와 누구의 관계냐에 따라 몇 가지 형태로 나뉘고, 또 형태마다 특성이 있습니다. 하지만 어떤 형태의 사랑이든 간에 중요한 것은 서툴거나 그릇된 사랑을 피하고 참된 사랑을 추구하는 일일 것입니다. 프롬은 참된 사랑은 '존재 양식의 사랑'이며, 우리가 피해야 하는 사랑은 '소유 양식의 사랑'이라고 말합니다. 이 두 가지 양식의 사랑은 대체 어떤 것일까요?

어휘 다지기

소유욕
어떤 사물이나 사람을 자기 것으로 가지고 싶어 하는 욕망

배타성
남을 배척하는 성질

④ '소유 양식의 사랑'과 '존재 양식의 사랑'

《에리히 프롬이 들려주는 사랑 이야기》에는 이 두 가지 양식의 사랑이 다음과 같이 잘 설명되어 있습니다.

에리히 프롬은 《사랑의 기술》에서 사랑의 두 가지 양식을 '존재 양식(being mode)'과 '소유 양식(having mode)'으로 구분하면서, 사랑은 소유할 수 있는 물건이 아니라는 전제를 깔고 있습니다. 예컨대 황금 알을 낳는 거위를 잡아다가 배를 가르는 것이 잘못된 소유 양식이라면, 거위가 건강을 유지하며 꾸준히 성장하도록 하는 것이 온전한 존재 양식이라 할 수 있습니다.

연애 단계에서는 상대방에게 환심을 얻기 위해 앎, 관심, 보살핌, 이해와 헌신, 공감 등으로 구애를 함으로써 남녀의 사랑은 존재 양식을 유지한다고 봅니다. 그러나 결혼이

라는 단계로 넘어가면서 남녀의 사랑은 대체로 존재 양식에서 소유 양식으로 전환됩니다. 결혼한 남녀는 연애 시절 상대방에게 구애하기 위하여 쏟았던 관심, 보살핌, 존경, 이해와 같은 사랑의 욕구를 애써 구하지 않아도 상대방의 감정과 육체를 소유할 수 있기 때문이지요. 따라서 시간이 흐르면서 관심과 이해, 보살핌과 같은 사랑의 배려는 점점 약해집니다. 마침내 더 이상 상대방에게 사랑의 감동을 기대할 수 없는 상황에 이릅니다.

이에 대해 에리히 프롬은 소유할 수 없는 추상적인 개념인 사랑마저도 소유할 수 있는 구체적 대상으로 착각하고 소유하려는 데서 문제가 비롯된다고 지적합니다. 사랑이 식었다거나 사라졌다는 것도 실은 사랑이 존재 양식에서 소유 양식으로 전환되기 쉬운 단계에 들어섰다는 신호입니다. 여기서 사랑의 형식은 계속 존재 양식을 취해야 진정 행복할 수 있음을 시사하고 있습니다. 따라서 사랑은 소유 양식이 아닌 존재 양식을 유지하는 한 계속된다는 것이 또 하나의 사랑 원리지요.

-《에리히 프롬이 들려주는 사랑 이야기》 중에서

프롬에 의하면 모든 사랑에는 참된 사랑과 그렇지 못한 사랑, 즉 존재 양식의 사랑과 소유 양식의 사랑이 있습니다. 모성애든 부성애든, 형제애든 이성애든, 사랑에는 이 두 가지 양식이 있습니다. 물론 자기 자신에 대한 사랑이나 신에 대한 사랑에서도 이 두 가지 양식이 나타날

어휘 다지기

추상적
직접 만지거나 볼 수 있는 형태나 성질을 갖추고 있지 않은 것을 뜻하며 '구체적'의 반대말

수 있겠지요. 어떤 사랑에서든 우리는 참된 사랑, 즉 존재 양식의 사랑을 하려고 노력해야 할 것입니다. 그렇다면 존재 양식의 사랑을 할 수 있으려면 구체적으로 어떤 노력부터 해야 할까요? 다시 말해 '사랑의 기술' 을 습득하려면 어떤 훈련을 거쳐야 할까요? 《에리히 프롬이 들려주는 사랑 이야기》 속 설명을 읽어 봅시다.

⑤ 사랑의 기술을 습득하는 방법

지금까지 사랑에 관한 이론적 측면을 살펴보았으나 궁극적으로 사랑은 실천입니다. 실은 우리가 그 점을 몰라서가 아니라 사랑에서 실천만을 너무 강조하기 때문에 오히려 이론적인 사랑의 기술을 소홀히 하고 있음을 지적했던 것입니다. 이제 더욱 힘든 문제, 곧 사랑의 실천에 대한 문제를 다루어야 합니다. 그런데 어떤 실천이라는 것은 배운 지식을 실제로 적용하여 실행하는 것이므로 전적으로 각자의 몫이지요.

사랑 '한다' 는 것도 누구든지 자기 혼자서 몸소 겪어야 하는 개인적인 경험입니다. 사실상 이 경험을 적어도 어린애, 청년, 어른으로서 흔적만 남는 방식으로라도 겪지 않은 사람은 거의 없습니다. 따라서 사랑의 실천에 관한 한 그에 대한 실천상의 검토를 더 해 보는 것이 최선일 것입니다.

구체적으로 할 수 있는 일은 '사랑의 기술' 의 전제들을 검토하고, 사랑에의 접근을 현실적으로 검토하며, 이러한 전제와 접근법의 실용을 검토하는 것입니다. 이런 목표마저도 오직 자기 혼자서만 실천할 수 있기 때문에 구체적인 처방을 기대하기는 어렵습니다. 다만 목공 기술이든 의학 기술이든, 기술을 실천할 때는 공통적인 사항이 있습니다. 그에 대한 이해는 사랑의 실천을 포함한 모든 실천의 문제에 도움이 되므로 에리히 프롬이 강조한 다음 네 가지를 소개해 둡니다.

1. 모든 실천에는 관심이 먼저입니다. 사랑의 실천에도 당연히 사랑의 기술과 자신의 일에 대한 지속적인 관심이 선행되어야 합니다. 내가 사랑하고 있다면, 사랑을 하는 나와 사랑받는 사람에 대해 끊임없이 적극적 관심을 갖는, 깨어 있는 상태에 놓여 있어야 합니다. 그렇지 않다면 나는 사랑받는 사람과 능동적으로 관계할 수 없습니다. 사랑하는 능력은 관심에서 시작되는 긴장, 각성, 고양된 생명력의 상태를 요구합니다.

2. 사랑의 실천에는 정신 집중이 요구됩니다. 다른 사람과의 관계에서 정신을 집중한다는 것은 일차적으로 다른 사람의 이야기를 경청할 수 있다는 뜻입니다. 많은 사람들은 정신을 집중하고 다른 사람의 이야기를 듣는다면 피곤할 것이라고 생각하지만 사실은 정반대입니다. 정신 집중은 서로 사랑하고 있는 거의 모든 사람들이 실행해야 하며, 그럼으로써 관습적으로 행해지는 여러 가지 방식에서 도피하지 않고 서로 친밀해지는 법을 배워야 합니다.

3. 모든 실천에는 숙달을 위한 자발적 훈련이 필요합니다. 특히 사랑의 실천에 필요한 훈련은 일시적인 것이 아니고 평생에 걸쳐 진행되어야 하는 훈련임을 명심해야 합니다. 그러나 훈련이 외부에서 부과된 규칙처럼 실행되어서는 안 되고 자신의 자발적 의지가 담겨 있어야 합니다. 비록 처음에는 약간의 저항이 있더라도, 결국은 즐거운 일임을 확신해야 합니다.

4. 실천을 완수하려면 인내심이 필요합니다. 기술에 숙달된 사람은 누구든지 어떤 일을 달성하려면 인내가 필요하다는 사실을 알고 있습니다. 매사에 신속성을 요구하는 현대인에게는 인내가 어렵지만, 빠른 결과만을 바란다면 우리는 결코 사랑의 기술을 익히지 못합니다. 인내심이 요구될 때가 가장 중요한 고비임을 명심할 필요가 있습니다. 프롬보다 조금 앞선 철학자 러셀이 강조한 '생산적인 지루함' 이 행복에 필수적이라는 사실도 기억해 두면 좋을 것입니다.

-《에리히 프롬이 들려주는 사랑 이야기》 중에서

논술 문제

case 1 아래 글 (가), (나), (다)의 내용을 참고해서 에리히 프롬이 말하는 '형제애'에 관해 설명해 보세요.

가 장애인 종합 복지관 건립 공사가 마을 아파트 주민들의 반대에 부딪혀, 마을에 살고 있는 300여 명의 장애인들이 대책을 마련해 줄 것을 호소하였습니다.

그 마을에서는 지난해에 많은 돈을 들여 물리 치료실, 체력 단련실, 직업 적응 훈련실 등을 갖춘 장애인 종합 복지관을 건립할 계획을 세웠습니다. 이곳은 주변에 아파트가 많아 장애인들이 일반인들과 더불어 생활할 수 있고, 뒤로 산이 있어 자연 환경도 좋습니다.

그러나 장애인 종합 복지관 건립 계획이 알려지자, 근처 주민들이 집값이 떨어진다고 시 당국과 시 의회 등에 장소 변경을 요구하면서 집단으로 반발하였습니다.

시 당국은 결국, 처음에 지으려고 했던 장소에서 3킬로미터 떨어진 곳에 장애인 종합 복지관을 짓는다고 합니다.

- 초등학교 5학년 교과서 《도덕》

나 내가 옆집 할머니와 가까워진 것은 작년 가을부터입니다. 동생과 함께 할머니 댁 근처 공원에서 공놀이를 하다가, 머리에 짐을 이고 오시는 할머니를 보았습니다. 우리는 뛰어가,

"할머니, 짐 이리 주세요. 저희가 들어 드릴게요."

라고 하였습니다. 괜찮다고 말씀하시는 할머니의 짐을 받아 댁까지 들어다 드렸습니다. 할머니는 몇 번이고 고맙다고 하시면서, 잠깐 들어와서 뭘 좀 먹고 가라고 하셨습니다.

"괜찮아요, 할머니."

라고 하였으나, 계속해서 권하시는 할머니의 말씀을 거절할 수 없어서 우리는 할머니 댁에 들어갔습니다.

할머니는 부엌에 들어가시더니 찐 옥수수를 내오셨습니다. 동생과 내가 맛있게 먹는 모습을 할머니는 미소를 지으며 보고 계셨습니다.

"할머니도 잡수세요."

"아니다, 나는 너희들이 먹는 것만 봐도 배부르구나. 그리고 정말 고맙다, 무거운 짐을 집까지 들어다 주다니……."

나는 집에 가려고 일어서면서, 할머니께 여쭈어 보았습니다.

"할머니, 다른 가족들은 모두 외출하셨나 봐요?"

"애들은 모두 결혼해서 멀리 떨어져 살고, 나 혼자 지내지."

이렇게 말씀하시는 할머니의 표정이 무척 쓸쓸해 보였습니다.

이제까지 옆집 할머니가 혼자 사시는 것도 몰랐던 나는 조금 당황했습니다.

"할머니, 맛있게 먹었습니다. 또 놀러 와도 되나요?"

"그럼. 그러면 나도 적적하지 않으니 좋지."

그날 이후, 나는 할머니 댁에 자주 놀러 갔습니다. 학교에서 있었던 일이나 친구들한테 들은 재미있는 이야기를 해 드리면 할머니는 즐거워하며 웃으십니다. 그런 할머니의 모습을 보면 내 마음도 흐뭇하였습니다.

어머니의 심부름 중에서 내가 가장 좋아하는 일은 옆집 할머니께 음식을 가져다 드리는 일입니다.

며칠 동안 할머니께 들르지 못해 오늘은 학교에서 오는 길에 들렀습니다. 그런데 할머니께서는 겨우 일어나 문을 열어 주셨습니다. 요 며칠 비가 계속 내려 팔다리 여기저기가 많이 편찮으셨다고 합니다.

집에 돌아와 어머니께 말씀드리고, 음식 몇 가지를 챙겨 어머니와 함께 할머니 댁에 갔습니다. 할머니는 고마워하면서 눈물을 흘리셨습니다. 어느새 내 눈시울도 뜨거워졌습니다. 나는 마음속으로 다짐했습니다.

'할머니, 앞으로는 제가 손녀가 되어 드릴게요. 그리고 더 잘해 드릴게요.'

- 초등학교 5학년 교과서 《도덕》

다 "친구끼리는 평등할 것 같지만 그렇지도 않잖아. 예를 들어서 내가 수영이랑 친구라면……."

"하! 전교 1등하는 수영이가 참 너랑 친구 하겠다."

현이가 말도 안 된다는 듯이 대꾸를 했지만 진희는 속이 상하지 않았나 봅니다. 오히려 고개를 끄덕이면서 맞장구를 치네요.

"내 말이 그 말이야. 나는 수영이가 대단해 보이니까 쉽게 친구 하고 싶은 마음이 들어도, 수영이는 나랑 친구하고 싶은 마음이 없을 수도 있잖아. 그러니까 내가 보기에 나보다 괜찮아 보이는 사람, 어쩌면 나에게 이득을 주는 사람은 좋아하기가 쉽다는 말이야, 그렇지?"

"강아지가 밥 잘 주는 사람을 더 쉽게 좋아한다는 말이지?"

진희가 화를 낼 줄 알았던 현이는 사색에 잠긴 듯한 진희의 태도에 좀 김이 빠져 버렸습니다.

"응, 그런 거 말이야. 얘는 정말 예쁘고 귀여운 강아지니까 밥 챙겨 주는 것이 어렵지 않은데, 아주아주 못생긴 개였다면 이렇게 안 데리고 왔을지도 몰라."

그때, 은진이가 끼어들었습니다.

(……)

"사랑한다는 것이 기술이라고 한 철학자가 있거든."

"사랑이 기술이야?"

진희가 놀란 얼굴로 되물었습니다.

"너도 말했듯이, 예쁘고 귀여운 강아지를 좋아하는 거나, 공부를 아주 잘하는 친구가 마음에 드는 건 쉽잖아. 그렇지만 안 예쁜 강아지, 왕따 당하는 친구를 좋아하기는 쉽지 않으니까, 사랑하는 '기술' 이 필요한 거야."

"아, 내가 생각했던 것이 그거랑 비슷한 것 같아."

진희가 강아지를 현이에게서 받아 안으며 눈을 반짝였습니다.

"무슨 생각?"

"나 마음이 아주 좋지 않았거든. 이 강아지는 너무 귀엽고 예쁜데, 다른 개는 별로 안 예뻐했을지도 모른다는 거 있지. 그러니까 난 다른 동물한테는 신경 안 쓰고 예쁜 강아지만 좋아하는 사람인가 해서."

"음, 나한테 도움이 되지 않아도 사랑할 수 있어야 하니까 사랑에도 기술이 필요한 것 같아. 불우한 이웃을 도우라는 것도 그렇잖아. 고아들이나 수해 피해 입은 사람들도 그렇고, 우리에게 도움을 줄 수 없는 사람들을 사랑하는 건 그렇게 쉽지 않으니까 노력하라는 거 아닐까?"

"맞아. 예쁜 강아지 예뻐하는 건 노력하지 않아도 이렇게 쉽잖아. 그런데 그건 별로 훌륭하지 않은 것 같아. 나하고 별로 상관없고 도움도 안 될 사람한테 마음 써 주는 것이 훨씬 더 훌륭한 일일 거야. 나 앞으로 더 노력해야겠어."

한결 마음이 놓인 듯한 진희가 눈이 감기려는 강아지를 쓰다듬으며 중얼거렸습니다.

-《에리히 프롬이 들려주는 사랑 이야기》 중에서

생각 쓰기

생각 쓰기

case 2 아래 글 (가), (나)를 읽고 '자신에 대한 사랑'과 '형제애' 그리고 '참된 모성애'가 서로 어떻게 연관되어 있는지 설명해 보세요.

가 "저기, 근데 은진아."

"뭐?"

(……)

"자기 아이를 잘 떠나보내지 못하는 것도 사랑하기는 사랑하는 거겠지? 너무 사랑해서 못 보내는 것일지도 모르잖아."

"아니야."

은진이도 그 부분이 궁금해서 그 전날 저녁 읽은 에리히 프롬의 책을 다시 들춰 보았습니다.

(……)

"그럼?"

"아무것도 할 수 없는 갓난아기를 사랑하는 건 쉬워. 그런데 정말로 사랑할 줄 아는 어머니는 다른 사람들도 사랑할 줄 알아야 돼. 윤정이 어머니가 다른 아이들까지 사랑할 줄 아신다면 지금처럼 그러시지 않을 거야. 다른 아이들을 사랑할 줄 모른다는 건, 자기 아이도 이기적으로 사랑한다는 거거든. 그건 윤정이 어머니가 윤정이를 올바르게 사랑하는 것이 아니야."

"그것 참 복잡하네. 결론은 내 아이라고 그렇게 간섭하는 건 사랑이 아니다 이거지?"

"응. 그건 사랑보다도 이기심에 더 가까운 거야."

"그렇구나."

현이가 고개를 끄덕였습니다. 뭔가 심각해 보이는 표정이 석연찮아 이번에는 은진이가 현이의 옆구리를 찔렀습니다.

"근데 그건 왜 물었어?"

"음…… 난 있지, 우리 엄마는 윤정이 엄마와 견주면 정말 신경을 안 쓰신다고 생각했거든. 아아, 나는 버림받았구나, 우리 엄마는 나한테 관심이 별로 없으시구나 하고."

"흐음."

"초등학교 때 우리 반 애가 되게 못되게 군 적이 있었는데, 울 엄마는 그냥 그러셨어. 우리 현이한테 샘이 나서 그러는 모양이다. 왜 그러는지 물어보지 그러느냐고. 윤정이 엄마 같았으면 당장 학교에 쳐들어와서 걔 혼냈을 텐데."

"헤헤. 우리 엄마도 너네 어머니 같으신데 뭐."

"그러게. 그러고 보니까 윤정이 걔 좀 불쌍하다."

"으응?"

현이의 서릿발 어린 호령에 윤정이가 찔끔하며 고개를 들었습니다.

"너희 어머니 증상이 뭔지 내가 진단해 줄게."

"어?"

"정신분석학자 에리히 프롬에 따르면 말이지, 그건 아이를 사랑할 줄 모르는 어머니의 증상이야."

(……)

"정말로 사랑할 줄 아는 어머니는, 어, 그러니까, 다른 사람들도 사랑할 줄 알아야 돼. 너희 어머니가 다른 아이들까지 사랑할 줄 아신다면 지금처럼 그러시지 않을 거라는 말이야. 어쩌면 자기 자신의 한 부분이라고 볼 수 있는 아이를 사랑하는 거니까, 이기심에 가까운 거지. 그렇게 간섭하는 건 사랑이 아니야."

(……)

현이가 자리에 일어나서 매점 카운터 쪽으로 향했습니다. 현이의 뒷모습을 보고 빙긋이 웃는 은진이가 카레라이스를 한 입 떠먹으려는 찰나에 윤정이가 물었습니다.

"난 있지, 엄마가 다 우릴 위해서 그러시는 거 아는데……."

은진이는 조금 싱거운 카레라이스를 삼키며 고개를 끄덕였습니다. 주말에 세 번째로 읽은 에리히 프롬의 책에서 딱 그에 해당하는 부분을 읽었기 때문입니다.

"너희 어머니, 자신을 위해서는 뭐 하시는 거 있어? 취미 생활이라든지 그런 거."

"아니, 전혀 없어. 우리 엄마는 늘 말버릇처럼 그러시거든. 너희 때문에 산다고. 다른 거는 하나도 하지 않으셔. 아침에 눈 뜰 때부터 밤에 주무실 때까지 오빠랑 내 일 아니면 아무것도 안 하셔. 헌신적인 분이시거든. 우리 아버지도 그러셔. 이기심이라고는 하나도 없는 사람이라고."

이전에는 이해가 가지 않았던 프롬 책의 어떤 부분이 윤정이의 이야기 속에서 풀려 나왔습니다.

자기 자신을 사랑하는 것은 타인을 사랑하는 것만큼이나 중요하다고 했습니다. 남들만을 위해서 사는 사람은 사실 자신을 사랑할 줄 모르는 거라고요. 그리고 남을 사랑하는 것과 자신을 사랑하는 마음은 따로 떨어져 있는 것이 아니라 이어져 있다고 했습니다.

이기적인 사람은 나에게 어떻게 이익을 주는가만 생각합니다. 다른 사람을 위한 마음은 전혀 없습니다. 그러므로 이기적인 사람은 자신을 사랑하지도 못합니다. 남을 위해서 하는 일이라고 생각해도 사실은 이기적인 관심일 수도 있거든요.

"저기, 윤정아."

"응?"

"이기심이라는 건, 나만 챙기는 것일 수도 있지만, 다른 사람에게서 내가 바라는 것만 찾는 것이 될 수도 있어."

윤정이가 고개를 갸웃거렸습니다.

"잘 모르겠어."

"다른 사람을 사랑하는 건, 정말 그 사람이 무엇을 원하고 바라는지를 알아야 가능하거든. 그건 무시하고 내 관심만 쏟아 붓는 건 이기적인 사람이어서야. 예를 들어서 윤정이 너는 떡볶이를 좋아하는데, 그건 무시하고 내가 너보고 잡채만 계속 준다면 그걸 널 위하는 마음이라고는 할 수 없잖아."

"음, 나 잡채 안 좋아해."

"네가 잡채 싫어하는데 계속 내가 하루에 네 번씩 잡채를 해 주면 네가 행복할까?"

"아니."

"물론 네가 몸에 아주 안 좋은 것을 먹는다면 그러지 말아야 할 이유를 얘기해 주고, 다른 것을 해 줄 수는 있어. 하지만 네 마음은 고려하지 않고 무자비한 관심을 쏟는다고 해서 네가 행복해지는 건 아니잖아."

윤정이가 열심히 듣고 있는 동안 현이가 콜라 세 캔을 탁자 위에 조심스레 올려놓았습니다.

"사랑이란 건 물처럼 퍼져 나가는 거라서, 나를 사랑하지 않고 다른 사람만 사랑할 수는 없어. 나만 사랑하고 다른 사람을 사랑할 수 없는 것처럼. 이기심은 자신을 사랑하는 게 아니야. 사랑할 줄 모르는 미숙한 사람이 자기에게 이익이 되는 것만 찾는 거지."

현이가 콜라 캔을 따서 은진이에게 내밀었습니다. 아무 말도 하지 않는 것을 보니까 이 심각한 분위기에 주눅이 들었나 봅니다.

"이기심이 전혀 없는 그런 헌신적인 어머니가 오히려 나쁜 것 같아."

"왜?"

아까까지의 이야기를 다 듣지 못한 현이가 끼어들었습니다.

"아이들은 그렇게 어머니를 미워하지 못하거든. 실망시킬까 봐 두려워하지만 사실은 사랑받지 못했다는 생각에 행복하지 않을 거야."

-《에리히 프롬이 들려주는 사랑 이야기》 중에서

생각 쓰기

생각 쓰기

아비투어 철학 논술

예시 답안

case 1 프롬에 따르면, 형제애는 동등한 사람들 사이의 수평적 사랑입니다. 형제애는 이런 점에서 이성 간의 사랑과 비슷하게 생각될 수도 있습니다. 그렇지만 이성 간의 사랑은 오직 두 사람만의 사랑이며 여기에 다른 사람이 끼어드는 것을 배격합니다. 예를 들어 두 남녀가 사랑하는데, 어느 날 갑자기 남자가 사랑하는 여자 외에 또 다른 여자에게도 사랑을 느낀다면 이 사랑은 깨지게 됩니다. 여자는 남자가 오로지 자신만을 사랑하기를 요구하기 때문입니다. 그리고 입장이 뒤바뀌어 여자가 남자 외에 다른 이도 사랑한다면 남자는 질투를 느끼고 독점적인 사랑을 요구하게 될 것입니다.

이런 이성 간의 경우와 달리, 다섯 형제나 네 자매, 혹은 일곱 남매는 모두 서로를 사랑하는 것이 자연스럽게 여겨집니다. 그런데 형제애는 피를 나누지 않은 친구나 이웃, 더 나아가 이 세상 모든 사람들에 대한 사랑으로 발전될 수도 있습니다. 이런 점에서 형제애는 가장 넓게 열려 있는 사랑이라고 프롬은 말합니다. 이 사랑은 형제나 형제와 같은 사람들을 인정하고 배려하며 만약 이들이 어려운 처지에 놓이면 측은함을 느끼고 어떻게든 도와주고 싶어 하는 마음이라고 할 수 있습니다.

글 (다)에서 설명되는 것이 바로 이러한 형제애입니다. 그리고 글 (나)는 이웃 할머니에게 형제애를 실천하는 어린이의 모습을 보여 주고 있습니다. 반면에 글 (가)에서는 자기 자신 그리고 자신과 비슷한 처지에 있는 사람들의 이익만을 생각한 채, 장애가 있는 좀 더 어려운 처지에 놓인 사람들은 전혀 배려하지 않는 어느 아파트 주민들의 경우를 보여 줍니다. 이 주민들은 형제애가 부족한 사람들이라고 할 수 있을 것입니다.

case 2

형제애는 피를 나눈 형제나 자매, 남매, 친구, 이웃 그리고 더 넓게는 세상 모든 사람들에 대한 평등한 사랑입니다. 그리고 모성애는 자식에 대한 어머니의 사랑입니다. 자기 자신에 대한 사랑은 흔히 이기심과 혼동되고, 따라서 바람직하지 못한 사랑으로 생각되곤 합니다. 하지만 사랑은 존중과 배려, 인정의 마음을 바탕으로 한 것이며, 이런 사랑은 자기 자신에 대해서도 품고 실천할 수 있어야 합니다. 자기 자신을 참되게 사랑하는 사람, 자신을 존중하고 배려하며 인정하는 사람만이 사랑이 무엇인지를 확실히 알 수 있기 때문입니다. 이런 이유에서 자신을 진정으로 사랑하는 사람이야말로 많은 사람을 형제처럼 사랑하는 능력을 갖게 됩니다. 그러므로 자기 자신을 진정으로 사랑하는 사람은 오히려 이기적이 되기가 어렵습니다.

어머니의 경우에도 그것은 마찬가지입니다. 자기 자신을 제대로 사랑하지 못하는 어머니, 다시 말해 자기 자신을 인정하는 마음이 적고 자신에게서 가치를 찾지 못하는 어머니는 그 대신 자식을 소유하려 하고 자기 뜻대로 만들고자 하며, 또 그렇게 키우는 자식을 통해 가치를 찾으려 합니다. 하지만 이것은 자식이 자신과 분리된 엄연한 개인이라는 것을 무시하고 자식이 원하는 것을 배려하지 못하는 이기적 태도입니다. 그렇기 때문에 자기 자신을 진정으로 사랑하는 어머니만이 자식도 참된 방식으로 사랑할 수 있다고 프롬은 말합니다.

그리고 어머니로부터건 형제 같은 사람한테든 참된 사랑을 받은 사람은 스스로 자신의 가치를 인정할 수 있기에 다른 사람도 참되게 사랑하는 법을 배웁니다. 이처럼 자기 자신에 대한 사랑과 형제애와 모성애는 서로 긴밀한 연관을 맺고 있습니다.

아비투어 철학 논술

대입 논술 고사 기출 문제 풀이

1999학년도 건국대학교 논술 고사 문제는 바람직한 가족 관계가 어떤 것인지를 묻고 있습니다.

case 1 **글 (가)는 사랑의 본질을 소유와 존재라는 상이한 두 가지 개념으로 분석한 글이고 글 (나)는 맏아들의 진로를 두고 빚어진 한 가정의 문제를 다룬 작품이다. (가)의 주장을 바탕으로 해서 (나)에 나타난 세 인물의 행동 양상을 비판하고 이를 토대로 바람직한 가족 관계를 위해 취해야 할 태도에 대해 자신의 견해를 밝히시오.**

두 개의 제시문 (가)와 (나)는 각각 에리히 프롬의 《소유냐 존재냐》와 작가 박완서 선생님의 《지렁이 울음소리》에서 인용한 글입니다.

가 사랑은 그것이 '소유' 양식에서 이야기 되느냐, 아니면 '존재' 양식에서 이야기 되느냐에 따라 두 가지 의미를 갖는다. 우리는 사랑을 소유할 수 있는가? 만약 가능하다면 사랑은 하나의 사물이어야 하며, 우리가 갖고, 점유하고, 소유할 수 있는 실체여야 한다. 그런데 사실은 '사랑'이라고 하는 사물은 없다. 사랑이란 추상 개념이며, 아마도 여신이며, 이방인(異邦人)일 것이다. 그러나 이 여신을 본 사람은 없다. 실제로 '사랑한다는 행위' 만이 존재한다. 사랑하는 것은 생산적인 능동성과 관련된다. 그것은 인물 · 나무 · 그림 · 관념을 존중하고 알며, 반응하고 확인하고 향유하는 것을 뜻한다. 그것은 생명을 주는 것을 의미하며, 그의(그녀의, 그것의) 생명력을 증대시키는 것을 의미한다. 그것은 자신을 갱신하고 자신을 증대시키는 하나의 과정이다.

사랑이 소유 양식에서 경험될 때 그것은 자기가 '사랑하는' 대상을 구속하고, 감금하고, 또는 지배하는 것을 의미한다. 그것은 생명을 주는 것이 아니라, 압박하고, 약화시키고, 질식시켜 죽이는 행위이다. 사람들이 사랑이라 부르는 것은 대개가 그들이 사랑하고 있지 않다는 현실을 숨기기 위한 말의 오용(誤用)이다.

나 맏아들이 고등학교 2학년이 되자 차츰 대학 입시 준비를 시켜야겠다고 벼르는데 느닷없이 이 녀석이 미술 대학을 가겠노라고 하는 게 아닌가? 남편은 한마디로 어처구니없어 했다.

"너는 상대를 가야 해. 그래야 은행이나 큰 기업체 취직을 바라보지. 뭐니 뭐니 해도 생활 안정이 제일이니라. 봐라. 지금의 네 애비를. 뭬 그릴 게 있나. 뭬 걱정인가. 장차 버둥다리 치고 먹고 살려고 하는 고생인데 그래 그게 싫어 뭐 미술 대학이나 가겠어? 이런 못난 놈."

남편은 말끝마다 자기 스스로를 예로 들어가며 안정된 생활의 행복을 찬양하고 또 찬양하며 아들을 재촉했다.

"봐라. 지금의 네 애비를. 뭬 그릴 게 있나."

이 말을 할 때마다 남편의 입가에 떠오르는 득의와 회심의 미소가 나는 싫고 징그러워, 남편의 그런 미소가 형편없이 구겨질 일이 일어나기를 나는 옆에서 간절히 바랐다. 그러나 끝내 부자간에는 아무 일도 일어나지 않았다. 아들은 다소곳이 아버지의 말을 경청하더니 열심히 과외 공부를 해 보겠다고 했다.

그러나 내 내부에서 별안간 힘찬 반란이 일어났다.

'그것만은 안 돼. 그것만은 참을 수 없어. 그럴 수는 없어.'

일찍 들어와서 따뜻한 아랫목에 누워 연속극을 보면서 조청을 맛있게 맛있게 먹는 게 남편인 건 어쩔 수 없다손 치더라도 그게 장차의 내 아들인 것은 도저히 참을 수 없는 일로 여겨졌다.

나는 그 후에도 심심하면 '그럴 수는 없다' 라고 혼자 도리질까지 해 가며 중얼거리는 일이 잦아졌다.

문제에 따르면 우리가 써야 할 내용은 크게 두 가지입니다. 먼저 (가)에 나오는 이야기를 바탕으로 해서 (나)에 나오는 세 인물, 즉 아버지와 어머니, 아들의 행동 양상, 그러니까 생각이나 태도에서 나타나는 문제점을 지적해야 합니다. 그 다음에는 바람직한 가족 관계를 위해서 우리가 어떤 태도를 가져야 할지 써야겠지요. 여러분이 참고할 수 있도록 문제 풀이를 해 보면 아래와 같습니다.

문제 풀이

(가)의 글쓴이는 사랑에는 소유 양식의 사랑과 존재 양식의 사랑이 있지만, 참된 의미의 사랑은 존재 양식의 사랑뿐이라고 말합니다. 사람들 사이의 관계에서 상대방을 소유하려는 태도, 즉 자신의 소유물로 생각하고 다루려는 태도는 결코 사랑이 될 수 없기 때문입니다. 참된 사랑은 상대방을 자신과 대등한 사람, 존중받아 마땅한 사람으로 여기는 것입니다. 그리고 우리는 이런 사랑, 즉 존재 양식의 사랑을 해야 참된 인간관계를 이룰 수 있습니다.

(나)를 보면, 아버지와 어머니 그리고 아들의 관계는 그다지 바람직스럽게 여겨지지 않습니다. 아버지는 아들의 소망을 처음부터 무시한 채 아들의 장래 진로를 일방적으로 결정하려 듭니다. 아들이 참으로 원하는 것이 무엇인지는 이해해 보려 하지 않고 아버지 자신이 좋다고 생각하는 것만을 무조건 강요하는 것이지요. 이는 아들을 하나의 소유물처럼 취급하기에 가능한 태도입니다. 어머니는 마음속으로 그런 아버지의 태도를 불만스럽게 여기지만 아무 말도 하지 않으며, 그런 점에서 아버지가 보이는 소유 양식의 사랑을 그냥 인정해 버립니다. 어머니가 좀 더 바람직한 가족 관계를 원한다면 아버지의 생각과 태도의 잘못된 점을 지적하고 설득할 수 있어야 할 것입니다. 아들은 순응적인 태도로 아버지의 뜻을 따릅니다. 어머니와 마찬가지로 아버지의 소유 양식적 사랑을 받아들이는 것입니다. 다시 말해, 자신을 아버지의 소유물로 인정해 버리는 것입니다. 이런 가족 관계에서는 참된 사랑, 존재 양식의 사랑이 실현되기 어려울 것입니다.

가족은 혈연으로 맺어지는 인간 집단입니다. 그래서 여기서는 그 어느 인간관계에서보다도 서로 간의 사랑이 강하게 나타납니다. 하지만 가족에서도 소유 양식의 사랑이 지배적인 경우가 많습니다. 이런 가족에서는 개개인의 독립성과 자유가 제대로 실현되지 못한다는 점에서 가족 구성원이 불행이나 불만족을 느끼기 쉽습니다. 바람직한 가족은 존재 양식의 사랑으로 맺어져야 합니다. 서로의 생각과 소망을 존중하고 꾸준한 대화를 통해 서로를 이해하려는 노력이 있어야 한다는 것입니다. 그럴 때에야 한 가족은 바람직한 관계를 유지할 수 있을 것입니다.

Abitur

철학자가 들려주는 철학이야기 042

애덤 스미스가 들려주는 보이지 않는 손 이야기

저자_ **정인회**

서울대학교와 동대학원 독문학과를 졸업하고 석사 학위를 받았다. 독일 베를린 자유대학에서 박사 과정을 수료했으며 번역 작업 및 연구 활동을 하고 있다.

배경 지식 넓히기

애덤 스미스에 대하여

Adam Smith

애덤 스미스에 대하여

1. 애덤 스미스는 누구인가?

애덤 스미스는 1723년에 영국 스코틀랜드 지방 커콜디에서 태어났다. 그의 아버지는 애덤 스미스가 태어나기 몇 달 전에 안타깝게도 죽었다. 애덤 스미스의 어머니는 남편이 죽은 후에 태어난 외아들 애덤 스미스를 소중하게 키웠고, 어머니와 아들 사이의 유대는 각별하였다.

애덤 스미스는 어릴 때부터 몸이 약해서 잔병치레를 많이 했으나, 누구보다 부지런한 성품에 책을 좋아하는 독서광이었다. 애덤 스미스는 글래스고대학교에 입학해 유명한 철학 교수였던 프랜시스 허치슨의 가르침을 받았다. 그리고 허치슨 교수의 도움으로 옥스퍼드대학교에서 장학생으로 6년간 수학하였다. 옥스퍼드대학교에서 고전과 철학을 공부한 애덤 스미스는 다시 글래스고대학으로 돌아와 교수가 되었다.

애덤 스미스는 1759년에 도덕 문제를 다루는 《도덕 감정론》을 발표하였다. 인간은 자신의 이익을 생각하며 살아가는 이기적 존재이다. 이 책은 이러한 이기적 본성을 가지고 있는 인간들이 모인 사회가 어떻게 유지될 수 있는가, 라는 의문을 제기하고 나름대로의 답을 제시하고 있다. 애덤 스미스는 인간의 본성과 사회성에 대한 깊이 있는 연구를 한 후, 이제 사회와 국가가 어떻게 행복해질 수 있고, 부유해질 수 있는가 하는 문제에 초점을 맞춰 1776년에 《국부론》을 발표하였다. 이 책의 원래 제목은 '국부의 성질과 원인에 관한 연구' 이다. 애덤 스미스는 이 책에서 국가가 부유해지는 원인과 특성을 밝히고자 하였다.

애덤 스미스는 어떤 한 일에 몰두하면 그 밖의 일에 대해서는 깡그리 잊어버리는 습관이 있었다고 한다. 이런 습관 때문에 어떤 공장을 방문해 열심히 설명하다가 바로 옆에 있는 웅덩이를 보지 못하고 빠져 낭패를 당한 일도 있었다. 그리고 밤에 잠을 자다가 몽유병자처럼 침대에서 나와 잠옷 차림으로 무려 30킬로미터를 걸어 다닌 후 교회 종소리에 잠이 깨 허겁지겁 집으로 달려가기도 하였다.

애덤 스미스는 평생 결혼도 하지 않고 홀로 살다가 67세의 나이로 1790년에 세상을 떠났다.

2. 애덤 스미스가 살던 시대

애덤 스미스가 살았던 시대는 영국에서 산업혁명이 한창일 때였다. 그때 영국에서 옷감 짜내는 일, 즉 방직 산업이 발달하였다. 산업혁명은 이렇게 옷감을 짜는 방직업을 기초로 이루어졌고 새로운 기계가 발명되어 공장들이 급속도로 세워졌다. 이 당시 영국에서는 방직업의 발전뿐만 아니라 다른 기계 산업도 동시에 크게 발전하였다. 따라서 기계 생산을 중심으로 철공업, 석탄업, 기계 공업이 발전하여 석탄과 철의 생산 역시 크게 늘어났다. 공업의 발전과 더불어 생산물을 판매하는 상업도 발전해 사회 전체의 변화가 이루어졌다. 봉건 제도가 무너지고 자본주의적 사회체제로의 급속한 변화가 생긴 것이다. 이러한 변화를 산업혁명이라 부른다.

영국에서 일어난 산업혁명은 프랑스와 네덜란드 등 유럽의 다른 나라들과 미국 및 러시아 등으로 확대되었다. 크게 보면 농업 중심 사회에서 공업사회로의 이행이라고 말할 수 있다.

어휘 다지기

봉건 제도

영주(주인)와 농노(신하) 사이의 주 · 종 관계가 중심이 된 생산 체제를 말한다. 이 생산 체제에서 영주는 토지를 소유하면서 농노로 하여금 토지를 이용해 생산하게 하고 그 대가를 지불하게 하였다. 봉건 제도는 유럽에서 6, 7세기에서 18세기 산업혁명이 일어날 때까지 유지되었다.

어휘 다지기

자본주의

산업의 발달로 생산물이 교환될 수 있는 시장도 급속도로 확대되었다. 농업 중심 사회에서는 경제생활의 기본 원리가 자급자족이었다. 자신이 필요한 물품을 스스로 생산하고, 여분이 있는 경우 좁은 범위 내에서만 교환이 이루어졌다. 산업혁명의 진전과 더불어 시장의 범위는 전국적, 나아가 전 세계적으로 확대되었고 경제생활의 기본 원리도 자급자족이 아닌 '다른 사람에게 팔기 위한 생산'으로 바뀌었다. 즉, 스스로 생산한 상품을 다른 사람들에게 판매하고 그 대가로 얻은 화폐로 자신이 필요한 생산물을 구입하게 된 것이다. 따라서 자본주의는 무엇보다도 이윤을 얻기 위해 상품을 생산하는 경제 체제라고 볼 수 있다. 자본주의 경제 체제에서는 개인이 자신의 재산과 생산 수단을 가질 수 있고 자유롭게 경제 활동을 할 수 있다.

산업의 발달로 외국과의 상업인 무역도 확대되었다. 당시의 영국 정부는 외국과의 무역에서 중상주의 정책을 펼쳤다. 중상주의는 상업을 중시하는 기본 방침 하에서 국내 시장을 확보하고, 국외 시장을 개척할 목적으로 보호주의를 내세웠다. 구체적으로는 외국제 완제품의 수입 금지와 제한, 외국산 원료의 수입 장려, 국내 상품의 수출 장려, 국내 원료의 수출 금지 등의 조치를 내렸다. 특히 외국 제품에 대해 높은 관세를 매겨 국내 산업을 보호하려 하였다. 당시의 영국은 이런 방식으로 무역을 하여 부자가 되려 하였다.

중상주의 정책을 펴는 나라는 영국뿐 아니라 다른 나라도 마찬가지였는데 정부에서 모든 것을 통제하였다. 그래서 영국 정부는 무역으로 더 많은 이익을 남기기 위해, 국내 산업은 보호하고 다른 나라의 물건을 수입하는 것은 아주 강하게 통제하였다.

또한 당시의 영국 정부는 노동자에게 돈을 적게 주어 생산비를 낮추려고 하였다. 영국의 노동자들은 영국 정부의 이러한 생각 때문에 많은 고통을 받았다. 영국 정부의 이런 생각 때문에 노동자의 월급은 깎였고, 노동 시간은 더 늘어났다. 결국 영국 정부는 물건을 만드는 데 드는 생산비를 줄이기 위해 결국 노동자들의 몫인 월급과 노동 시간을 착취한 것이다.

영국은 다른 나라를 침략해 식민지도 많이 만들었다. 이런 영국의 식민지 정책에 힘입어 '영국은 해가 지지 않는 나라' 가 되기도 하였다.

바로 애덤 스미스의 《국부론》은 이렇게 나라에서 경제를 강하게 통제하는 것을 비판하며 새로운 방향을 제시한 책이다. 이 책이 나오면서 중상주의 정책은 빛을 잃었고 자유 무역의 길이 열렸으며 새로운 정책들이 펼쳐지는 계기가 마련되었다.

3. 《도덕 감정론》의 주요 내용

① 공감과 동정심

애덤 스미스는 《도덕 감정론》에서 인간의 본성에 대해 깊이 있는 통찰을 하고 있다. 애덤 스미스가 인간의 본성을 잘 꿰뚫고 있었다는 것은 다음의 글에서 잘 드러난다.

> 늘어진 밧줄 위에서 춤을 추는 무용수를 지켜보며, 관중들은 자신도 모르게 몸을 비틀거나 뒤채며 균형을 잡는다. 그 이유는 그들이 무용수의 행동을 바라보고 있기 때문이며, 자신들도 무용수와 같은 상황에서라면 같은 행동을 했으리라고 느끼기 때문이다.
>
> *- 애덤 스미스, 《도덕 감정론》 중에서*

이러한 애덤 스미스의 말은 밧줄 위에서 춤을 추는 무용수가 아니더라도 영화에 등장하는 아슬아슬한 장면을 볼 때 우리가 반응하는 모습을 상상해 보면 실감이 날 것이다.

> 무뢰한들은 사실이 아닌 무용담들을 늘어놓길 좋아하며, 스스로 그렇게 되기를 상상한다. 그러한 얘기들로 인해 듣는 이들에게 애정이나 존경을 받을 수는 없겠지만, 적어도 무시 못할 상대라는 인상은 심어 줄 수 있기 때문이다.
>
> *- 애덤 스미스, 《도덕 감정론》 중에서*

우리가 어느 곳을 구경했다거나 어떤 것을 가지고 있다며 자랑을 늘어놓는 친구들에게 지지 않기 위해 덩달아 사실과 다른 이야기를 하거나 애써 자랑거리를 꾸며 내는 경우는 흔하게 있는 일이다.

애덤 스미스는《도덕 감정론》에서 아무리 이기적인 사람이라고 할지라도 다른 사람들의 행복이나 불행에 관심을 가지며, 다른 사람의 불행을 볼 때, 동정심을 느낀다고 말한다. 이러한 동정심은 타인의 처지를 자신의 처지로 느낄 수 있기 때문에 가능하다. 애덤 스미스는 이러한 감정을 공감이라고 부르고 도덕 감정의 근원으로 여겼다. 나아가 애덤 스미스는 공감을 타인의 경우뿐만 아니라 자신의 감정과 행동을 판단할 때의 기준으로 확대한다. 즉 자신의 입장을 떠나 타인의 입장에서 자신을 객관적으로 바라볼 때 정확한

어휘 다지기

역지사지

입장을 바꾸어 생각하는 자세를 말한다. 다른 사람의 권리와 이익을 자기 자신의 것 못지 않게 존중하는 자세로서 '내가 대접받고자 하는 대로 남에게 대접하라'는 덕목과도 같다.

공감

타인의 감정과 권리를 존중할 수 있는 능력을 의미한다. 누군가가 부당하게 고통을 받고 있을 때, 우리는 공감하여 아픔을 느낄 수 있고 그에 대한 동정심을 가질 수 있다.

판단이 가능하다는 것이다. 이는 '역지사지'의 정신과도 통한다. 사람들은 도덕적 결정을 내릴 때 '공평한 관찰자'인 양심을 염두에 둔다.

물론 인간이 자신의 이익을 생각하며 살아가는 이기적 존재인 것은 부인할 수 없다. 하지만 이기적 본성을 가지고 있는 인간들이 모인 사회가 유지될 수 있는 이유는 바로 동정심이 있기 때문이며, 이해관계를 떠난 관찰자의 위치에서 타인에 대한 공감의 능력이 있기 때문에 가능하다.

따라서 애덤 스미스는 다음과 같이 말한다.

> 아무리 이기적인 사람이라고 할지라도 다른 사람들의 행복이나 불행에 관심을 가지며, 그들의 행복을 (……) 자신의 행복으로 삼는 어떤 원리들이 분명히 존재한다. 우리가 다른 사람의 불행을 보거나 매우 생생하게 느끼게 될 때 갖는 연민이나 동정심은 이러한 종류의 것이다. 우리가 종종 다른 사람의 슬픔에서 슬픔을 느끼는 것은 너무나 명백한 사실이기 때문에 구태여 증명할 필요가 없다. 인간 본성의 다른 본래적인 감정과 같이 이 감정은 덕이 많거나 인정이 많은 사람들만 (……) 갖는 게 아니다. 사회의 제일가는 악당 또는 최악의 범죄자도 역시 이 감정을 갖고 있다.
>
> *- 애덤 스미스, 《도덕 감정론》 중에서*

② '가난한 자의 아들'

애덤 스미스는 인간이 부자가 되면 행복해질 것이라는 생각을 '기만적 관념' 이라고 말하며 《도덕 감정론》에서 다음과 같이 우화의 형식을 빌려 비판하고 있다.

신이 분노하여 야심을 불어넣은 한 가난한 자의 아들이 주위를 둘러보기 시작하고는 곧 부자들의 생활을 동경한다. 아버지의 오두막이 자신의 거처로는 너무 비좁고 보잘것없다고 생각한 그는 호화로운 저택에서 좀 더 편안한 삶을 살아야겠다고 생각한다. 그는 발로 걸어 다녀야 하는 사실에 불만을 느끼며 자기보다 높은 사람들이 마차를 타고 다니는 것을 보고는, 자기도 그런 마차를 타고 다닐 수 있다면 좀 더 편안하게 이곳저곳을 돌아다닐 수 있으리라 생각한다. 또 많은 종들이 있다면 자신은 힘든 일을 하지 않아도 되리라 생각한다.

그는 자신이 이 모든 것들을 얻는다면 아주 만족한 채 행복을 누리면서 편안하게 살아갈 수 있으리라고 생각한다. 그는 이처럼 행복에 관한 어렴풋한 공상에 사로잡히게 된다. 그는 이것이 일부 상류 계층 사람들이 생활하는 모습이라고 생각한다. 그는 이러한 생활에 도달하기 위해 부와 권세를 추구하는 데 자신의 모든 것을 바친다. 이러한 삶의 편리함을 얻기 위한 노력이 시작된 첫해에, 아니 첫 달에, 그는 그러한 편리함의 결여로 인해 겪었을지도 모를 것보다 훨씬 더 큰 육체적 피로와 정신적 불안, 걱정들을 감수한다. 그는 인내를 요하는 어떤 직업에서 두각을 나타내기 위해 혼신의 힘을 다해 일한다.

그는 불굴의 근면으로 자신이 모든 경쟁자보다 뛰어난 능력을 얻기 위해 밤낮으로 노력한다. 그는 이러한 능력이 사람들의 눈에 띄도록 하기 위해 노력하며, 취직 기회를 얻기 위해 동분서주하며 사람들에게 간청한다. 그는 이러한 목적을 달성하기 위해 모든 사람들의 비위를 맞춘다. 그는 내심으로 경멸하는 이들에게조차 알랑거리고 비위를 맞춘다. 그는 전 생애를 통하여 자신이 결코 도달하지 못할지도 모르는 인위적인 평안을 추구하면서, 어느 때나 자신의 힘으로 쉽게 얻을 수 있는 진정한 마음의 평안은 놓친다. 그는 아주 늙어서 그러한 인위적인 평안을 얻었다 할지라도 이 평안이 어떤 점에서도 그가 이것 때문에 포기한 저 평범한 평안보다 더 낫지 않다는 것을 알게 될 것이다. 그는 아주 늙어서 삶을 마감할 때쯤이 되어 육체는 고통과 질병으로 쇠약해지고 자신의 적들의 불의, 동료의 배신 때문에 그가 받아 왔다고 상상하는 수많은 손실과 실망의 기억에 의해 마음이 쓰라리고 괴로울 때가 되어서야 비로소, 부와 권세는 하찮은 효용만을 지닌 자질구레한 것에 불과하다는 사실을, 족집게 상자*와 마찬가지로 번거롭기만 할 뿐 마음의 평정을 얻는 데는 아무런 쓸모가 없다는 사실을 깨닫기 시작한다. (* 족집게 상자: 당시 부자들이 갖고 다닌 집게나 손톱깎이처럼 작은 편의품을 넣는 상자)

- 애덤 스미스, 《도덕 감정론》 중에서

이 우화에서 가난한 자의 아들은 부와 명성을 얻기 위해 온갖 노력을 다하지만, 결국 마음의 평안을 얻지 못하고 불행해진다. 타인으로부터 인정받고자 하는 욕심은 어리석으며 인간의 도덕심까지도 훼손시킬 수 있다. 부유하고 권세 있는 사람을 찬양하거나 숭배하면서 가난하고 미천한 사람을 멸시하거나 무시하는 것은 우리의 도덕 감정을 마비시킨다.

하지만 애덤 스미스는 이처럼 어리석은 인간의 자기기만이 의도와는 달리 경제와 사회의 발전을 초래하는 긍정적인 역할도 한다고 말한다.

> 인류의 근면성을 촉발하고 계속해서 일을 하도록 한 것은 헛된 부와 권세를 쫓는 기만이다. 인류로 하여금 처음에 땅을 경작하고, 집을 짓고, 도시와 공동체를 세우고, 인류 생활을 윤택하고 고상하게 만드는 모든 과학과 예술을 발명하고 개선하도록 한 것이 이것이다.
>
> *- 애덤 스미스, 《도덕 감정론》 중에서*

4. 《국부론》의 주요 내용

① 분업

애덤 스미스는 경제활동의 가장 중요한 요소를 분업이라고 보았다. 분업이란 하나의 일을 여러 과정으로 나누어 하는 것을 말한다. 일을 나누어 할 경우, 더 많이 생산할 수 있을 뿐만 아니라 새로운 기계나 기술까지 발명하거나 발견할 수 있다는 것이다. 특정한 한 가지 일을 전문적으로 할 경우, 보다 간편하게 해낼 수 있는 방법을 생각하게 되고 생산 도구도 발명하게 된다. 애덤 스미스는 분업을 이야기하면서 핀을 만드는 작은 수공업 공장의 예를 든다. 노동자 열 명이 작업을 18개의 단계로 나누면 하루에 대략 5만 개의 핀을 만들 수 있다. 그러나 만일 노동자 한 사람이 혼자서 만들 경우, 하루에 20개의 핀도 만들 수 없다. 또한 여러 단계로 나누어 만들 경우, 노동자는 각 단계에서 필요한 보다 손쉽고 빠르게 핀을 만들 수 있는 새로운 기계도 고안할 수 있다.

분업은 이렇게 생산 과정에서도 생기지만, 직업이나 산업 간에서도 이루어진다. 예를 들면 어부는 물고기를 잡아 농부가 농사를 지은 쌀과 교환할 수도 있다.

애덤 스미스는 분업이 교환하고자 하는 인간의 본성 때문에 생긴다고 한다. 이러한 본성은 다른 동물에게서는 찾아볼 수 없고 인간에게만 존재하는 특성이다. 이러한 분업 때문에 각종 생산물이 크게 증가하여 국민들의 생활이 풍족해질 수 있었다고 한다. 교환하고자 하는 인간의 본성은 이기심에 의해서 촉진되어 더욱더 분업이 활발해진다.

우리가 스스로 필요로 하는 상호적인 호의의 대부분을 서로 주고받는 것은 교환 및 구입에 의해서이지만 분업을 발생시키는 것도 이와 동일한 인간의 성향인 것이다. 예컨대 사냥이나 목축을 하는 종족 중에서 어느 특정한 사람이 다른 누구보다 더욱 재빠르고 교묘하게 활과 화살을 만든다고 하자. 그는 흔히 활과 화살을 동료들의 가축이나 사슴 고기와 교환하고 그리하여 드디어는 이렇게 하는 것이 자기가 벌판에 나가서 그런 것들을 잡는 것보다도 훨씬 많은 가축이나 사슴 고기를 얻을 수 있다는 것을 알아차리게 된다. 그러므로 자기 자신의 이익에 관심을 둠으로써 활과 화살 제작이 그의 중요한 일이 되어 그는 일종의 무기 제조공이 된다. 다른 한 사람은 자기들의 작은 집이나 이동 가옥 또는 지붕을 만드는 데 탁월하다고 하자. 그는 이 솜씨로써 이웃 사람들을 위해서 가끔 일을 해 주게 되고, 이웃 사람들은 마찬가지로 그에게 사례로 가축이나 사슴 고기를 준다. 이리하여 드디어 그는 전적으로 이 일에 헌신하여 일종의 목수가 되는 것이 자기의 이익이라는 것을 깨닫게 된다. 마찬가지로, 또 다른 사람은 대장장이 또는 놋쇠공이 되거나 의복의 큰 부분을 차지하는 수피의 제혁공 또는 완성공이 된다.

- 애덤 스미스, 《국부론》 중에서

이렇게 해서 사람은 누구나 그 자신의 노동 생산물 중에 자기 자신의 소비를 초과하는 나머지 부분을 다른 사람의 노동 생산물 중 그가 필요로 하는 부분과 교환할 수가 있다. 이러한 확실성에 의해서 사람은 어느 특수한 직업에 전념하게끔 자극받는다.

하지만 애덤 스미스는 분업이 좋은 결과만을 낳는 것은 아니라는 점도 분명히 알고 있었다. 분업은 많은 생산을 증대해서 많은 경제적 이익을 낳지만 생산하는 노동자에게는 해를 끼칠 수도 있다. 단순한 일을 계속 반복해서 할 경우 노동자는 자신의 이해력을 발휘할 기회를 갖지 못하며 대부분 가장 어리석고 무식한 사람으로 변하게 된다.

② '보이지 않는 손'

인간의 행동이 자신의 의도와는 달리 사회의 이익에 기여한다는 주장은 '보이지 않는 손' 의 작용으로 설명된다. 사실 부자들은 가난한 사람보다 별로 많이 소비하지 못한다. 그들은 우선적으로 자신만의 편익을 염두에 두고 수천 명의 노동자들을 고용해 그들의 공허하고 채워지지 않는 욕망을 충족하려 하면서도, 생활수준을 향상시키기 위한 모든 산물을 가난한 사람과 나누어 가진다.

그들은 보이지 않는 손에 이끌려, 토지가 모든 주민들에게 평등한 몫으로 분할되었을 경우에 주어졌을 것과 거의 같은 생활필수품을 사람들에게 분배하게 된다.

그리하여 의도했거나 인식하고 있지 못하면서도, 그들은 이렇게 사회의 이익을 증진시키고 종족 증식의 수단을 제공하게 된다.

애덤 스미스는 인간이 자신의 이익을 추구함으로써 '보이지 않는 손' 에 의해 인도되어 사회의 이익을 증진하게 된다고 말했다.

"우리가 식사할 수 있는 것은 정육점 주인, 양조장 주인, 빵집 주인의 자비에 의한 것이 아니라 자기 자신의 이익에 대한 그들의 관심 때문이다. 우리는 그들의 인간성에 호소하지 않고 그들의 이기심에 호소하며, 그들에게 우리 자신의 필요를 이야기하지 않고 그들의 이익을 이야기한다."

하지만 그렇다고 애덤 스미스가 이기적인 이익 추구를 무조건적으로 찬양한 것은 아니다. 애덤 스미스는 이기심을 옹호하긴 하지만, 타인에게 해를 입히거나 사회적인 혼란을 초래할 수 있는 지나친 '자기애'는 거부하고 시장 경제 내에서 정의와 덕성의 배양이 동시에 이루어질 때 온전하게 기능할 수 있다고 강조하였다.

③ 소수자 배려

애덤 스미스가 살던 시대에는 회사를 경영하는 사람들이 노동자들보다 훨씬 더 강력한 지위를 가지고 있었다. 당시에는 노동자들의 권리가 보장되지 않았고 노동 조건도 아주 나빴다.

따라서 애덤 스미스는 최저 생활이 가능한 임금에 대해 '보편적인 인간성을 유지할 수 있는 최저 임금'이라고 말하면서 노동자들이 자신들의 노동력의 대가로 생겨난 생산품을 공유하며 적정 수준의 의식주를 누릴 수 있는 대책을 세울 것을 주장하기도 했다.

국민들 가운데 하층민의 생활조건이 이렇게 개선되는 것이 사회에 유익하다고 보아야 하는가, 불리하다고 보아야 하는가? 그 대답은 언뜻 보기에도 매우 분명한 것 같다. 각종 하인과 노동자, 직공들은 거대한 정치 사회의 구성원 가운데 대부분을 차지한다. 그 대부분의 생활 조건을 개선하는 것이 결코 사회 전체에 불리한 것으로 간주될 수 없다. 그 구성원 대부분이 가난하고 비참하다면, 어느 사회라도 번영하거나 행복할 수 없다.

- 애덤 스미스, 《국부론》 중에서

실전 논술

case 1 이전에는 우리 동네에 빵집이 하나뿐이었다. 그러다 보니 아주 장사가 잘되었다. 그런데 이번 달에 빵집이 새로 하나 더 생긴다. 빵 가게 주인들은 장사가 잘되게 하기 위해 각자 어떻게 행동할지 생각해 보시오.

생각 쓰기

case 2 다음 제시문 (가)와 (나)를 읽고 분업의 장점과 단점에 대해 400자 내외로 설명하시오.

가 실제로 애덤 스미스는 《국부론》에서 핀 공장 내에서 이루어지는 분업의 이점을 예로 들었었단다. 핀 공장에 근무하는 사람이 모든 공정을 담당한다면 불과 몇 개의 핀밖에 만들 수 없을 테지만 여러 사람들이 나누어서 일을 한다면 핀 공장의 생산성은 현저히 높아질 거라는 거지. 분업을 통하여 경제 발전을 이루려고 생각했던 거야. 여러 사람이 일을 분담하여 핀을 만드는 것과 같은 과정을 '분업' 이라고 하는 거란다. 이렇게 하면 기능이 개선될 거라고 생각했고, 시간도 절약되고 결국에는 더 좋은 기계류가 발명될 거라고 애덤 스미스는 생각했었어.

-《애덤 스미스가 들려주는 보이지 않는 손 이야기》 중에서

나 오늘날 생산물만이 중시되고 그것을 만들어 낸 노동이 등한시된다는 것은 단지 상점이나 시장, 무역의 경우에 한하는 것은 아니다. 근대적인 공장 안에서도 노동자의 경우에는 사정이 전적으로 동일하다. 작업상의 협력이나 이해, 상호평가란 그야말로 고위층의 권한에 속할 뿐이다. 노동자 계층에 있어서 여러 부서와 여러 직무 사이에 형성된 관계란 다만 사물간의 관계일 뿐 인간 상호간의 관계는 아니다. 부품은 명칭과 형태, 원료가 기입된 쪽지가 붙여져 유통된다. 이 부품이야말로 바로 인간이며, 노동자는 다만 교환 가능한 부품이라고 생각될 수도 있을 것이다. 부품은 제조 명세서를 갖는다. 또 몇 개의 큰 공장의 경우처럼 노동자가 출근 시에 죄수같이 가슴에 번호를 단 사진이 붙어 있는 신분증을 제시하지 않으면 안 될 경우, 그 신분 확인 절차는 가슴을 찌르며 고통을 주는 하나의 상징이 되는 것이다. 사물이 인간의 역할을 하고 인간이 사물의 역할을 하는 것이야말로 악의 근원이다. (……) 큰 공장은 물론이고 조그만 공장에서까지도 많은 남녀 노동자들은 명령에 의해 있는 힘을 다해서 대충 1초마다 한 번씩 행하는 대여섯 개의 단순한 동작을 끊임없이 되풀이할 따름이다. (……) 기계 작업은 마치 시계의 똑딱 소리처럼 끊임없이 계속된다. 이 경우 하나의 일이 끝나고 다른 일이 시작된다는 것을 알려 주는 것은 아무것도 없다. 저 똑딱거리는 시계 소리의 기운 빠지는 듯한 단조로운 소리를 오랫동안 듣는다는 것은 참을 수 없는 노릇이지만, 노동자는 자기 몸으로 그것을 감당하지 않으면 안 된다.

-시몬 드 베이유, 《노동일기》 중에서

생각 쓰기

case 3 다음 제시문은 자연 가격과 시장 가격에 대해 설명하고 있다. 핵심 내용을 200자 내외로 요약하시오.

"사회에서 생산된 상품은 자연적이고 필연적으로 어떤 가격이 형성될 수 있어. 이렇게 자연적으로 상품의 가격이 형성되는 것을 자연 가격 제도라고 하지. 자연 가격 제도는 개개인의 자유로운 경제 활동에 의해서 개인의 생각이나 의도와 관계없이 자연적으로 이루어지는 가격을 말한단다. 개인은 자기 스스로 자신의 욕망을 위해서 행동해. 보이지 않는 손이 작용하여 자연적이고도 필연적인 가격을 만드는 것이지. 우리가 고기와 술, 빵으로 저녁 식사를 하리라고 기대할 수 있는 것은 정육업자, 양조업자, 제빵업자들이 우리에게 자비를 베푼 덕이 아니야. 그들이 각자 자기 이익을 추구한 결과야. 사람들은 누구나 상품 가치가 극대화되는 방향으로 자기 자원을 활용하려고 노력해. 공익을 증진하려 하는 것이 아닐 뿐더러 자신이 공익을 얼마나 증진시킬 수 있는지조차 알지 못해. 단지 자신의 안전과 이익을 위해 행동할 뿐이지. 그러나 바로 이렇게 행동하는 가운데 개인들은 '보이지 않는 손'의 인도를 받아 자신이 뜻하지 않았던 목표를 달성하게 된다. 자기 이익을 열심히 추구하는 가운데 사회나 국가 전체의 이익을 증대시키는 거야."

"아, 물건을 만든 사람과는 관계없이 상인들의 필요에 의해서 물건 값이 정해지는 것이 시장 가격이고, 개개인의 자유로운 경제 활동에 의해서 개인의 생각이나 의도와 관계없이 자연적으로 이루어지는 가격을 자연 가격 제도라고 하는구나. 그렇게 자유 경쟁에 의해서 물건 값이 정해지면 물건 값은 항상 일정할 테고, 그렇다면 물건을 구입하는 사람도 행복할 것이고…….”

“그렇지. 피터 말이 맞아! 그러니까 진정으로 시민을 위하는 가격 제도는 바로 자연 가격 제도라고 할 수 있어.”

-《애덤 스미스가 들려주는 보이지 않는 손 이야기》 중에서

생각 쓰기

case 4 다음 제시문 (가)와 (나)를 잘 읽고 물음에 답하시오.

가 철수는 새로운 컴퓨터를 사려고 한다. 만일 지금까지 사용하던 A회사의 컴퓨터가 다른 회사의 컴퓨터보다 가격은 조금 비싸지만 성능도 뛰어나고 고장도 나지 않았다면, 철수는 아마도 A회사의 컴퓨터를 살 것이다. 하지만 A회사의 컴퓨터가 성능도 떨어지고 고장도 잦았다면, 이번 기회에 다른 회사 제품으로 바꾸려고 할 것이다.

나 A회사는 컴퓨터를 생산하고 있다. 만일 A회사가 다른 회사보다 성능이 뛰어나고 고장이 적은 컴퓨터를 생산하면, 그 제품은 날개 돋친 듯 팔려 나가고 A회사는 결국 큰돈을 벌 수 있을 것이다. 반대로 다른 회사보다 품질이 떨어지는 제품을 생산할 경우, 얼마 가지 않아서 A회사는 문을 닫을 것이다. 따라서 A회사는 성능이 뛰어난 컴퓨터를 생산하기 위해 많은 연구개발비를 투자하고 있다.

- 고등학교 《경제》 교과서 참조

① 철수와 A회사가 각각 추구하고 있는 이익은 무엇인가?

---

② 철수와 A회사가 각각 자신들의 이익을 추구하는 행위는 서로에게 어떤 결과를 가져오겠는가?

---

case 5 다음 제시문 (가)와 (나)를 읽고 개인과 사회의 바람직한 관계에 대해 자신의 의견을 말하시오.

가 "우리가 땀을 흘려 일을 하는 건 그 누구를 위해서도 아니고 바로 각자 자신을 위해서란다."

"각자 자신을 위해서요?"

"그래. 모두가 각자 자신을 위해서 말이다. 내가 일해서 돈을 벌어야 나를 포함해서 우리 가족이 먹는 것, 입는 것 걱정 없이 화목하게 지낼 수 있으니 말이다. 이기적인 사람이든 이기적이지 않은 사람이든 관계없이 사람들은 모두가 행복하기를 원하지? 행복하기를 원하기 때문에 모든 사람들은 다른 사람들의 행복과 이익에 관심을 갖게 되는 거지. 결국 모든 사람들은 이기적인 생각을 갖고 있는 것 아니겠니? 특별히 덕망 있는 사람이나 착한 사람이라고 이기적인 생각이 없고, 나쁘고 악명 높은 사람만 이기심을 갖고 있는 것은 아니라는 거지. 그래서 우리는 각자 자신을 위해서 일하는 이기적인 마음을 갖고 있다는 거야."

-《애덤 스미스가 들려주는 보이지 않는 손 이야기》 중에서

나 자유롭고 평등한 개인에서 출발한 시민 사회는 그 전개 과정에서 서로 분리된 개인들이 자신의 이익에 근거해서 움직임에 따라, 이기주의가 생겨나고 여러 가지 사회 문제가 발생된다. 일반적으로 개인주의는 개별 인간의 존엄성과 자유를 인정하는 장점을 가지고 있으면서도, 자칫 사회 전체의 이익을 무시하는 방향으로 흐르게 되면 이기주의로 전락하는 단점을 가지고 있다. 이에 비해 집단주의는 개별 인간들의 인격적 존엄성을 무시하고 인간을 사회적·경제적 과정의 단순한 대상으로 파악하는 경향이 있다. 그러므로 집단주의는 사회 전체의 이익을 구현하는 장점이 있으나, 사회 전체의 우월성을 강조함으로써 개인의 권리와 자유를 무시하는 단점도 가지고 있다.

-고등학교 《시민윤리》 교과서 참조

생각 쓰기

아비투어 철학 논술

case 1 우선 빵 가게 주인들은 상대편 가게의 장점과 단점을 분석한다. 손님이 좋아하는 빵에 대한 조사도 할 것이고, 새로운 제품을 만들어 내거나 맛이나 서비스 면에서 상대편 가게를 능가하려고 노력할 것이다. 이러한 경쟁으로 인해, 만드는 빵의 질이 높아지고, 가격도 낮춰질 수 있다.

case 2 분업은 생산성을 높여 생산량을 늘리고 생산 시간을 단축할 수 있다. 생산 과정도 세분되어 손쉽게 할 수 있는 일이 증가한다. 일을 하는 사람도 자신이 맡은 일에 대해서는 누구보다 전문성을 가질 수 있으므로 기술이나 기계를 발명할 가능성도 커진다. 이러한 장점과는 달리, 분업은 노동자의 일을 단순화시키고 자신의 일을 제외하고는 다른 일에 대해서는 아무런 기능도 가질 수 없게 한다. 따라서 자신의 창조력이나 아이디어를 계발할 기회가 없고 기계의 운동에 맞추어 일하는 부속품으로 전락할 수 있다. 노동자는 마치 상품과 같이 교환 가능한 부품으로 취급당할 수도 있다.

case 3 자연 가격은 시장에서 생산자와 소비자, 기타 누구의 간섭도 받지 않고 '보이지 않는 손' 에 의해 자연스럽게 정해진 가격을 말한다.

예를 들어 어떤 물건을 만드는 데 필요한 재료의 가격이 올라간다면, 그에 따라 당연히 완성된 제품의 가격이 올라가는 경우를 들 수 있다. 즉 자연 가격은 올바른 분업과 협동의 과정에서 나타난 것이며, 상호간의 합의가 바탕이 된 것이다.

반면 시장 가격은 올바르지 못한 과정을 통해 이루어지기 때문에 '보이지 않는 손'의 통제를 벗어나게 되고, 결국 특정한 사람만 이익을 보게 되는 가격을 말한다.

예를 들어 시장에서 한 가게가 생활에 꼭 필요한 물건을 독점한 채 판매한다면, 소비자들은 터무니없이 비싼 가격을 내고 그 물건을 사야 하는 입장에 처할 수 있을 것이다. 이는 그 가게의 이득만 높여 줄 뿐, 건전한 시장과 시민 사회의 발전에 아무런 도움이 되지 못한다. 애덤 스미스는 이러한 비교를 통해 자연 가격이 바람직하다는 것을 강조하고 시장 가격을 경계하고 없앨 것을 주장하였다.

case 4

❶ 철수와 A회사 모두 자신의 이익을 추구한다. 철수는 가격도 싸고 성능도 뛰어나며 고장도 나지 않는 컴퓨터, 즉 자신에게 가장 유리한 제품을 사려고 한다. A회사도 근본적으로는 철수의 입장과 다를 바 없다. 자신이 생산하는 컴퓨터를 많이 팔아 이익을 취하고자 한다. 이익을 많이 거두기 위해 품질 개량도 하고 연구 개발비를 투자하기도 한다.

❷ 자신의 이익을 얻기 위해서는 자유로운 경쟁에서 앞서야 한다. 서로 경쟁하는 가운데 품질과 서비스가 개선된다. 생산자는 신기술과 신제품 개발에 힘쓰고, 소비자에게 보다 친절한 서비스를 제공한다. 소비자도 한정된 금액으로 가장 큰 만족을 얻기 위해 경쟁한다. 이는 가격 할인 기간 동안의 붐비는 백화점이나 인터넷 경매 사이트에서의 상품 구입 등에서 잘 나타난다. 이처럼 각자의 이익 추구는 서로에게 이익

을 줄 수 있다.

case 5 애덤 스미스는 개인의 이익 추구가 '보이지 않는 손'에 의해 사회의 이익을 가져올 수 있다고 말하고 있지만, 이기적인 이익 추구를 무조건적으로 찬양한 것은 아니다. 애덤 스미스는 이기심을 옹호하긴 하지만, 타인에게 해를 입히거나 사회적인 혼란을 초래할 수 있는 지나친 '자기애'는 거부하고 시장 경제 내에서 정의와 덕성의 배양이 동시에 이루어질 때 비로소 온전하게 기능할 수 있다고 강조하였다. 시민 사회는 극단적인 개인주의나 집단주의를 경계하는 가운데 개인의 자유와 권리, 인격적 존엄성 등을 최대한 인정하면서도 사회 전체의 공익을 해치는 이기주의를 경계할 수 있도록 시민 공동체를 지향해야 한다. 애덤 스미스가 강조하고 있듯이, 이기심은 자신만을 생각하는 것이 아니라 사회 구성원들의 입장을 함께 생각하는 공감과 동정심이 곁들여질 때 바람직한 모습을 띨 수 있다.

개인과 사회의 바람직한 관계는 자유로운 경쟁의 결과로 생기는 빈부의 격차와 불평등을 줄이는 방안이 마련될 때 가능하다. 경쟁이 사회에 이익을 가져오긴 하지만 경쟁에 뒤처져 인간다운 삶을 누리지 못하는 사람에 대해서는 사회적 배려가 있어야 한다. 또한 노약자나 장애인을 비롯한 사회적 소수자에 대한 복지 대책도 마련되어야 할 것이다. 더불어 함께 잘사는 사회가 진정으로 건강한 사회이다.

철학자가 들려주는 철학이야기 043

탈레스가 들려주는 아르케 이야기

저자_**오지은**
고려대학교 대학원 철학과에서 석사 학위를 받았고, 현재 고려대학교 철학과 대학원에서 희랍 철학 전공으로 박사 과정 중에 있다.

배경 지식 넓히기

탈레스에 대하여

Thales

탈레스에 대하여

1. 탈레스는 누구일까요?

탈레스는 기원전 624년경 태어났고, 기원전 547년경에 죽었습니다. 안타깝게도 탈레스가 쓴 저서는 없습니다. 그러나 다행히도 아리스토텔레스와 같은 후대 철학자들이 탈레스의 주장과 업적을 기록해 전해 주었습니다.

탈레스는 젊은 시절 이집트와 칼데아 지방에서 공부했고, 여기서 이집트 문화와 메소포타미아 문화를 배웠습니다. 그는 그리스로 돌아와 자신이 배운 것들을 좀 더 연구하여, 기하학과 천문학이라고 일컬을 수 있는 초기 이론들을 세웠습니다.

특히, 칼데아 지방에서 유학하면서 일식에 관한 지식을 배웠는데, 밀레토스로 돌아와 기원전 585년경 일식이 일어날 것을 주장하였습니다. 실제로 그 해에 일식이 일어났을 때, 사람들이 얼마나 놀랐는지 상상할 수 있겠죠? 일식을 예언하여 탈레스는 아주 유명해졌습니다.

또 그는 천체를 연구하여 작은곰자리를 발견했습니다. 당시 어부들은 자신들의 경험과 기억만을 믿고 바다로 나가 고기를 잡았습니다. 그러나 탈레스가 작은곰자리를 발견함으로써 어부들은 보다 정확하고 안전하게 항해할 수 있게 되었습니다. 탈레스의 작은곰자리 발견은 어부들뿐 아니라, 항해를 하는 많은 사람에게 도움을 주었다고 합니다.

탈레스는 '이오니아학파' 또는 '밀레토스학파' 중 한 사람이라고 불립니다. 기원전 7세기에서 6세기 사이에는 탈레스뿐만 아니라 아낙시만드로스(기원전 610~546년)와 아낙시메네스(기원전 585~525년)라는 철학자도 살고 있었습니다. 이들 모두 이오니아 지역의 밀레토스라는 도시에서 태어나 활동했기 때문에, '이오니아학파' 또는 '밀레토스학파' 라고 불립니다. 또 이들은 고대 그리스의 '자연 철학자' 라고 불리기도 합니다. 왜냐하면 이들은 주로 자연 세계를 탐구했고, '자연 세계는 무엇으로 이루어졌을까' 에 대해 연구했기 때문입니다.

탈레스에 대한 흥미로운 일화가 있습니다. 노새가 소금을 운반할 때, 가볍게 만들려고 냇물에 가 뒹굴어 소금을 다 녹게 하곤 했습니다. 탈레스는 이 나쁜 습관을 없애려고 한번은 이 노새에게 스펀지를 실어 주었습니다. 스펀지가 물을 흡수해 노새의 짐 무게가 엄청 무거워졌기 때문에 노새는 다시는 물에서 뒹구는 행동을 하지 않았다고 합니다. 이렇듯 탈레스는 매우 현명했나 봅니다.

탈레스는 또 서양 철학의 창시자로 알려져 있습니다. 이제 왜 그가 그렇게 불리는지 천천히 살펴봅시다.

2. 신화에서 철학으로

영화 〈해피 피트 Happy Feet〉의 주인공 멈블은 노래하는 것보다 춤추는 것을 더 좋아하는 귀여운 아기 펭귄입니다. 그런데 멈블이 자라고 있을 때, 멈블의 동네에서는 먹이가 점점 사라져 갔습니다. 펭귄들은 먹이가 사라지는 것을 보고 무척 놀라는 한편 매우 걱정되기 시작했습니다. 펭귄 왕국의 어른들은 멈블이 노래를 하지 않고 춤을 추었기 때문에 먹이가 사라지는 것이라고 말했습니다. 멈블의 행동을 보고 조상 펭귄들이 화가 나서 벌을 내렸다는 것입니다. 그러고는 멈블에게 더 이상 춤을 추지 말라고 야단쳤습니다.

멈블은 음치이기도 했지만, 노래보다는 춤이 더 재미있었습니다. 그리고 자신이 춤을 추는 것과 먹이가 사라져 가는 것에는 아무 관계도 없다고 생각했습니다. 멈블은 분명 다른 이유가 있을 것이라고 생각했습니다. 멈블은 먹이가 사라지는 것이 자신이 춤을 추기 때문이 아니라는 것을 증명해 보이고 싶었습니다.

이제 2,600년 전으로 시간 여행을 떠나 봅시다. 우리의 할머니와 할아버지들은 옛날이야기를 해 주시면서 '세상이 이러 하단다' 하고 말씀해 주시곤 하셨죠. 마찬가지로 고대 그리스 사람들도 선조들에게 신화를 전해 들으며 세계를 이해하곤 했습니다. 특히, 이 당시에는 '호메로스'와 '헤시오도스'라는 작가가 살고 있었는데, 이들은 선조들로부터 이어져 온 신화를 정리하여 서사시를 썼습니다. 당시 사람들은 선조들의 신화와 이 작가들의 서사시를 통해, 세계에서 일어나는 모든 일들을 신화와 연관시켜 생각했습니다.

그런데 기원전 585년 5월 28일 밀레토스 지역에서 일식이 일어났습니다. 해가 점점 작아지더니 모습을 감추고 만 것입니다. 사람들은 이것을 보고 매우 놀랐습니다. 그런데 그때는 리디아와 메디아라는 두 나라가 전쟁을 하고 있던 시기였습니다. 사람들은 신들이 두 나라가 계속해서 전쟁하는 것을 노여워하여 태양이 사라지는 벌을 준 것이라고 생각했습니다. 신화를 통해 세계를 이해했던 그들이 일식을 보고 신들이 화가 났다고 생각한 것은 어쩌면 매우 당연한 일인지 모릅니다.

그런데 탈레스는 이러한 고정 관념에서 벗어납니다. 그는 밀레토스에서 일식이 일어나기 훨씬 전부터 일식에는 다른 이유가 있을 것이라고 생각했습니다. 무엇보다도 그는 일식이 규칙적으로 일어난다고 생각했습니다. 왜냐하면 탈레스는 다른 나라에서도 과거에 이와 유사한 현상이 일어났다는 것을 배웠기 때문입니다. 그래서 탈레스는 일식이 일어났던 시기들을 목록으로 만들어, 규칙적인 주기를 알아냈습니다. 그래서 그는 기원전 585년에 일식이 또 일어날 것이라고 예언했습니다. 그가 예언한 해에 실제로 일식이 일어났을 때, 사람들은 무척 놀랐다고 합니다.

또 탈레스는 신들이 세계에 존재하는 모든 것을 낳은 것이 아니라 다른 근본 원인이 있을 것이라고 생각했습니다. 결국 그는 자연을 관찰하면서 근본 원인을 추론해 냅니다. 이후의 강의에서 살펴보겠지만, 그는 만물을 구성하고 살게 하는 것은 바로 '물' 이라고 말했습니다. 여기서 중요한 점은 그가 '물' 이라고 말했지 '바다의 신' 이라고는 말하지 않았다는 점입니다. 즉, 기존의 신화적 세계관을 벗어났던 것이죠.

자, 여기서 멈블과 탈레스의 공통점은 무엇일까요? 그것은 세계에서 일어나는 일들을 신화가 아닌 다른 것으로 설명하려고 했다는 점입니다. 멈블은 먹이가 사라지는 이유를 조상들의 벌이 아닌 다른 것에서 찾으려고 했습니다. 탈레스 역시 신의 이름을 빌리지 않은 채, 만물의 근원을 '물' 이라고 했습니다. 신화적 관점에서 벗어나 다른 원인을 찾으려고 했다는 점에서 멈블과 탈레스의 태도는 같다고 할 수 있습니다.

3. 모든 것들의 근본 원인을 찾아서: 아르케는 무엇일까?

탈레스는 태어나고 죽는 동식물들도 보고, 매일 뜨고 지는 태양과 달, 별 등을 보았습니다. 즉, 그는 변화하는 세계를 경험하고 있었던 것입니다. 그렇게 변화하는 세계 속에서 그는 '변화하지 않는 것' 이 있다고 생각했고,

바로 이것이 세계의 모든 것을 구성한다고 생각했습니다. 그리고 스스로에게 다음과 같이 질문했습니다.

"도대체 세계의 만물을 구성하는 것이 무엇일까?"

이것이 바로 '아르케란 무엇인가'라는 물음입니다. 여기서 '아르케'란 '세계 만물을 구성하는 근본 물질'을 말합니다.

지금은 탈레스가 아르케를 무엇이라고 보았는지는 잠시 잊도록 합시다. 중요한 것은 그가 '변화하는 것들 속에 변화하지 않은 채로 놓여 있는 것이 무엇일까?' '세계의 모든 것을 구성하는 물질은 무엇일까?'라는 질문을 던졌다는 점입니다. 바로 이러한 물음이 철학의 시초입니다. 탈레스가 서양 철학의 선구자 또는 서양 철학의 창시자라고 불리는 이유가 바로 여기에 있습니다.

다시 멈블의 이야기로 돌아가 봅시다. 멈블은 동네에서 먹이가 사라지는 다른 원인이 있을 거라고 생각했고 그것이 무엇인지 고민했습니다. 그는 다른 펭귄들의 말을 일방적으로 받아들이지 않고, '그들의 말이 진짜 옳을까?' '다른 원인은 없을까?' '그 원인이 무엇일까?'를 물었습니다. 당연하다고 여겼던 생각을 의심해 보고, 진짜 원인이 무엇일까 라는 물음을 던지는 것, 이것이 바로 철학적 질문입니다. 이렇게 본다면, 우리의 멈블은 펭귄 철학자라고 할 수 있으며, 그의 끊임없는 탐구 정신은 칭찬받을 만합니다.

4. 아르케는 물이다

멈블은 먹이가 사라지는 이유를 궁리했지만, 뾰족한 원인을 찾지 못했습니다. 그러던 어느 날 친구들과 돌아다니다가 이상한 물체를 발견했습니다. 그것은 멈블이 한 번도 보지 못했던 플라스틱이라는 것이었습니다. 멈블은 그 물체를 놓고 간 외계인이 있을 것이라고 생각했습니다. 그리고 먹이를 빼앗아 간 자가 바로 그 외계인이라고 확신했습니다.

멈블은 어른들에게 이렇게 소리칩니다.

"먹이가 사라지는 이유를 꼭 알아내서 돌아올 거라고요!"

그러고는 외계인이 진짜 있는지 확인하기 위해 멈블은 바다로 떠납니다.

바다를 헤엄치던 멈블은 많은 물고기들을 잡아가는 거대한 배 한 척을 발견했습니다. 그 배에 타고 있던 자들은 사람이었습니다. 물론 멈블에게는 외계인으로 보였겠지요. 그 외계인들이 자기 동네에 있던 물고기들을 모두 잡아갔기 때문에 먹이가 점점 사라지고 있었던 것입니다.

멈블은 궁리 끝에 외계인을 생각해 냈는데, 그렇다면 탈레스는 고민 끝에 어떤 결론을 얻었을까요?

탈레스는 '아르케는 물이다' 라고 주장합니다. 왜 그는 아르케로 물을 꼽았던 것일까요? 그는 모든 씨앗들에 물기가 있다는 것을 발견했습니다. 또한 모든 동식물들에도 물기가 있고, 이들 몸에서 물이 빠져나가면 죽는다는 점도 관찰했습니다. 더욱이 당시는 농업이 매우 중요하던 시기였습니다. 그런데 농사를 짓기 위해 꼭 필요한 자원은 물입니다. 메마른 땅에서는 곡식이 자랄 수 없으니 말입니다. 이러한 주변 현상들을 보고 탈레스는 물의 중요성을 깨닫게 되었습니다. 그래서 그는 아르케를 물이라고 보았던 것입니다.

멈블은 남들이 관심조차 갖지 않았던 플라스틱을 관찰했습니다. 또한 탈레스 역시 물기를 가지고 있는 씨앗과 동식물들을 눈여겨보았습니다. 이들의 공통점은 무엇일까요? 첫째, 자기 주변의 사물들을 그냥 지나치지 않고, 관찰했다는 것입니다. 둘째, 그러한 관찰을 바탕으로 근본적인 원인이 무엇인지를 생각해 보았다는 것입니다. 진지한 물음을 묻기 위해서는 자기 주변의 일들을 세밀히 관찰하고 원인을 생각해 보는 자세가 필요합니다.

자, 이제 탈레스의 주장을 정리해 봅시다.

"세계 만물을 구성하는 근본 물질은 물이다. 물은 생명의 근원이다. 다른 모든 것들이 변화해도 오직 물만은 변화하지 않고 항상 존재한다."

5. 세상에 대해 알고 싶은 순수한 마음

어느 날 주위 사람들이 탈레스에 대해 아무 쓸모도 없는 철학을 한다고 비난했습니다. 그러자 탈레스는 하늘의 별들을 연구하여 곧 올리브 풍작이 있을 것임을 알아낸 뒤 많은 올리브 기계들을 싼값으로 미리 빌렸습니다. 그리고 얼마 지나지 않아 실제로 올리브 풍년이 들었습니다. 이때 탈레스는 그 기계들을 다시 비싼 값에 빌려 줌으로써 큰돈을 모을 수 있었죠.

그러고 나서 탈레스는 이렇게 말했다고 합니다.

"철학자들은 마음만 먹으면 쉽게 부자가 될 수 있소. 그러나 돈을 버는 것이 우리의 진지한 관심사는 아니오."

이 말이 무엇을 의미할까요? 세상에 대한 탈레스의 탐구는 돈을 벌기 위해서라거나 어떤 이익을 갖기 위해서가 아니었다는 말입니다. 그는 순수하게 세계에 대해 알고 싶어서 철학을 했던 것입니다.

탈레스는 천체를 연구하여 작은곰자리를 발견했는데, 어부들은 그 별자리를 기준으로 보다 안전하게 항해할 수 있게 되었습니다. 작은곰자리의 발견은 항해 기술의 발전에도 도움을 주었다고 합니다. 그런데 정작 탈레스 자신은 그들에게 이익을 주기 위해 천체를 연구한 것이 아니었습니다. 그것은 순수하게 천체에 대해 알고 싶었기 때문이었습니다. 그가 아르케를 찾아 고민했던 것도 마찬가지입니다. 그는 세계를 구성하는 근본 물질이 무엇인지 알아내고 싶은 지적 호기심 때문에 철학을 했던 것입니다.

바로 이렇게 원인을 알아내고 싶어 하는 욕구, 순수한 지적인 욕구가 철학을 하게 하는 가장 기본적인 동기입니다.

6. 개념 추상하기와 원리 이끌어 내기

'추상하기' 라는 말은 구체적인 것들에서 공통점을 찾아냄으로써 한 단계 더 높이 올라간다는 의미입니다. '추상적' 이라는 말을 들어 본 적 있죠? 이 말은 부정적인 의미도 있고 긍정적인 의미도 있습니다. 예를 들어, 정치인들은 흔히 '국민들이 모두 행복하게 살 수 있게끔 잘 하겠습니다' 라고 말합니다. 그런데 국민들은 '도대체 무엇을 어떻게 하겠다는 것인지 구체적으로 말하지 않고, 잘하겠다고만 한다' 며 그들을 나무랍니다. 지나치게 뭉뚱그려 말해서 무슨 뜻인지 제대로 이해하기 어렵다는 말입니다. 이럴 때 우리는 '그 말은 너무 추상적이니 좀 더 구체적으로 말해 보시오' 라고 대답합니다. 이런 경우 '추상적' 이라는 말은 부정적인 뜻을 가집니다.

반면에 긍정적인 의미의 추상도 있습니다. 둥근 쟁반이나 둥근 수박, 둥근 달이라는 대상들로부터 공통점을 찾아보세요. 그것은 '원' 입니다. 추상은 이렇게 구체적인 것들로부터 공통적인 것을 찾아 '개념' 을 생각해 내는 것입니다. 예컨대 원은 '이러저러한 많은 둥근 것들' 로부터 추상된 개념입니다. 이것이 바로 올바른 의미의 '추상' 인데, 이는 철학의 중요한 방법입니다.

탈레스는 바로 이러한 '추상하기' 라는 방법을 취했습니다. 예를 들어, 우리는 물기가 있는 씨앗이나 물기를 머금고 있는 식물, 그리고 물기를 필요로 하는 생명체들을 보고 만집니다. 또 우리는 물을 실제로 마실 수도 있고, 물에 손을 담글 수도 있습니다. 그런데 탈레스가 아르케라고 말한 물이 이런 구체적 물이었을까요? 아닙니다. 그는 물을 생명의 원인으로, 모든 것들을 존재하게 해 주는 근본 원인으로 보았습니다. 즉, 그는 위와 같이 구체적인 것들로부터 '세계 만물을 구성하는 물' 이라는 개념을 뽑아냈습니다. 여기서 '물' 은 '추상화된 개념' 입니다.

또한 탈레스는 관찰 사례들로부터 원리를 이끌어 냈습니다. 예를 들어, 탈레스는 수학에 나오는 비례의 원리를 정립했습니다.

탈레스는 자신의 키(a)와 그림자(b)를 이용하여 피라미드의 높이(x)를 측정하였다고 합니다. 탈레스의 키(a)와 피라미드 높이(x)의 비율은 탈레스 그림자 길이(b)와 피라미드의 그림자의 길이(c)와 비례하겠죠.

'a : x = b : c' 라는 것은 여러분도 다 알고 있는 사실이죠.

탈레스의 키와 그림자의 길이는 알 수 있습니다. 그리고 피라미드의 그림자 길이도 알겠죠. 모르는 것은 피라미드의 높이뿐입니다. 이 비례식도 여러분은 다 알고 있는 사실이죠? 이런 방법을 통해 탈레스는 피라미드의 높이를 측정하였답니다.

위에서 탈레스는 '사람의 키와 그림자 길이의 관계' 와 '피라미드의 높이와 피라미드의 그림자 길이의 관계' 가 같다고 보고 있습니다. 이것이 바로 비례라는 '원리' 입니다. 즉, 탈레스는 구체적인 자료들로부터 원리를 이끌어 냈습니다. 앞에서 설명했던 개념 추상하기와 함께 이렇게 원리를 이끌어 내는 것도 철학의 중요한 방법입니다.

7. 합리적 사고의 확대

먼 바다에서 외계인을 발견한 멈블은 우여곡절 끝에 고향으로 돌아왔습니다. 그리고 어른 펭귄들에게 외계인이 있는 곳을 직접 확인하고 왔노라고 말했습니다. 그 외계인들이 먹이를 가져가는 것이지, 자신이 춤을 추었기 때문에 먹이가 사라지는 것이 아니라고 말해 주었습니다.

처음에 어른 펭귄들은 그의 말을 믿지 않았습니다. 그런데 곧 사람들이 펭귄 왕국에 찾아왔습니다. 사람들도 놀라고 펭귄들도 놀랐습니다. 사람들은 그곳에 많은 펭귄들이 살고 있는지 몰랐기 때문입니다. 또한 펭귄들도 외계인이 있다는 멈블의 말을 믿지 않았기 때문입니다. 그때 멈블의 사랑하는 여자 친구인 글로리아가 노래를 시작했고, 멈블과 다른 펭귄들이 글로리아의 노래에 맞추어 춤을 추기 시작했습니다. 그러자 사람들도 함께 춤을 추며 즐겁게 놀다가 돌아갔습니다.

사람들은 회의를 열어 이제 그 지역에서 더 이상 물고기를 잡지 말자고 합의합니다. 계속해서 물고기를 잡아간다면 그 가여운 펭귄들이 배가 고파 죽을 것이라고 생각했기 때문입니다. 마침내 펭귄들은 다시 먹이를 구할 수 있게 되었고, 멈블은 자유롭게 춤출 수 있게 되었습니다.

이렇게 멈블의 동네에는 다시 평화가 찾아왔는데, 탈레스의 동네에는 무은 일이 벌어졌을까요?

탈레스의 지역에는 합리적 사고와 비판적 토론이 중요해졌습니다. '합리적' 이라는 말은 '이치에 맞는' '논리적인' '경험과도 일치하는' 등 많은 의미를 가지고 있습니다. 그리고 '비판적 토론' 이란 무조건 상대방을 헐뜯는 것이 아닙니다. 상대방의 말이 어떤 점에서 옳고 어떤 점에서 그른지 논의하는 것입니다. 그리고 상대방의 말이 틀렸다면 왜 틀렸는지 그 이유를 제시해야 합니다.

이제 탈레스가 아르케를 물이라고 말한 이후에 어떤 일이 벌어졌는지 살펴봅시다. 아래의 강의에서 눈여겨보아야 할 점은 탈레스로부터 철학이 어떻게 발전해 갔는가입니다.

기원전 7~6세기, 밀레토스에는 탈레스뿐만 아니라 아낙시만드로스와 아낙시메네스라는 철학자들도 살고 있었다고 했습니다. 아르케가 물이라고 주장하는 탈레스에 대해 아낙시만드로스는 다음과 같이 말합니다.

아낙시만드로스 탈레스여, 당신의 주장은 옳지 않소. 만일 당신 말대로 아르케가 물이라면, 불은 어떻게 설명할 것이오? 물은 축축한데, 불은 축축하지 않으니 말이오. 게다가 물을 끼얹으면 불은 꺼져 버리지 않소? 그렇다면 물과 불은 대립되는 것이 분명하오. 한쪽 때문에 다른 한쪽이 죽어 버리니 말이오. 도대체 물이 자신과 대립되는 불을 어떻게 형성하겠소? 그러니까 아르케는 축축함이나 건조함이라는 성질도, 뜨거움이나 차가움이라는 성질도 갖지 않는 것이어야 하오. 즉, 아르케는 아무 성질도 갖지 않는 것이어야 하오. 나는 이것을 '무한정자'라고 부르겠소. 세계의 모든 것들은 바로 무한정자가 구성하는 것이오.

이 말을 듣고 있던 아낙시메네스는 다음과 같이 말합니다.

아낙시메네스 아낙시만드로스여. 당신은 탈레스의 잘못을 잘 지적했소. 내가 보기에도 물은 아르케가 아니오. 그런데 탈레스도 틀렸지만, 당신의 주장도 또한 옳지 않소. 도대체 무한정자라는 것이 무엇이오? 아무런 성질도 없는 것이 지금 내가 만지고 있는 이 딱딱한 돌을 구성한다니, 이것이 말이 되오?

내가 생각하기에 아르케는 공기요. 탈레스가 말한 물은 지나치게 구체적이고, 당신이 주장한 무한정자는 세상에 존재하지도 않는 헛된 것 같소. 그런데 공기는 이 둘의 단점을 가장 잘 보완해 주니, 아르케로서 적격이오. 대기 중에는 만물을 구성했다고 볼 수 있을 만큼 무한한 양의 공기가 존재하지 않소? 더욱이 공기는 무한정자에 비해서는 어느 정도의 성질을 가지고 있고, 눈에 보이고 마시기도 하는 물보다는 덜 구체적이니 이만큼 적합한 후보가 어디에 있겠소? 공기가 희박해지면 불이 생겨나고, 촘촘해지면 바람이 생겨나며, 더 촘촘해지면 흙이 된다고 생각하오. 공기가 점점 더 촘촘해져서 결국 이런 돌도 생겨나는 것이오.

세계 만물이 '물' '무한정자' '공기'로 이루어졌다는 위 철학자들의 주장은 무척 황당무계한 것으로 여겨질 수 있습니다. 그러나 중요한 점은 그들이 아르케를 찾아가는 방식입니다. 앞에서 설명한 것처럼 그들은 추상하기와 원리 찾기의 방법을 취하고 있습니다.

또한 위 대화로부터 드러나는 철학의 중요한 특징이 있습니다. 그것은 앞선 철학자의 말이 정말 옳은가라고 반성해 보는 것입니다. 그리고 서로 대화해 보는 것입니다. 대화하다 보면, 상대방의 잘못을 지적해 줄 수도 있고, 자신의 잘못을 지적받을 수도 있습니다. 이렇게 하기 위해서는 겸손한 마음으로 자신이 잘못 생각하고 있었음을 인정할 줄도 알아야겠죠.

철학자들은 서로 모여서 자신의 이론을 발표하고 다른 사람들과 토론함으로써 자신의 이론을 수정하기도 하고 더 발전시키기도 합니다. 실제로 그리스의 아테네라는 도시에는 많은 철학자들이 모여들어 비판적인 토론을 활발히 벌였습니다. 이를 통해 그들은 좀 더 합리적으로 사고하려고 했고, 좀 더 좋은 이론을 찾기 위해 노력했습니다. 2,600년이라는 세월 동안 이와 유사한 과정을 모든 철학자들이 거쳤습니다. 철학자들끼리 실제로 만날 수 없다고 하더라도 다른 철학자들의 생각을 책을 통해 확인하고, 책을 통해 대화했습니다. 이러한 방식으로 철학이 발전할 수 있었던 것은 탈레스가 세계 만물의 근원인 아르케를 주장함으로써 철학의 토대를 마련했기 때문입니다.

실전 논술

1강_ 신들에 대한 이야기에서 합리적 설명으로의 이행

case 1 아래 두 글을 읽고 탈레스가 신화적 관점에서 벗어나 논리적인 사고를 했다고 볼 수 있는 이유를 설명해 봅시다.

가 "탈레스라는 철학자도 바로 그 물을 아주 중요하게 생각했단다. 만물의 근원을 물이라고 주장했거든. 쉽게 말하면 이 세상의 맨 처음이 바로 물이라고 주장했단다."

아저씨가 의자에 등을 기대며 여유 있는 표정으로 말했다.

"정말이에요? 세상에서 물이 처음 생겨났어요? 음, 나는 하늘이 처음 생겼을 거 같은데……."

눈이 동그래진 수연이가 신기해서 물었다.

"탈레스라는 사람의 주장이야. 맞을 수도 있고 틀릴 수도 있지. 그런데 탈레스를 서양 철학의 시조라고 하거든. 그 이유가 뭔지 아니?"

"당연히 모르죠. 히히."

"그건 말이야, 그의 생각이 처음으로 신화의 사고를 벗어났기 때문이란다."

아저씨가 아주 중요한 얘기라는 듯 침을 꼴깍 넘기며 말했다.

"신화의 사고는 또 뭐예요?"

"그 당시 사람들은 모든 현상과 진리들을 무조건 그리스 신화의 신들을 가지고 설명하려고 했거든."

"어떻게요?"

"예를 들면, 해가 뜨고 해가 지는 것도 태양신이 마차를 끌고 하늘로 올라갔다 내려오는 것으로 설명을 했던 거야."

아저씨가 천장을 바라보며 말했다.

"하하하, 말도 안 돼. 해가 그냥 뜨고 지는 것이지 무슨 태양신이 마차를 끌고 다녀요?"

수연이는 배꼽을 잡고 웃어 댔다.

"옛날 사람들은 과학을 몰랐으니까 그런 식으로 엉뚱하게 신화에 빗대어 표현을 하고 믿었던 거야."

"네, 그럼 탈레스는 그런 생각을 안 했단 거예요?"

"바로 그거야. 탈레스가 처음으로 신화가 아닌 철학적인 생각을 했던 거지. 물론 탈레스도 모든 물체에 신이 있다고 믿는 그리스인이었어. 그렇지만 자연법칙에 대한 해석을 초자연적인 믿음이 아니라 자연에 근거한 설명으로 방법을 바꾼 최초의 사람이란다."

-《탈레스가 들려주는 아르케 이야기》 중에서

나 동식물들은 태어나서 성장하다가 점점 늙어 죽거나 시들어 죽습니다. 또 해와 달, 별은 매일 뜨고 집니다. 바닷가의 자갈들은 물살에 점점 닳아서 작아져 버립니다. 즉, 모든 것들이 항상 변화하고 있습니다.

그런데 탈레스는 이렇게 변화하는 것들 속에 '변화하지 않는 어떤 것' 이 있어야 한다고 생각했습니다. 왜냐하면 변화하지 않는 것이 있어야만 그로부터 다른 모든 변화하는 것들이 생겨

날 수 있다고 보았기 때문입니다. 그는 이렇게 불변하고 영원히 존재하는 것이 세계 만물을 구성한다고 생각했습니다. 이것이 바로 탈레스가 주장한 '아르케' 입니다. 그는 아르케를 '물' 이라고 말합니다.

-《탈레스가 들려주는 아르케 이야기》 중에서

생각 쓰기

case 2 아래의 두 글을 읽고, 탈레스의 물음이 중요한 의미를 가지는 이유를 적으세요.

가 "그것 말고 유명한 일화가 또 있단다. 탈레스가 별들을 관찰하다가 우물에 빠지고 말았는데 옆에서 시녀가 깔깔대며 웃은 거야. 왜 웃었을까?"

"탈레스가 우물에 빠져서 허우적거리는 모습을 보고 재미있어서 그런 거 아니에요?"

"아니, 탈레스는 항상 하늘만 탐구할 뿐 자기 발 앞에 놓인 것에 대해서는 한 번도 관심을 갖지 않았던 것이 우스웠던 거지."

"아아, 탈레스는 세상 모든 일들에 관심이 많았지만, 정작 자신과 가까운 것들에 대해서는 관심이 없었나 봐요. 그러고 보면 상당히 모순된 이야기 같아요."

-《탈레스가 들려주는 아르케 이야기》 중에서

나 플라톤은 탈레스가 하늘의 별을 바라보기 위해 하늘만 보고 걷다가 웅덩이에 빠진 일화를 전해 주면서 다음과 같이 덧붙여 말합니다. 철학자는 바로 옆에 있는 사람이 누구인지 알지 못하더라도 '자연은 무엇으로 이루어졌는가?' '인간이란 무엇인가?' '무엇이 인간적인 것인가?' '우리는 무엇을 해야 하고, 무엇을 해서는 안 되는가?' 를 탐구하는 데에 노력을 아끼지 않는다고 말입니다. 철학적인 물음이 당장은 아무 쓸모가 없을지 모르지만, 분명히 이러한 물음들은 우리에게 중요한 의미를 지닙니다. 왜냐하면 무생물이나 다른 동식물들과 사람이 어떤 면에서 같고 어떤 면에서 다른지에 대해 생각해 볼 수 있기 때문입니다. 나아가 사람이 자연을 어떻게 대해야 하는지, 사람들끼리 어떻게 살아야 하는지에 대해서도 반성해 볼 수 있기 때문입니다.

- 고등학교 《철학》 교과서 참조

스스로 따져 묻기

위 문제에 나온 탈레스의 물음과 농부의 물음을 다시 살펴봅시다. 두 사람의 물음 가운데 어떤 물음이 더 좋은 물음일까요?

둘 중 어느 하나가 더 좋다고 함부로 단정할 수는 없습니다. 왜냐하면 농부는 세 마리의 동물을 팔아서 그 돈으로 자신의 가족을 돌보아야 하기 때문입니다. 그래서 '어떤 방법으로 동물을 배에 태울 것인가' 는 농부에게 매우 중요한 문제입니다.

그런데 여기서 생각해 보아야 할 점은, 우리가 농부의 물음만 묻고 살지는 않는다는 것입니다. 우리는 농부의 물음을 묻기도 하지만, 탈레스와 같이 철학적인 물음을 묻기도 합니다.

사실 농부도 마찬가지입니다. 농부는 어떻게 하면 가축들을 팔아 돈을 벌까만을 생각하면서 살까요? 아닙니다. 물론 농부는 '어떻게 하면 농사를 잘 지을 수 있을까' '어떻게 하면 가축을 많이 키울 수 있을까' 고민합니다. 그러나 때로는 논밭을 보며 자연에 대해 생각하기도 하고, 동물을 함부로 대하면 안 된다고 생각하기도 합니다. 여기서 농부는 물음을 더 확장시킬 수 있습니다. 이것이 바로 철학적인 태도입니다.

이 두 가지 태도가 사람에게 모두 중요합니다. 배가 고파 죽을 지경이라면 아무것도 할 수 없겠죠. 그러니 적당한 수준의 의식주는 필수입니다. 그러나 욕심을 부려 항상 좋은 것을 먹고 좋은 물건들만 가지려고 하는 것은 중요한 일이 될 수 없습니다. '배부른 돼지보다 배고픈 소크라테스가 낫다' 라는 말을 들어본 적 있죠? 당장 맛있는 것을 먹고 멋진 옷을 입지 못한다고 하더라도 건전한 정신으로 세상의 일들에 대해 진지하게 생각해 보는 여유를 가진다면 훨씬 더 행복한 삶을 살 수 있습니다. 그러니 우리는 철학적인 문제의식을 버려서는 안 되겠죠.

사실 위의 문제는 기원전 4세기에 활동했던 아리스토텔레스라는 철학자의 고민거리이기도 했습니다. 그는 《니코마코스 윤리학》이라는 책을 썼는데 위 문제가 이 책의 내용 중 일부입니다. 이제 철학적인 태도가 왜 중요한지, 그의 주장을 통해 한 번 더 확인해 봅시다.

아리스토텔레스는 다음의 두 가지를 놓고 무엇이 더 중요한지 고민합니다.

① 의식주 문제 해결하기, 사회적으로 발생한 정의롭지 않은 일들 해결하기

② 순수한 철학적 활동하기

어떤 사람들은 ①을 택했고, 어떤 사람들은 ②를 택했습니다. 그러나 아리스토텔레스는 둘 가운데 어느 하나만을 선택하는 어리석음을 범하지 않았습니다.

그는 이렇게 주장합니다.

"①은 필수적이다. 그런데 ②없이 ①만 한다면, 그것은 진정 인간적인 삶이 아니다."

그는 두 가지가 모두 병행되어야 하되, 다른 동물들의 행동과 구별되는 인간의 고유한 활동은 ②라고 말합니다.

자, 아리스토텔레스의 생각을 정리해 봅시다.

①도 중요하지만, ①만으로 살아가는 자는 사람답지 못하다. ①과 더불어 ②가 이루어져야만 사람답게 사는 것이고, 행복한 것이다.

재미있게도 아리스토텔레스는 어떤 사람은 선천적으로 좋은 능력을 타고 나고, 어떤 사람은 그렇지 못하다는 것을 보았습니다. 누구는 부유하게 자라고, 누구는 어려운 환경에서 자랍니다. 누구는 못생기게 태어나고, 누구는 아름다운 용모를 가지고 태어납니다. 아리스토텔레스는 이런 것들을 행운이라고 말합니다. 그리고 다음과 같이 말합니다.

"아무리 운이 좋게 태어났다고 해도, 사람이 철학을 하지 않는다면, 그러한 자는 사람답지 못하다. 불행이 닥쳐도 흔들리지 않고 철학하는 삶이 진정 사람다운 삶이다."

생각 쓰기

3강_ 탈레스가 철학을 했던 이유

case 3-1 탈레스는 '세계의 모든 것들은 무엇으로 이루어졌을까' 궁금해 하면서 해답을 찾기 위해 탐구했습니다. 탈레스는 왜 이런 문제에 집중했던 것일까요? 아래 두 글을 읽고, 탈레스가 학문에 전념했던 이유를 모두 찾아 적으세요.

가 탈레스는 이집트에서 공부하다가 일식 현상이 일어났다는 이야기를 듣고 매우 놀랐습니다. 어느 순간 태양이 점점 사라지는 것처럼 보였다니 얼마나 놀라운 일입니까. 그는 그 이야기를 듣고 자연에 대한 경이감을 느꼈습니다.

또 탈레스는 매일 뜨고 지는 태양과 달을 보았습니다. 그런데 '태양과 달은 왜 저렇게 뜨고 질까?' 라고 자신에게 물으니 그는 즉시 답할 수 없었습니다. 원인도 모른 채 매일 그 현상들을 보고 있었다는 사실을 깨달았을 때 탈레스는 너무나 당황스러웠습니다. 탈레스는 이렇게 일상적으로 겪는 일들의 원인이 무엇인지 즉시 답을 내릴 수 없다는 사실에 당황하고 난처함을 느꼈습니다. 이러한 감정을 느끼다가 그는 점차 좀 더 큰 문제에 대해 묻게 되었습니다. '세계는 무엇으로 이루어졌는가' 라는 물음 말입니다. 마침내 탈레스는 세계를 구성하는 아르케를 알아내고 싶어졌습니다.

나 '철학' 이라는 단어는 '지혜에 대한 사랑' 이라는 말에서 나왔습니다. 누군가를 사랑하게 되면 보고 싶고, 만나고 싶고, 그 사람에 대해 알고 싶어집니다. 철학도 마찬가지입니다. 철학은 지혜에 대한 사랑 때문에 지혜를 추구합니다. 그리고 사람들이 철학을 하는 이유는 '알고 싶어서' '자신의 앎을 넓히고 싶어서' 입니다. 즉, 철학의 태도는 당장의 이익을 떠나 순수하게 알고 싶은 마음으로 세계를 탐구하는 것입니다.

생각 쓰기

case 3-2 **탈레스는 순수한 마음으로 세상에 대해 배우고 알고 싶어 했습니다. 그런데 '조나단 리빙스턴'이라는 이름을 가진 갈매기도 탈레스와 같은 태도를 보여 줍니다. 아래의 글을 읽고 질문에 대답해 보세요.**

조나단 리빙스턴은 더 높고 빠르게 날고 싶어 하는 갈매기입니다. 조나단에게 중요한 일은 먹는 일보다도 하늘을 나는 일이었습니다. 그래서 조나단은 매일 열심히 날기 연습을 합니다. 그러자 조나단의 부모님이 이렇게 말합니다.

"애야, 조나단. 머지않아 겨울이 닥쳐올 거야. 그렇게 되면 얕은 곳에 있는 물고기들이 점점 더 깊이 헤엄쳐 들어갈 거야. 네가 무언가를 연구하고 싶다면, 먹이를 연구하고, 먹이를 어떻게 얻을 수 있는지 연구해라. 물론 너의 그 비행술인가 하는 것도 좋지만 그러나 비행술로 먹고살 수는 없지 않니? 우리가 하늘을 나는 이유는 먹기 위해서라는 걸 잊지 말아라. 알겠지?"

조나단은 고개를 끄덕였습니다. 그렇지만 한편으로는 매우 아쉬웠습니다.

조나단은 생각했습니다.

'날기 연습을 하면서도 배울 것들이 얼마나 많은가!'

그러고는 다시 날기 연습을 시작했습니다. 날개를 쭉 편다고 해서 반드시 잘 나는 것은 아니었습니다. 어떤 때에는 날개를 접는 것이 더 도움이 되었습니다. 이렇게 반복하여 연습하다 보니 조나단은 높고 멀리 그리고 빠르게 날기 위해 필요한 자세들을 익히게 되었습니다.

그러던 어느 날 갈매기들의 마을에 회의가 열렸습니다. 모든 갈매기들이 모여 있었습니다. 사실 모든 갈매기들은 조나단을 기다리고 있었습니다.

나이가 많은 갈매기가 말합니다.

"조나단 리빙스턴! 중앙으로 나와라."

중앙으로 나오라는 것은 굉장한 불명예가 아니면 굉장한 명예, 둘 중 하나를 의미하는 것이었습니다. 명예를 받기 위해 중앙으로 나가는 것은 갈매기의 최고 간부가 임명될 때의 관례이기도 했습니다.

이 말을 듣고, 조나단은 생각했습니다.

'왜 나를 부르실까? 오늘 아침 식사 때 내가 훌륭하게 비행하는 모습을 보여 드렸기 때문일까? 하지만 나는 명예는 바라지 않는데…… 간부가 되고 싶은 생각도 없고…… 나는 다만 내가 발견한 것을 다른 갈매기들과 나누어 갖고 싶었고, 우리 모든 갈매기들의 앞길에 펼쳐진 무한한 가능성을 보여 주고 싶었을 뿐이라고.'

조나단은 앞으로 걸어 나갔습니다.

연장자 갈매기가 말했습니다.

"조나단 리빙스턴! 불명예의 이유로 중앙에 나와라. 네 동료 갈매기들 앞으로."

조나단은 몽둥이로 한 대 얻어맞은 것 같았습니다. 무릎에서 힘이 쭉 빠지고, 깃털은 맥없이 처졌으며, 귓속이 윙윙 울렸습니다.

'불명예의 이유로 중앙에? 말도 안 돼! 내가 보여 준 것은 한계 돌파인데! 왜 저분은 모르실까!'

연장자 갈매기의 엄숙한 목소리가 띄엄띄엄 들려왔습니다.

"분별없는 무책임한 행동으로…… 너는 갈매기의 존엄과 전통을 더럽혔다."

불명예의 이유로 중앙에 끌려 나온다는 것은 갈매기 사회로부터 추방되어 먼 벼랑에서 혼자 살아가는 벌을 받는 것을 의미했습니다.

"조나단 리빙스턴, 너도 언젠가는 깨닫게 될 것이다. 무책임한 행동은 보상받지 못한다는 것을. 우리가 알고 있는 것은 다만 우리가 먹이를 찾고, 그래서 가능한 한 살아남도록 이 세상에 태어났다는 것뿐이다."

회의에서 결코 대꾸를 해서는 안 되었지만 조나단은 자신도 모르게 소리쳤습니다.

"무책임하다고요? 여러분 제 말을 들어 주세요! 삶의 의미나 생활의 더 높은 목적을 찾고 그것을 실천하는 그런 갈매기야말로 가장 책임감이 강한 갈매기가 아닐까요? 수천 년 동안 우리는 물고기 머리를 쫓아다니며 살아왔습니다. 그러나 지금 우리는 삶의 목적을 갖게 되었습니다. 배우는 일, 발견하는 일, 그리고 자유로이 되는 일입니다! 저에게 한 번만 기회를 주세요. 제가 발견한 것을 여러분 앞에 보여 줄 그 기회를 한 번만 주세요."

갈매기 떼는 돌처럼 침묵에 싸여 있었습니다. 갈매기들은 이렇게 중얼거렸습니다.

"동료의 인연은 끊어졌다."

그리고 일제히 거드름을 피우며 귀를 막더니, 조나단에게서 등을 돌렸습니다.

- 리처드 바크, 《갈매기의 꿈》 중에서

① 줄거리를 간략히 적어 보세요.

---

② 조나단이 비행 연습을 했던 가장 중요한 목적이 무엇인지 말해 보세요.

4강_ 만물의 근원으로서의 물

case 4-1 아래의 세 글을 읽고, 탈레스가 만물의 근원을 물이라고 생각하게 된 이유를 모두 찾아 적으세요.

가 "그런데 탈레스는 왜 만물의 근원을 물이라고 주장하게 되었을까요? 정말 신기해요!"

그때 수연이가 다시 질문을 하니 아저씨는 엉거주춤했던 엉덩이를 다시 의자에 앉혔다.

"이 아저씨도 그게 궁금해서 계속 탈레스에 관해서 연구하고 있단다. 내 생각에는 그가 많은 나라들을 두루 돌아다녔다는 걸 종합해 볼 때 아마도 당시의 주된 산업이 농업이었으니 물의 소중함과 절대적인 영향을 깨달았던 게 아닐까 추측한단다. 물은 모든 생물이 갖고 있는 것이면서 생성과 소멸의 원인이라고 느낀 것 같다는 거지."

나 "탈레스는 왜 하필이면 물이라고 했을까?"

미리도 고개를 갸웃하며 말했다.

"탈레스는 물이 곧 생명이라고 생각했대. 물이 생명의 근원이자 모든 것의 시작이라고 말이야."

수연이는 청계천을 흐르는 물속을 가만히 들여다보며 대답했다.

"그건 맞는 말 같아. 식물도 물 때문에 살잖아. 사람도 마찬가지고. 다 죽어가던 벤자민 나무 화분이 물을 잘 먹고 살아나는 걸 우리 눈으로 똑똑히 봤다니까."

영미가 눈을 동그랗게 뜨고 확신 있게 말했다.

"탈레스는 페르시아와 이집트에서 메마른 땅을 보았어. 메마른 땅에서는 아무것도 자라지 못한다는 걸 알았지. 그래서 탈레스는 물이야말로 생명을 살리는 힘을 가졌다고 생각한 거야. 그렇게 생각한다면 물이야말로 생명을 움직이게 하는 최초의 물질이라고 할 수 있겠다."

다 탈레스는 철학의 창시자로서 근원을 물이라고 말합니다. 그는 아마도 모든 것이 먹고 자라는 음식이 축축하다는 것과 모든 것들이 물이 없으면 죽는다는 것을 보고 이런 생각을 가졌을 것입니다. 또 모든 씨앗이 축축하다는 것을 보고, 축축한 것들에는 물이 있다고 생각했기 때문인 것 같습니다.

-《탈레스가 들려주는 아르케 이야기》 중에서

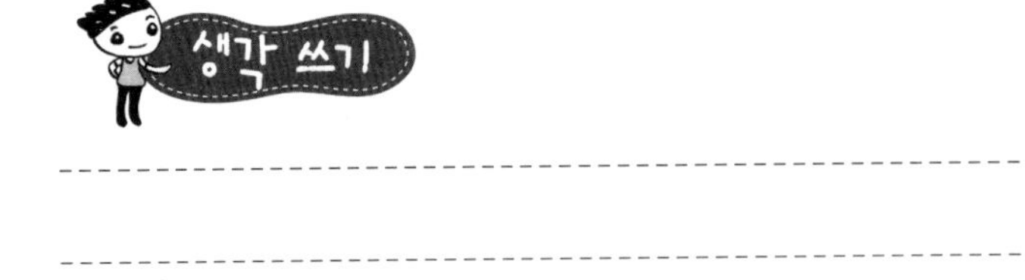

case 4-2 탈레스는 세계 만물에 생명을 주는 가장 중요한 것을 찾으려고 했습니다. 우리도 탈레스처럼 아르케를 찾아봅시다. 아래의 글을 읽고, '사람의 삶'에서 가장 중요한 것이 무엇인지 말해 보세요.

라스콜리니코프는 전당포에 물건을 맡기고 돈을 빌려 근근이 생활을 이어 가는 가난한 법대생입니다. 그런데 돈이 떨어지고 더 이상 맡길 물건이 없게 되자 그는 전당포 주인인 노파를 살해합니다. 그러고는 전당포에 있는 돈을 챙겨 달아났습니다.

라스콜리니코프는 집에 돌아온 뒤 매우 불안했습니다. 그러나 그는 자신이 의심받지 않을 것이라고 생각했습니다. 왜냐하면 살해 현장을 아무도 목격하지 못했기 때문입니다. 또 그는 자신이 죄를 저지른 것이 아니라고 스스로를 위안했습니다. 왜냐하면 노파는 전당포를 운영하면서 가난한 사람들에게 이자를 받아 챙기는 못된 인간이었고, 불필요한 인간이라고 생각했기 때문입니다. 이렇게 라스콜리니코프는 자신이 죄책감을 느낄 필요가 없다고 스스로를 안심시키려 했습니다.

그러던 중 그는 살인의 혐의를 받게 되고, 법정에 서게 됩니다. 법대생이었던 그는 자신이 법을 위반하지 않았음을 설득시키고, 혐의를 벗어나기 위해 스스로를 대변합니다. 그는 의심받지 않도록 알리바이를 대면서 판사를 설득시켰습니다.

그러나 정작 라스콜리니코프 자신은 마음이 안정되지 않았습니다. 잘못한 것이 없으니 걱정하지 않아도 된다고 스스로를 안심시켰건만 그의 마음만은 여전히 동요되었습니다. 그는 죄책감을 벗어던질 수 없었던 것입니다.

괴로움에 시달리며 지내던 중 라스콜리니코프는 한 여인을 만납니다. 그녀는 때 묻지 않은 순수한 영혼을 가진 소냐라는 여인이었습니다. 불안과 죄의식에 시달렸던 그는 마침내 소냐를 통해 영혼의 위안을 느꼈습니다. 라스콜리니코프는 소냐의 발밑에 무릎을 꿇고 자신이 저지른 죄를 이야기하면서 눈물을 흘립니다. 그는 자신의 양심을 거스를 수 없었던 것입니다.

그렇게 한참을 울고 난 뒤 그는 소냐가 충고해 준 대로 땅에 입을 맞추고 많은 사람들 앞에서 자신의 잘못을 시인합니다. 그리고 자수를 하러 경찰서로 향합니다. 결국 그는 형벌을 받으러 시베리아로 떠납니다.

- 도스토예프스키, 《죄와 벌》 참조

어휘 다지기

도스토예프스키(1821~1881)

도스토예프스키는 러시아의 모스크바에서 태어났습니다. 그는 톨스토이와 함께 19세기의 대표적인 러시아 문학가로 손꼽힙니다. 그는 어려서부터 도시인들의 비극적인 삶을 체험했습니다. 소외된 도시인들의 상황이 그의 처녀작 《가난한 사람들》에 잘 묘사되어 있습니다. 또 그는 성장하면서 사회적인 격동을 겪었습니다. 특히, 그가 살던 시기에 러시아는 전통적인 제도가 무너지고 새로운 사회 분위기가 형성되어 갔습니다. 이 과정에서 사회적으로 많은 모순들이 발생하기도 했습니다. 이러한 과도기를 살던 도스토예프스키는 시대에 대해 치열하게 반성합니다. 나아가 그는 인간의 근본 문제에 대해서도 고민했는데, 이 고민의 과정을 자신의 작품에 담았습니다. 《죄와 벌》이 그 대표적인 예입니다. 여기서 도스토예프스키는 인간의 내면을 섬세히 묘사하면서 시대와 사상의 변화 속에서 인간이 결코 저버릴 수 없는 것을 보여 주고 있습니다. 다른 유명한 소설로 《카라마조프가의 형제들》이 있습니다. 이 저서에는 신앙과 사상, 인간의 본질 등에 대한 그의 성찰이 잘 나타나 있습니다.

생각 쓰기

5강_ 철학적으로 생각하기

case 5 아래의 글을 읽고, 다음의 두 가지 물음에 답하세요.

어린 왕자가 불쑥 오랫동안 혼자 어떤 문제에 대해 곰곰이 생각하던 끝에 튀어나온 말인 듯 나에게 물었다.

"양은 작은 나무를 먹으니까 꽃도 먹겠지?"

"양은 닥치는 대로 먹지."

"가시가 있는 꽃도?"

"그럼, 가시가 있는 꽃도 먹고말고."

"그럼 가시는 어디에 소용이 있지?"

나 역시 그것은 알지 못했다. 나는 그때 내 모터의 볼트가 너무 꽉 죄어 있어서 그것을 빼내는 일에 정신이 팔려 있었다. 비행기의 고장이 매우 중대한 것처럼 보이기 시작했고, 먹을 물이 바닥이 드러나고 있어 최악의 상태를 당할까 두려웠기 때문에 나는 무척 불안했던 것이다.

"가시는 무엇에 소용되는 거지?"

어린 왕자가 한 번 질문을 했을 때는 결코 포기한 적이 없었다. 나는 볼트 때문에 신경이 곤두서 있었으므로 되는 대로 아무렇게나 대답해 버렸다.

"가시는 아무짝에도 소용이 없어. 꽃들이 공연히 심술을 부리는 거지."

"그래?"

그러나 잠시 아무 말이 없다가 어린 왕자는 원망스럽다는 듯 나에게 이렇게 톡 쏘아붙였다.

"그건 거짓말이야! 꽃들은 연약해. 순진하고. 꽃들은 그들이 할 수 있는 방식으로 자신을 보호하는 거야. 가시가 있으면 다른 것들이 함부로 다루지 못할 거라고 믿는 거야."

나는 아무 대꾸도 하지 않았다. 그때 나는 '이 볼트가 끝내 말썽을 부리면 망치로 두들겨 튀어나오게 해야지' 하는 생각을 하고 있었다. 어린 왕자는 또다시 내 생각을 방해했다.

"그럼 아저씨 생각으로는 꽃들이……."

"그만해 둬! 아무래도 좋아! 난 되는 대로 대답을 했을 뿐이야. 나에겐 지금 중대한 일이 있어서!"

어린 왕자는 어리둥절해서 나를 바라보았다.

(……)

"아저씨는 모든 걸 혼동하고 있어……. 모든 걸 혼동하고 있다고!"

어린 왕자는 화가 나서 얼굴이 하얗게 질려 있었다.

"수백만 년 전부터 꽃들은 가시를 만들고 있어. 양도 수백만 년 전부터 꽃을 먹어 왔고. 그런데도 그들이 아무짝에도 쓸모없는 가시를 왜 만들어 내는지 알려고 하는 것은 중요한 게 아니라는 거지? 그건 붉은 얼굴의 신사가 하는 계산보다 더 중요한 건 못 된다는 거지? 그래서 이 세상 아무데도 없고 오직 나의 별에만 있는 이 세상에 단 하나뿐인 한 송이 꽃을 내가 알고 있고, 작은 양이 어느 날 아침 무심코 그걸 먹어 버릴 수도 있다는 건 중요한 일이 아니라는 거지?"

(……)

어린 왕자는 이제 얼굴이 새빨개져서 말을 이었다.

"수백만 개의 별들 중에 단 하나밖에 없는 꽃을 사랑하고 있는 사람은 그 별들을 바라보고 있는 것만으로도 행복할 수 있어. 그는 속으로 '내 꽃이 저기 어딘가에 있겠지……' 하고 생각할 수 있거든. 하지만 양이 그 꽃을 먹는다면 그에게는 갑자기 모든 별들이 사라져 버리게 되는 거나 마찬가지야! 그런데도 그게 중요하지 않단 말야?"

그는 더 말을 잇지 못했다. 그는 갑자기 흐느껴 울기 시작했다. 나는 손에서 연장을 놓아 버렸다. 망치도 볼트도 목마름도 죽음도 모두 우습게 생각되었다. 어떤 별, 어떤 떠돌이 별 위에 나의 별, 이 지구 위에 위로해 주어야 할 한 어린 왕자가 있었던 것이다. 나는 그를 두 팔로 껴안았다.

- 생텍쥐페리, 《어린 왕자》 중에서

어휘 다지기

생텍쥐페리(1900~1944)

생텍쥐페리는 프랑스의 리옹이라는 도시에서 태어났습니다. 그는 《어린 왕자》라는 유명한 소설도 썼지만 비행가이기도 했습니다. 그는 북서 아프리카, 남대서양, 남아메리카 항공로를 개척했고, 야간 비행을 처음 시도한 사람이었습니다. 1944년 생텍쥐페리는 정찰 비행단으로 아홉 번째 출정을 나섰는데 슬프게도 그 뒤로 영영 돌아오지 않았다고 합니다. 사람들은 그가 독일군 정찰기에 의해 격추되었을 것이라고 추측하고 있습니다.

① 꽃의 가시에 대한 '나' 와 '어린 왕자' 의 생각이 어떻게 다른지 적으세요.

---

② 세계를 대하는 탈레스의 태도와 어린 왕자의 태도의 공통점을 적으세요.

6강_대화와 토론의 중요성

case 6-1 아래의 두 글을 읽고, 대화와 토론이 왜 중요한지 적어 보세요. 단, 그 이유를 한 가지 예를 들어 설명하세요.

가 그래서 나 소크라테스는 이와 같이 말을 꺼내기 시작했네.

"프로타고라스여, 이해해 주시오. 당신과 문답을 하는 것은 언제나 풀리지 않고 막다른 골목에 들어서 있는 문제에 대해서 자세히 생각해 보고 싶어 하는 마음 때문이오. 다른 뜻은 전혀 없다오. 나는 다음과 같은 호메로스의 말이 옳다고 생각한다오.

두 사람이 함께 길을 걸으면

한 사람이 앞을 알 수 있나니.

이렇게 할 때에만 우리는 사람의 모든 것, 온갖 행동, 말, 생각 등을 잘 이끌어 나갈 수 있소. 그렇지 않고 홀로라면, 만약 알 수 있다고 하더라도, 사람은 자기 생각을 말하고 확인할 상대를 구하고 그러한 상대를 발견하기까지 계속 찾아다녀야 하는 것이라오."

-플라톤, 《프로타고라스》

나 철학적 사고의 생명은 논증적 사고의 수련이다. 혼자서 말하고 명령하는 독백과 달리, 대화와 토론에서 비로소 철학이 있게 된다.

(……)

무엇보다도 진정한 논증적 사고는 우선 자기의 신념이나 생각, 주장에 대한 자기반성, 자기 비판부터 시작해야 한다. 이것이 다름 아닌 소크라테스의 가르침인 '무지의 자각' 이다. 따라서 대화와 토론, 독서를 통해 우선 자기의 잘못된 편견을 깨우치고, 자기 잘못의 시인에 용감하고, 자신은 아직 모르는 것이 많다는 겸손한 마음가짐을 무엇보다 앞세워야 하는 것이다.

-고등학교 《철학》 교과서 참조

case 6-2 대화와 토론이 올바르게 이루어지려면, 논리적으로 생각하고 말해야 합니다. 또한 말도 안 되는 이유를 대면서 자신의 주장이 옳다도 우겨서도 안 됩니다. 이치에 맞는 이유를 제시해야 하는 것이죠.
아래에서 여러 사람들이 자신의 생각을 말하고 있습니다. 그런데 이들은 모두 자신의 생각을 올바르게 제시하지 못했습니다. 아래의 글을 읽고, 이들의 주장이나 물음이 가진 문제점이 무엇인지 적어 보세요.

① **지숙** 이 책은 분명히 훌륭한 책이야. 왜냐하면 이 책이 나온 지 한 달밖에 안 되었는데, 벌써 백만 부나 팔렸거든. 그리고 내가 아는 사람들 모두 이 책을 칭찬하기 때문이야.

② **영희** B형 남자들은 하나같이 정말 괴팍해. 왜냐하면 내가 아는 B형 남자애들이 무지 거

칠고, 성격이 나쁘거든. 게다가 〈B형 남자친구〉라는 영화도 나왔잖아. 그 남자 주인공, 얼마나 괴팍하던지…….

③ **철수** 영미는 공부에 소질이 전혀 없어. 왜냐하면 지난번 영미의 산수 성적이 형편없었기 때문이야. 많은 사람들이 '하나를 보면 열을 안다' 고 말했어.

④ **상민** 산타 할아버지는 분명히 살아 있어. 산타 할아버지가 살아 있다면 성탄절에 선물을 받을 텐데, 우리는 성탄절마다 선물을 받잖아.

⑤ **종호** 그 사람이 비록 도둑질을 많이 하고 여러 사람들을 다치게 했지만, 그를 용서해 주어야 해. 왜냐하면 그는 매우 가난하고 그의 어머니와 자식들이 아프기 때문이야.

⑥ **형택** 신문에 실린 그 사람의 의견은 옳지 않아. 그 말을 믿어서는 안 돼. 왜냐하면 그는 고등학교밖에 졸업하지 못한 데다가 지방 출신이기 때문이야.

⑦ **상호**: 미희는 그림을 잘 그릴 거야. 왜냐하면 미희 엄마가 화가이시거든.

⑧ **경수**: 민정이는 나를 싫어하는 게 분명해. 왜냐하면 민정이가 나한테 좋아한다고 말한 적이 한 번도 없거든.

⑨ **형사**: 당신, 아직도 사기치고 다니는가?

⑩ **동민:** 우리는 반드시 성금을 내야 해. 성금을 내지 않는 것은 비도덕적인 일이야. 비도덕적인 사람이 아니라면, 너희들 모두 성금을 낼 거라고 믿어.

어휘 다지기

소크라테스(BC 469~BC 399)

소크라테스는 고대 그리스의 위대한 철학자들 중 한 명입니다. 그는 플라톤의 스승이기도 합니다. 아쉽게도 소크라테스가 직접 쓴 책은 없습니다. 그러나 플라톤의 초기 저서들에 소크라테스의 생각과 주장이 잘 드러나 있습니다.

위 제시문에 나왔듯이, 소크라테스는 대화를 철학의 중요한 방법으로 삼았습니다. 그리고 자기 자신도 제자들과 동료들과 대화했습니다. 그런데 소크라테스는 상대방에게 계속해서 질문을 던지고 답하게 합니다. 상대방은 소크라테스의 물음에 대답하지 못하면서 자신이 잘 모르고 있었음을 깨닫게 됩니다. 그리고 답이 무엇인지 다시 생각해보게 됩니다.

이런 방식을 '대화술' 또는 '산파술'이라고 부릅니다. 소크라테스는 상대방에게 미리 답을 주지 않고, 상대방 스스로 답을 찾을 수 있게끔 도와주는 역할을 맡았습니다. 그런데 이러한 소크라테스의 역할은 마치 아기를 낳도록 도와주는 산파의 역할과 같기 때문입니다.

프로타고라스(BC 485경~BC 414경)

프로타고라스는 고대 그리스의 철학자로, '소피스트'라 일컬어지는 사람들 중 한 명입니다. 우선 소피스트에 대해 간략히 살펴봅시다.

플라톤은 절대적인 진리가 있다고 믿었습니다. 이러한 진리는 감각을 통해서는 알 수 없고, 오직 사유를 통해서만 알 수 있다고 생각했습니다. 그런데 소피스트들은 플라톤에게 항의하면서, 그와 반대되는 주장을 합니다. 즉, 그들은 절대적인 진리는 없다고 말하고, 사유

보다는 감각이 중요하다고 말합니다. 소피스트란 이렇게 사유보다 감각을 중시하고, 절대적 진리의 존재에 대해 의심했던 기원전 5~4세기의 철학자들을 말합니다.

프로타고라스 역시 위와 같은 소피스트들 중 한 명이었습니다. 그는 몸소 남이탈리아 지역에 있는 투리오이라는 아테네 식민지에 파견되어, 그 지역의 법규를 직접 제정했다고 합니다. 그는 이러한 체험을 바탕으로, 법이 나라마다 다르고 인간에 의해 제정되는 것이니만큼, 절대적인 법이란 없다고 생각했습니다. 그는 이 생각을 발전시켜, '인간이 만물의 척도이다' 라고 주장합니다. 이것이 프로타고라스의 '인간 척도설' 입니다. 세상의 모든 것들에 대해 판단하는 기준이 바로 인간이라는 의미입니다.

생각 쓰기

아비투어
철학 논술

case 1 신화는 태양이 뜨고 지는 것을 태양신이 마차를 끌고 갔다가 내려가는 것이라고 설명합니다. 그들은 '정말 태양신이 살고 있을까?' 라고 물어 보지 않습니다. 그들은 신이 당연히 있다고 생각하고 신들이 마차를 끌기도 한다고 생각합니다. 그런데 이렇게 생각하면 세상의 모든 일은 상당히 쉽고 단순하게 설명됩니다. 신들이 그렇게 만들었고, 신들이 그 일을 벌인 것이라고 말하면 그만이기 때문입니다.

이와 반대로 탈레스는 세상의 현상들을 좀 더 과학적으로, 그리고 논리적으로 설명합니다. 예를 들어, 탈레스는 변하는 모든 것들 속에 변하지 않는 아르케가 있어야 한다는 생각했습니다. 왜냐하면 아르케까지 죽었다 살아났다 한다면, 아르케가 죽었을 때 다른 모든 것들은 세상에 나올 수 없었을 거라고 생각했기 때문입니다. 그래서 탈레스는 다른 모든 것들이 변해도 아르케만은 변하지 않아야 한다는 결론을 내렸습니다. 이렇게 옛날 사람들과는 다르게 탈레스는 보다 더 논리적으로 생각하고 설명했습니다.

case 2 탈레스는 하늘만 올려다 보다 우물에 빠져서 웃음거리가 되었습니다. 정작 자신과 가까운 것에 대해서는 알지 못한 채 먼 곳에 있는 것만 생각했으니, 어리석은 사람처럼 보이기도 합니다.

그런데 플라톤은 탈레스의 물음을 다르게 평가합니다. 왜냐하면 탈레스의 물음이 당장은 아무 쓸모가 없을지 모르지만, 사람들에게 중요한 의미를 지니기 때문입니다. 왜냐하면 자연에 대해 생각해 봄으로써 자연을 대하는 올바른 태도를 알게 되기 때문입니다. 또 인간적인 것이 무엇인지 생각해 봄으로써 다른 사람을 대하는 올바른 자세도 갖출 수 있습니다.

만일 자신과 가까운 일에 대해서만 생각한다면 사람의 생각의 폭은 작아질 것입니다. 그러나 탈레스처럼 자연에 대해 물어 보고 진지하게 반성해 봄으로써 우리는 생각의 폭을 넓힐 수 있습니다. 그래서 탈레스의 물음은 사람이 살아가는 데 있어 꼭 필요합니다.

case 3-1 첫째, 탈레스가 자연 세계에 대해 경이감을 느꼈기 때문입니다.

둘째, 자신이 일상적으로 겪는 일들의 원인이 무엇인지 답할 수 없어서, 난처함을 느꼈기 때문입니다.

셋째, 자신이 원인도 모른 채, 일상적인 일들을 겪고 있음을 알게 되어 무척 당황스러웠기 때문입니다.

넷째, 다른 이익을 위해서가 아니라 순수하게 세계의 원인을 알고 싶었기 때문입니다.

다섯째, 지혜를 사랑했기 때문입니다.

case 3-2 ❶ 조나단은 더 높고 빠르게 날고 싶어 비행 연습을 했습니다. 그런데 부모님이 먹이를 찾는 것이 중요하다고 말하면서 비행 연습을 하지 말라고 했습니다. 그러나 조나단은 비행 연습을 포기하지 않았습니다. 왜냐하면 그는 연습을 하다 보면 많은 것들을 배울 수 있다고 생각했기 때문입니다. 그러나 주위의 갈매기들은 명예롭지 못하고 무책임한 행동을 했다고 그를 비난했습니다.

그러나 조나단은 자신이 비행하면서 보고 느낀 것을 모든 갈매기들에게 나누어 주고 싶었습니다. 모든 갈매기들에게 무한한 가능성을 보여 주고 싶었던 것입니다. 그래서 조나단은 자신에게 이것을 보여 줄 기회를 달라고 소리쳤습니다. 그러나 다른 갈매기들은 그의 말을 듣지 않고 등을 돌려 버렸습니다.

❷ 수천 년 동안 갈매기들의 목적은 오직 먹이를 찾는 것이었습니다. 그런데 조나단은 또 다른 삶의 목적을 찾았다고 말했습니다. 그것은 배우고, 발견하고, 자유로워지는 것입니다. 조나단은 명예를 바라지도 않았고, 간부가 되고 싶어 하지도 않았습니다. 조나단이 열심히 비행 연습을 했던 것은 바로 배우고, 발견하고, 자유로워지기 위해서였습니다.

case 4-1 첫째, 탈레스가 살던 시기의 주된 산업은 농업이었습니다. 그래서 탈레스는 물의 소중함과 절대적인 영향을 깨달았습니다.

둘째, 물은 씨앗을 비롯한 모든 생물이 갖고 있기 때문에 그는 물이 생성과 소멸의 원인이라고 생각했습니다.

셋째, 탈레스는 페르시아와 이집트같이 메마른 땅에서는 아무것도 자라지 못한다는 것을 알게 되었습니다. 그래서 그는 물이 생명을 움직이는 최초의 물질이라고 생각했습니다.

넷째, 모든 것들을 살게 하는 음식이 축축하다는 것을 보고, 물이 생명을 준다고 보았습니다.

다섯째, 모든 것들이 물이 없으면 죽는다는 것을 보았기 때문에 물을 생명의 근원이라고 생각했습니다.

case 4-2 사람에게 가장 중요한 것은 타인을 소중히 여기는 태도와 양심입니다. 라스콜리니코프는 노파를 소중한 사람으로 대하지 않았고, 불필요한 사람이라고 생각했습니다. 그래서 노파를 살해하고 돈을 챙겨 달아났습니다.

그러나 그는 결국 양심의 가책에서 벗어나지 못했습니다. 그가 살해한 노파 역시 생명을 존중받아야 할 사람이었던 것입니다. 법적으로는 아무 문제가 없었을지 모르지만 그는 살인의 대가로 죄의식을 느껴야 했고 괴로움에 시달려야 했습니다. 양심의 가책을 저버릴 수 없었던 그는 울면서 자신의 죄를 인정하고 자수를 합니다.

타인을 소중히 대하지 않고 양심에 어긋나는 행동을 일삼는다면 사람들의 믿음이 깨지고 다툼과 불화가 일어날 것입니다. 위와 같은 잔인하고 무서운 일도 벌어질 것입니다. 게다가 우리 자신도 양심의 가책에 괴로워할 것입니다. 그렇기 때문에 타인을 소중히 여기는 마음과 양심에 어긋나지 않는 행동은 매우 중요합니다.

case 5 ❶ '나' 는 꽃의 가시가 아무 짝에도 쓸모없다고 말합니다. 꽃이 공연히 심술을 부리기 때문에 가시가 나온 것일 뿐이라고 말합니다. 그러나 어린 왕자는 꽃의 가시에도 다 이유가 있다고 말합니다. 양이 꽃을 뜯어먹기 때문에 꽃은 양으로부터 자신을 보호해야 하기 때문이라는 것입니다.

여기서 '나' 는 꽃에 관심도 갖지 않은 채 꽃의 가시에 대해 아무렇게나 말합니다. 그는 진지하게 생각해 보지도 않고 되는 대로 말했던 것입니다. 반면, 어린 왕자는 꽃을 소중히 여기면서 꽃이 가시를 가지고 있는 이유를 꼼꼼히 생각해 보고 올바르게 말했습니다.

❷ '나' 는 꽃을 하찮은 것으로 생각했습니다. 그에게는 모터나 망치, 볼트와 같은 것만이 중요해 보였습니다. 그러나 어린 왕자는 꽃을 아끼고 소중히 다루었습니다. 어린 왕자가 꽃이 가시를 가지는 원인을 알게 되었던 것은 꽃을 대하는 그의 진지한 태도 때문이었습니다.

탈레스 역시 자연 세계의 사물들을 소홀히 대하지 않고 관찰했습니다. 만일 탈레스가 변화하는 세계에 대해 애정을 가지고 바라보지 않았다면 그리고 씨앗의 물기나 음식물의 물기 등을 하찮은 것으로 다루었다면 아르케가 물이라는 생각은 하지도 못했을 것입니다.

case 6-1 어떤 문제에 대해 혼자 생각하다보면 많은 부분들을 빠뜨릴 수 있습니다. 그리고 잘 풀리지 않을 수 있습니다. 그러나 다른 사람과 대화와 토론을 하며 함께 생각해 본다면, 문제에 대한 보다 더 정확한 답을 얻을 수 있고, 진실에 더 가까워질 수 있습니다.

예를 들어, 앞을 보지 못하는 사람들이 코끼리 몸의 일부분만 만지고, 자신이 만진 것이 진짜 코끼리라고 주장한다고 해 봅시다. 그들의 말은 모두 참이 아닙니다. 그러나 다른 사람들이 만져본 것을 함께 듣고 참조한다면, 그들은 코끼리의 본 모습에 더 가까이 갈 수 있을 것입니다.

또한 대화와 토론을 통해, 참여하는 사람들 모두 발전될 수 있습니다. 왜냐하면 토론하면서 우리는 상대방의 잘못을 지적해 줄 수 있기 때문입니다. 반대로 자신이 무엇을 잘못 생각하고 있었는지 지적받을 수 있기 때문입니다. 이렇게 대화는 우리의 생각을 수정하거나 더욱 발전시킬 수 있는 계기를 마련해 줍니다.

대화하다가 한 사람이 먼저 답을 구하여 상대방에게 그 답을 알려줄 수도 있습니다. 그런데 답을 먼저 구한 사람은 그것을 혼자 힘으로 알게 된 것이 아닙니다. 다른 사람과 대화하면서 알게 되었기 때문에, 서로 도움을 주고받은 것입니다.

case 6-2 ① 아무리 많은 사람들이 그 책을 사서 읽었다고 하더라도, 이것이 그 책을 훌륭하다고 볼 올바른 이유는 될 수 없습니다. 대중들이 좋아한다고 해서, 모두 훌륭한 것은 아니니까요. (대중에의 호소)

② 첫째, 영희는 자신이 알고 있는 '몇몇의' B형 남자들의 사례를 '모든' B형 남자들의 경우로 확대시켰습니다. 성격 좋은 B형 남자도 있을 수 있는데 말입니다. (성급한

일반화의 오류)

둘째, 영희는 자기 생각이 옳다는 것을 보여주기 위해, 〈B형 남자 친구〉라는 영화에 호소하고 있습니다. 그러나 영화에 나온 것, 또는 유명한 사람이 말한 것이 반드시 옳지는 않습니다. (권위에의 호소)

③ 첫째, 영미가 지난 시험에서 산수 성적을 잘 받지 못했다고 하더라도, 다음 시험에 산수 성적을 높일 수 있습니다. 또 영미는 산수는 못하지만 다른 과목들을 잘할 수 있습니다. 그런데 철수는 이 가능성을 무시하고, 영미가 공부에 소질이 없다고 성급하게 단정해 버렸습니다. 따라서 이 주장은 옳지 않습니다. (성급한 일반화의 오류)

둘째, 사람들이 하나를 보면 열을 안다고 말한 것이, 철수 주장의 올바른 이유가 될 수는 없습니다. 아무리 많은 사람들이 그렇게 말했다고 하더라도, 그 말이 반드시 옳다고 볼 수 없기 때문입니다. (대중에의 호소)

④ 성탄절마다 선물을 받는 이유가 산타 할아버지가 아닌, 다른 것일 수도 있습니다. 예를 들어 우리의 부모님이 선물을 주실 수도 있습니다. 여러 가지 다른 원인이 있을 수도 있는데, 상민이는 이것을 생각해 보지 않았군요. (후건 긍정의 오류)

⑤ 도둑질을 한 사람을 처벌할 때, 그 사람의 불우한 환경이 참작될 수는 있을 것입니다. 그러나 기본적으로, 상대방을 설득시키기 위해 동정이나 연민을 유발하는 것은

옳지 않습니다. 눈물로 호소한다고 자기 주장의 타당성이 보장되는 것은 아닙니다. (동정 · 연민에의 호소)

⑥ 어떤 사람의 의견이 옳은지 그른지를 판단할 때, 학벌이나 출신이 판단의 기준이 되어서는 안 됩니다. 그런데 형택이는 학벌이나 출신을 이유로 제시하면서, 의견의 진실성을 부정하고 있습니다. 이러한 인신 공격성 발언은 옳지 않습니다. (인신공격의 오류)

⑦ 엄마가 화가라고 해서, 미희까지 화가의 재능을 가졌다고 볼 수는 없습니다. 미희는 그림은 못 그리지만 산수를 잘할 수도 있습니다. (발생적 오류)

⑧ 좋아한다고 말하지 않았다고 해서 싫어한다고 단정할 수 없습니다. 직접 말하지는 않았지만, 내심 좋아하고 있을 수 있기 때문입니다. 또한 좋아하지 않는다면, 무조건 싫어하는 것일까요? 민정이는 경수에 대해 무관심할 수도 있고, 경수를 잘 모를 수도 있습니다. 여러 가지 가능성이 있음에도 불구하고, 이것 아니면 저것이라고 생각하는 것은 옳지 않습니다. (흑백 논리의 오류)

⑨ 형사는 두 가지 질문을 한꺼번에 함으로써 오류를 범했습니다. 이런 식의 질문은 옳지 않습니다. 왜냐하면 뭐라고 대답하든, 대답하는 사람이 불리한 입장에 처할

수밖에 없기 때문입니다.

우선 '그렇소' 라고 대답할 경우를 봅시다. 그리고 이 사람은 예전에는 사기를 치지 않았는데, 요즘 들어 몇 건의 사기를 쳤다고 합시다. 그래서 '그렇소' 라고 대답했습니다. 그런데 이 사람은 자신의 의도와 다르게, '예전에도 지금도 사기를 치고 다니오' 라고 말한 꼴이 됩니다. 그렇다면 사실과 다르게, 이 사람의 죄는 더 커지겠죠?

이번에는 '아니오' 라고 대답한 경우를 봅시다. 그래도 이 사람은 불리한 입장에 처하게 됩니다. 왜냐하면 '예전에는 사기를 치고 다녔지만 지금은 아니오' 라는 의미가 되기 때문입니다.

억울하게 당하지 않기 위해, 질문을 받은 사람은 논리적으로 대답해야 합니다. '당신의 질문은 잘못되었소. 그래도 정 알고 싶다면 답하겠소. 나는 예전에도 사기를 치지 않았고, 지금도 사기를 치지 않소' 라고요. (복합 질문의 오류)

⑩ 동민이는 상대방에게 성금을 낼 수밖에 없도록 유도하고 있습니다. 왜냐하면 성금을 내지 않는다면 비도덕적인 사람으로 몰릴 것이기 때문입니다. 성금이 좋은 일에 쓰일지 아닐지 따져보게 하고, 자발적으로 내게 하는 것이 옳습니다. 그러나 동민이는 성금을 내지 않을 가능성을 애초에 막아 놓았습니다. 이러한 주장은 타당하지 않습니다. (원천 봉쇄의 오류)

Abitur

철학자가 들려주는 철학이야기 044

토머스 쿤이 들려주는 패러다임 이야기

저자_**최지윤**
고려대학교 철학과 박사 과정을 수료하였고, 어린이철학연구소 강사로 교재 집필을 했으며, 현재 대진대학교에 출강하고 있다. 저서로는 《아비투어 철학 논술: 쇼펜하우어가 들려주는 의지 이야기》《아비투어 철학 논술: 벤담이 들려주는 최대 다수의 최대 행복 이야기》《아비투어 철학 논술: 홉스가 들려주는 리바이어던 이야기》 등이 있다.

배경 지식 넓히기

토머스 쿤을 만나다

고전 펼치기

일상에서 만나는 쿤의 패러다임

Tomas Khun

토머스 쿤을 만나다

1. 토머스 쿤은 어떤 인물일까?

토머스 쿤(Tomas Khun, 1922~1996)은 미국 오하이오주 신시내티에서 태어났다. 1943년 물리학을 전공으로 하버드대학교를 수석으로 졸업하였고 그 당시 총장으로 있던 화학자 코넌트의 '자연과학개론' 강의를 맡게 되면서 과학을 아주 새로운 각도에서 보게 되었다. 1956년 버클리대학교의 과학사 과정에서 강의하였고, 1962년 《과학 혁명의 구조》라는 유명한 저서를 발표하였다. 1964년에서 1979년까지 프린스턴대학의 과학사와 과학철학과 교수로 재직하였고, 1979년에서 1991년에는 MIT대학의 언어학 및 철학과 교수직을 역임하였다. 과학철학사에 큰 공헌을 한 토머스 쿤은 1996년 6월 17일 후두암으로 사망하였다.

1962년 토머스 쿤이 발표한 《과학 혁명의 구조》는 과학 발전이 어떻게 전개되는지에 주안점을 두고 있다. 여기서 토머스 쿤은 '정상 과학→이상 현상→위기→혁명→새로운 정상 과학' 이 과학 발전의 형태라고 주장했다.

2. 쿤의 사상은 어떤 배경에서 나왔나?

기존의 과학철학 이론은 과학이 발전하는 방법을 점진적이라고 생각했다. 즉, 과학은 관찰을 통해 이론화되고, 그 이론에 맞지 않는 사례가 관찰되면 이론을 수정하는 식으로 순차적인 발전을 이룬다고 본 것이다. 하지만 쿤은 '패러다임' 이란 용어를 도입하여, 과학은 혁명적으로 변한다고 했다. 어떤 자연현상을 설명하는 기존의 '패러다임' 이 있는데, 그 이론으로 설명되지 않는 새로운 사례가 나타났을 때 기존의 패러다임은 위기를 맞게 되고, 위기가 심각해지면 패러다임의 혁명이 일어난다고 본 것이다.

한 시대에는 사람들에게 보통으로 받아들여지는 이론(상식)이 있다. 그러나 이 이론이 사람들에게 보통으로 받아들여지기 어려운 현상이 나타나 혼란을 겪게 되면 그것을 대신할 만한 놀라운 이론이 새롭게 등장한다. 토머스 쿤이 주장한 '패러다임' 이론도 '실증주의' 이론이 널리 인정받고 있는 중에 새롭게 등장했다. 실증주의란, 과학은 실험을 통해 이론적 검증과 반증을 거치면서 수정을 거듭하여 차곡차곡 진리를 쌓아 나간다는 주장이다. 특히 과학철학자 포퍼에 의하면 진리는 이 세상에 반드시 존재하며, 과학은 그 진리를 발견하기 위해 끊임없이 노력함으로써 점점 더 보편적이고 객관적인 진리에 다가가 발전을 이룬다고 한다. 우리의 상식과 일치하는 주장이기도 하다. 그러나 놀랍게도 쿤은 이러한 상식적인 확신을 반박한다. 특히나 그의 이론이 설득력을 갖는 것은 그가 《코페르니쿠스 혁명》을 먼저 출간함으로써 능력 있는 과학사학자로 학계에서 인정을 받았기 때문이다.

3. 쿤이 미친 영향

쿤의 주장이 충격적인 이유는 상식과도 같았던 '과학이 절대 진리를 향해 나아간다'라는 과학의 일반적인 진보 개념을 부정했기 때문이다. 그것은 다시 말해 과학적 연구에 있어 보편적인 원칙 혹은 원리가 없다는 주장이다. 과학은 어떤 우주적인, 보편적인, 혹은 영구 불변의 진리를 제시하는 것이 아니라 역사와 사회의 부산물이라는 것이다. 따라서 역사적 상황이나 사회적 여건이 변하면 진리의 내용도 변한다는 견해로, 이런 쿤의 입장은 '상대주의'라는 비판을 받기도 한다. 그러나 쿤 이론은 과학사학자, 과학사회학자, 과학자들에게 깊은 공감을 불러일으켰다. 평소의 과학 활동에서 체험한 특성들이 쿤에 의해 구체적으로 체계화됨으로써, 쿤의 기본 개념들은 과학사적 인식과 설명에 요긴한 도구가 되었기 때문이다. 또한 그로 인해 과학자 사회의 구조, 규범, 제도에 관한 사회학적 연구의 출발점이 제공되었기 때문이다.

고전 펼치기

1. 패러다임

'패러다임'은 '사물과 현상을 이해하거나 설명하는 생각의 틀' 또는 '사물을 보는 방식'을 뜻하는 그리스어 '파라데이그마(paradeigma)'라는 말에서 유래되었다. 언어학에서도 패러다임이라는 용어를 사용하는데, 예를 들면 '눈이 내린다'라는 문장에서 눈 대신 사용할 수 있는 비, 우박 등 일련의 명사들은 '~이 내린다'라는 문장에 대한 하나의 패러다임을 이룬다고 한다. 이 문장에 대해 자전거, 자동차 등은 패러다임이 다른 명사들이다. 그런데 쿤의 용법에 따르면 '패러다임'은 '사물을 보는 방식, 문제의 인식과 해법에 관한 특정 시대의 과학자 집단의 공통된 이해'로 풀이할 수 있다.

쿤에 의하면 성숙되지 않은 과학은 여러 경쟁하는 학파들 사이에 합의가 존재하지 않는다는 특징을 갖는다. 그런 이유로 이런 상황에서는 각각의 연구 전통에 따라서 다양한 문제들에 대한 다양한 형태의 답이 시도된다. 그러다가 한 학파의 구성원들이 매료당할 만큼 혁신적이었다면 그 후부터 그 학파의 연구 방향이 전체 연구 분야를 주도하게 된다. 이때 연구할 가치가 있는 주제와 그 주제에 대한 해법이 가져야 할 특징, 표준적인 연구 방법 등을 제시해 주는 것이 바로 패러다임이다.

넓은 의미에서 '패러다임'은 하나의 학문 모형 또는 주어진 집단의 구성원들에 의해서 공유된 신념, 가치, 테크닉 등의 전체 집합이라 할 수 있다. 실행자들 집단의 구성원들은 이론적인 실체의 존재(예를 들어 절대 공간, 원자, 유전자 등)에 대한 문장들을 공유할 수 있다. 그에 덧붙여서 구성원들은 어떠한 유형의 탐구와 설명이 중요한가에 관해서 의견이 일치할 수도 있다. 그러한 공약과 신념은 넓은 의미에서 '패러다임'을 포함한다. 좁은 의미에서 '패러다임'은 하나의 예제, 즉 하나의 과학적 이론에 대한 유력한 표현이다. 보통 예제들은 하나의 이론의 표준적인 예와 그 풀이를 담은 교과서 안에서 언급되고 증대되며 수정된다. 이런 패러다임은 고전 역학과 같은 포괄적인 분야가 될 수도 있고, 빛의 입자설과 같이 제한된 특수 분야를 지배하는 것일 수도 있다.

2. 정상 과학과 혁명적 과학

쿤의 이론에 따르면 어느 시대나 사회의 과학자 공동체는 하나의 패러다임에 기초해 인식론적, 사회 제도적 자연 탐구를 하므로 인식론적 측면과 사회학적 측면을 동시에 지닌다. 그리고 그러한 패러다임 지배 아래 이루어지는 과학적 활동을 '정상 과학' 이라 한다.

정상 과학은 다음의 두 가지 특징을 갖는다.

첫째, 정상 과학은 특정 패러다임을 공유하는 과학자들의 연구 활동이다. 정상 과학 기간에 과학자들은 이론(패러다임)을 보다 정교화하고 적용 범위를 확장시키는 작업을 진행시키는데, 이때 패러다임 자체에 대해서는 의심을 하지 않는다는 것이 중요하다. 따라서 정상 과학 기간에는 패러다임에 대한 시험은 존재하지 않는다.

둘째, 정상 과학은 퍼즐 풀이 활동과 흡사하다. 즉 주어진 문제에 대한 해답이 있는 것으로 간주해야 한다. 또한 문제를 푸는 데 있어 규칙이 존재한다고 본다. 정상 과학은 기존의 지배적 패러다임 내에서 수행되는 과학 활동으로서, 기존의 패러다임이 인정하는 규칙만을 바탕으로 문제를 만들어 내고 풀어 나가는 것이다.

과학 연구를 하다 보면 몇 번의 시도에도 불구하고 풀리지 않는 변칙 사례가 존재하게 마련이다. 하지만 이 시기의 연구자들은 이런 변칙 사례를 자신의 패러다임에 대한 반증으로 여기지 않는다. 이런 '고집' 은 대부분의 경우 합리적이다. 우선 특정 시점의 어떤 연구 전통도 모든 문제를 해결할 수 없다. 그러므로 변칙 사례가 등장할 때마다 자신의 연구 기반이 되는 패러다임을 버린다는 것은 효율적이지 않다. 또한 오랫동안 변칙 사례로 남아 있던 문제들이 자신의 패러다임에 대한 굳은 믿음을 가지고 계속해서 그 문제에 도전한 과학자들에 의해 성공적으로 풀린 사례가 많이 있다. 게다가 패러다임이 처음 등장하는 시기에는 경쟁 패러다임에 비해 연구 전통이 짧기 때문에 해결하지 못하는 문제(변칙 사례)의 수도 많게 마련이다. 이럴 때마다 새롭게 등장하는 패러다임을 반증해 버린다면, 과학 연구에서 새로운 패러다임으로의 혁명적인 변화는 불가능할 것이다. 그럼에도 불구하고 특정 패러다임 하에서 변칙 사례의 수가 지나치게 증가하면, 주변부의 과학자들을 중심으로 대안적인 패러다임(혁명적 과학)을 모색하게 된다. 즉, 정상 과학이 위기에 처하게 되는 것이다.

이때 대안적 패러다임이 인상적인 문제 풀이의 성공 사례를 통해 유능한 학문 후속 세대를 끌어들이는 데 성공하면 새로운 정상 과학이 탄생하게 되고 이를 '과학 혁명(scientific revolution)' 이라고 한다. 예를 들어 천동설로는 설명할 수 없는 지구의 공전 현상은 천동설을 개선해서 해결되는 것이 아니고, 천동설을 버리고 그와 전혀 다른 체계인 지동설을 받아들여야만 해결 가능했던 것처럼 말이다. 고전역학이 양자역학으로 대체되는 과정에서 흑체 복사에 대한 연구로 양자역학 성립에 단초를 제공했으면서도 죽을 때까지 고전역학을 지키고자 노력했던 막스 플랑크는 기존의 학설인 고전역학을 지지하는 노쇠한 세대가 모두 죽고 새로운 학설인 양자역학을 지지하는 세대가 학계의 주류를 형성하는 방식으로 과학 혁명이 일어났다고 이야기

하곤 했다. 이런 식으로 패러다임이 교체되는 것을 그의 이름을 따서 '플랑크 원리(Planck' s Principle)' 라고 부른다.

3. 패러다임 사이의 통약 불가능성

쿤의 과학관의 혁신적인 특징 중 하나는 전통적인 과학관의 기본 믿음 중 하나인 '과학 지식의 누적적 성장' 에 타격을 가했다는 것이다. 쿤에 의하면 서로 경쟁하는 패러다임은 일반적으로 통약 불가능(incommensurate)하다. 다시 말해, 한 패러다임의 개념이나 연구 업적이 다른 패러다임으로 완전하게 번역되는 것은 불가능하며, 같은 잣대로는 두 가지 패러다임을 비교할 수 없다는 뜻이다. 이런 특징이 나타나는 이유는 패러다임이 단순히 '주어진' 문제들을 어떻게 풀 것인가에 대한 다른 방법론만을 제시하고 있는 것이 아니라, 자연현상을 이해하는 방식, 그런 이해를 바탕으로 하여 문제를 구성하는 방식, 문제에 대한 해답의 형태 등에 대한 보다 근본적인 수준에서의 다른 믿음에 기반하고 있기 때문이다. 이런 이유로 서로 경쟁하는 패러다임 사이에서는, 한 패러다임에서 매우 중요하게 생각되는 문제가 다른 패러다임에서는 문제로조차 취급되지 않는 상황이 종종 발생한다.

예를 들어 병을 고치는 치료법에는 크게 두 가지가 있다. 드러난 증상을 직접 치료하는 대증 요법과 그 원인을 없애거나 개선하는 원인 요법이 그것이다. 실제로 공존하고 있는 이 두 가지 치료 패러다임은 같은 잣대로는 우열을 가릴 수 없다. 쿤이 든 사례를 통해 살펴보면, 근대에 들어 뉴턴의 과학 패러다임이 등장함에 따라 아리스토텔레스의 과학 패러다임은 사라지고 공존하지 않았지만, 두 과학 패러다임 역시 같은 잣대로는 비교할 수 없다. 뉴턴 패러다임이 '상대적으로' 우수해서 아리스토텔레스의 체계가 사라진 것이 아니다. 다만 아리스토텔레스 체계로는 해결할 수 없는 위기를 뉴턴 체계가 성공적으로 해결했던 것이다. 따라서 패러다임 간에는 합리적인 의사소통이 실질적으로 불가능하다. 그러나 둘 중 어느 것이 우월하다고 비교할 수도 없다.

이런 이유로 과학 혁명의 시기를 거쳐서 대체되는 패러다임과 대체하는 패러다임 사이에는 그 설명 능력에 있어서 완벽하게 축적적인 관계가 성립하지 않는다. 많은 경우 대체되는 패러다임이 풀 수 있었던 여러 문제들을 대체하는 패러다임이 그와는 다른 방식으로 풀어 내고 그에 더해서 새로운 문제들을 더 풀어 내는 것이 사실이다. 하지만 대체되는 패러다임에서는 풀 수 있었던 문제들이 대체하는 패러다임에서는 문제로조차 인정되지 않거나 풀 수 없는 문제가 되는 상황이 일어나기도 한다. 쿤은 과학의 발전이 완벽한 진리를 향해서 한 발자국씩 접근한다는 전통적인 과학의 진보 개념을 부정하고 있다. 그래서 쿤의 철학에는 자연과학이 '자연에 존재하는' 절대 진리를 발견한다는 소박한 생각을 부정하는 상대주의적 요소가 있다고 할 수 있다. 왜냐하면 쿤은 과학자들의 연구를 결정하는 패러다임이 과학자 공동체에서 만들어 낸 것이지, 자연에 실재하는 것은 아니라고 보기 때문이다. 이런 점들 때문에 쿤의 과학관은 과학의 발전 과정을 패러다임에 의존해서만 이해할 수 있고 패러다임을 가로질러서는 이해할 수 없게 만들었다고 비판받기도 한다.

일상에서 만나는 쿤의 패러다임

1. 과학 혁명과 실제 예

새로운 패러다임이 기존의 패러다임을 대체할 때 과학자 사회는 과학 혁명이라는 새로운 전기를 맞게 된다. 코페르니쿠스의 지동설이 프톨레마이오스의 천동설을 뒤엎고, 양자물리학과 일반상대성 이론이 뉴턴 역학을 뒤엎은 것은 패러다임의 근본적 변화를 보여 주는 실제 예들이다. 병의 자연발생론에서 세균 이론으로 옮아 가는 것도 패러다임 자체가 대체된 과학 혁명의 좋은 예이다. 즉, 새로운 패러다임이 기존의 패러다임을 대체할 때 일어나는 것이 과학 혁명이다.

과학 혁명에서 가장 뚜렷한 실례는 예전에 흔히 혁명이라는 딱지를 달았던, 과학 발달사의 그 유명한 사건들이다. 쿤은 이러한 과학 혁명의 예로 프톨레마이오스의 천동설에서 코페르니쿠스의 지동설로서의 변혁, 뉴턴의 역학에서 아인슈타인의 상대성 이론으로의 변혁 등을 제시하고 있다. 또한 아리스토텔레스가 주장하여 1천 년 이상 지배한 '자연은 진공을 싫어한다' '물체는 무거울수록 빨리 떨어진다' 라는 이상한 명제를 《신과학 대화, 두 개의 새로운 과학에 대한 대화》라는 저서에서 반박한 갈릴레이의 변혁도 좋은 예이다. 이외에도 연금술에서 근대 화학으로의 변혁 (특히 4원소설 등의 낡은 원소관을 추방하고 근대 화학에 원자론을 도입한 보일의 변혁과 산소를 발견함으로써 그때까지의 연소 개념을 총체적으로 전복하고 새 패러다임을 연 라부아지에의 변혁), 위계설을 극복하고 혈액순환설을 제시한 하비의 생물학적 변혁 등, 실로 과학의 모든 분야에서 과학 혁명이 발견된다.

이제 아리스토텔레스의 역학을 뒤엎은 갈릴레이의 역학을 구체적으로 살펴보도록 하자.

갈릴레이는 떨어지는 물체가 어떤 운동을 하는지 처음으로 정확하게 밝힌 사람이다. 갈릴레이는 르네상스 절정기에 북부 이탈리아에서 태어나 성장했다. 이때는 유럽 전역에 걸쳐 정치적 · 종교적 투쟁이 격렬하고, 지적 활동과 문예 활동이 왕성하게 일어나던 시대였다. 갈릴레이는 젊었을 때 다방면에서 특출한 재능을 보였으며, 유럽 최고의 학교 가운데 하나였던 피사 대학에서 의학을 공부했다. 그러나 수학과 자연철학(오늘날의 의미로는 과학)에 더 많은 관심을 가졌고, 뛰어난 능력을 인정받아 20대 중반에 피사 대학의 교수로 임명되기도 했다. 갈릴레이가 아리스토텔레스 물리학을 구성하는 기본 요소들 가운데 많은 부분이 잘못되었다는 확신을 갖게 된 것은 그가 교수 생활을 시작할 무렵이었다. 그는 젊었을 때 이미 코페르니쿠스 체계를 인정했지만, 우주의 구조에 관한 자신의 믿음을 공개적으로 밝힌 것은 망원경을 이용하여 밤하늘의 물체를 연구한 이후이다. 이때가 1610년인데, 당시 그의 나이 46세였다. 또 갈릴레이는 아리스토텔레스의 운동 이론, 즉 물체가 어떻게 떨어지는지 그리고 투사체가 왜 운동을 하는지에 관한 설명이 부적절하다고 확신했는데, 이것은 역학에서 매우 중요한 의미를 갖는다.

갈릴레이가 피사의 사탑에서 물체를 떨어뜨리는 실험을 했다는 일화는 사실이 아닌 것으로 생각되지만, 피사 대학의 학생 시절에 이미 물체가 어떻게 떨어지는지에 관해 관심을 가진 것만은 분명하다. 갈릴레이는 낙하 물체의 운동을 정확하게 관찰하려면 떨어지는 과정을 '느리게 만들' 필요성이 있다고 생각했다. 그렇지만 이 문제를 해결하기 위해 도입한 기법이 물체가 '떨어지는' 과정의 기본적인 성격을 변화시켜서는 안 된다고 생각했다.

아리스토텔레스는 물이나 다른 액체처럼 저항력이 큰 매질 속에서 물체가 느리게 떨어지는 모습을 관찰하는 방법을 사용했지만, 갈릴레이는 그 방법을 인정하지 않았다. 아리스토텔레스는 이와 같은 연구를 통해 무거운 물체는 가벼운 물체보다 항상 더 빨리 떨어지며, 물체가 떨어지는 속도가 일정하다(등속 운동)는 결론을 얻었다. 아리스토텔레스는 저항력이 약한 매질 속에서는 무거운 물체와 가벼운 물체가 거의 같은 속도로 떨어진다는 것을 알았지만, 양자가 똑같은 속도로 떨어지는 것은 진공 속에서만 가능하다고 생각했다. 그러나 아리스토텔레스는 진공 상태는 얻을 수 없는 것으로 보고 그 존재를 인정하지 않았다. 따라서 그에게 매질은 물체의 낙하 과정에서 빼놓을 수 없는 부분이었다.

반면에 갈릴레이는 저항 효과가 낙하 운동의 기본적인 성격을 가린다고 생각했다. 그는 저항 효과가 없을 때 물체가 어떻게 떨어지는지부터 알아낸 다음, 저항력이 다른 여러 매질들을 사용해 보고, 이 둘을 종합하여 최종 결론을 얻어야 한다고 믿었다. 여기서 중요한 점은 갈릴레이가 저항력이 있는 매질의 작용을 낙하 과정의 기본 성질에 포함하지 않았다는 것이다. 그래서 그는 낙하 과정의 기본 성질을 변화시키지 않으면서 낙하 속도를 느리게 할 수 있는 다른 방법을 찾고자 노력했다.

갈릴레이는 자신의 기준에 맞는다고 느낀 두 가지 경우를 집중적으로 연구했다. 그 첫째는 학생 시절에 처음 연구한 적이 있는 진자였다. 둘째는 경사면 위를 굴러가는 공의 운동이었다. 이때 운동이 일어나게 하는 동인은 두 경우 모두 낙하와 마찬가지로 중력이라고 생각했다. 갈릴레이는 이들 운동의 기본 특성은 모두 같은 것이며, 진자와 경사면 위를 구르는 공에는 운동이 다소 완화된 형태로 나타날 뿐이라고 주장했다. 그는 두 연구에서 같은 결론을 얻었다.

두 번째 경우를 좀 더 자세히 살펴보자. 경사면의 기울기를 작게 하면 운동 과정이 느려져 그 과정을 잘 관찰할 수 있다. 그러나 갈릴레이는 구르는 공의 운동을 관찰하는 것에 만족하지 않았다. 그는 한 걸음 더 나아가 시간에 따라 공이 얼마나 이동하는지를 주의 깊게 연구했다. 그는 시간을 기준으로 공이 이동한 거리를 나타내는 그래프를 만들어 냈다. 그래프를 이용하면 복잡한 운동을 일목요연하게 파악할 수 있기 때문이다.

갈릴레이가 측정한 방법은 그 시대로서는 결코 쉬운 것이 아니었다는 점을 간과해서는 안 된다. 갈릴레이는 매우 섬세한 사고의 소유자였을 뿐만 아니라, 실험자로서도 뛰어난 재능과 천재성을 갖추었기 때문에 성공할 수 있었던 것이다. 이 실험을 통해 갈릴레이는 등가속도 운동을 발견하게 된다. 속도의 일정한 비율 증가를 확인함으로써 갈릴레이는 물체가 어떻게 떨어지는지 즉 등가속도 운동을 한다는 것을 실험적으로 밝힐 수 있었다. 이것은 모든 낙하 운동이 지닌 기본 특성이다. 갈릴레이는 물체가 등가속도 운동으로 떨어지는 것이 낙하의 본질이라고 주장한다.

낙하 운동이 어떻게 이루어지는지를 밝힌 갈릴레이에게 남은 문제는 물체가 '왜' 떨어지는지를 아는 것이다. 그러나 '왜'에 대한 해답은 갈릴레이가 죽은 지 1년 후에 태어난 뉴턴이 제시한다.

갈릴레이는 경사면을 굴러 내리는 물체를 연구하면서 일반적인 운동에 적용되는 중요한 두 가지 법칙을 발견했다. 이 법칙들은 과거 아리스토텔레스가 고민했던 투사체 운동에도 직접 적용되는 것이었다. 갈릴레이는 경사면의 경사를 아무리 낮추더라도 공이 등가속도 운동을 한다는 것은 똑같다는 사실을 알아냈다. 그는 만약 경사면에서 공을 위쪽으로 굴리면 어떻게 될지 궁금했다. 실험 결과 등속 운동을 하는 공을 경사면 위로 거슬러 올라가게 하면 등감속도 운동을 한다는 사실을 발견한다. 경사의 각도를 아무리 작게 해도 항상 이 두 가지 결론에 도달했으므로, 갈릴레이는 다음과 같은 결론을 얻었다. 경사면의 경사를 크게 또는 작게 변화시키면 가속도도 커졌다 작아졌다 한다. 또 가속도가 일어나지 않는 각도 있는데 그 각은 0, 즉 경사가 없는 수평면이다.

갈릴레이의 분석은 매우 중요하다. 평평한 면 위를 구르는 공에 가속이나 감속이 일어나지 않는다면 이 공은 영원히 구른다고 보아야 한다. 다시 말하면 공의 속도를 떨어뜨리는 어떤 힘(마찰이나 위를 향한 비탈면)이 없으면 완벽하게 수평을 유지한 면 위를 구르는 공은 등속 운동을 영원히 지속할 것이다.

'투사체는 왜 운동을 계속하는가?'라는 아리스토텔레스의 질문은 매우 중요한 문제를 제기한 면은 있지만, 사실은 잘못된 질문이었던 것이다. 올바른 질문은 '투사체는 왜 운동을 멈추는가?' 이어야 했다. 갈릴레이는 수평 운동을 하는 물체는 원칙적으로 등속 운동을 계속한다는 것을 알아낸 것이다.

갈릴레이는 여기서 얻은 결론에 착안하여 지구가 어떻게 외부의 힘을 받지 않고서도 다른 행성처럼 움직일 수 있는지를 설명하려 했다. 갈릴레이는 지평선이 지구의 표면과 평행을 이루기 때문에 지평선의 모습은 원이라고 가상했다. 따라서 매질 때문에 생기는 저항만 없다면 외부의 힘을 전혀 받지 않을 때 물체가 원 궤도로 나아가는 것은 자연의 법칙이다. 만약 지구가 텅 빈 공간(진공) 속에서 움직인다면 저항을 전혀 받지 않을 것이다. 코페르니쿠스가 가정했던 것처럼 지구는 원 궤도를 영원히 돌 수 있는 것이다. 지구의 대기도 함께 움직이기 때문에 지구의 운동으로 인해 강풍이 발생하는 문제도 없다. 그러나 불행하게도 공 굴리기 실험에서 얻은 결론 가운데 사실과 일치하지 않는 것도 있었다. 평면 위를 구르는 공은 말 그대로 수평 방향의 직선 위를 움직였던 것이지, 지구 표면과 평행을 이루며 움직인 것은 아니었다.

오늘날에는 물체가 자신의 운동 상태를 계속 유지하려고 하는 성질을 관성(inertia)이라고 부른다. 갈릴레이는 움직이는 물체는 그 움직임을 계속 유지하려고 한다는 것을 설명함으로써 아리스토텔레스의 의문에 해답을 제시했다. 갈릴레이는 역학 발달에 대단히 큰 공헌을 한 것이다. 그는 물체가 어떻게 떨어지는지를 밝혀냈으며, 관성이라는 개념을 도입해 움직이는 물체를 설명했다. 또, 낙하체에 관한 아리스토텔레스의 분석을 바로잡았으며, 투사체가 왜 운동을 계속하는가라는 아리스토텔레스의 의문에 대한 해답을 제시했다.

2. 생각거리

- '천동설' 에서 '지동설' 체계로의 변화 과정에서 '과학 혁명' 이라고 불릴 만한 요소는 무엇이라고 생각하는지 서술하시오.
- 패러다임의 전환을 통해 이전에는 풀리지 않던 문제가 해결된 경험이 있다면 구체적으로 예를 들어 서술하시오.
- '과학은 계속적으로 발전한다' 라는 문장에 대해 쿤의 입장에서 비판적으로 서술하시오.
- 패러다임 사이의 비교가 불가능하다면, 왜 그러한지 이를 구체적인 예를 들어 설명하시오.
- 패러다임 교체가 이루어지는 동기와 이유가 무엇인지 생각해 보고, 이를 통해 과학 이론의 변화에서 외부 환경 요소의 작용에 대해 서술하시오.

논술 문제

1강_ 관찰은 객관적인가?

case 1-1 아래 제시된 그림들을 잘 보고 물음에 답하시오.

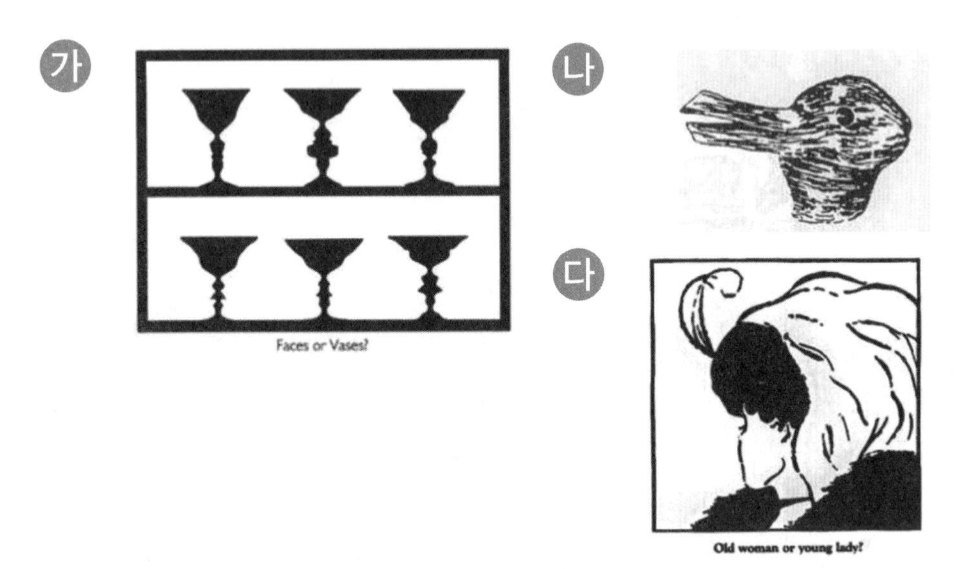

Faces or Vases?

Old woman or young lady?

① 각각의 그림들을 처음 볼 때와 다시 볼 때 여전히 같은 그림으로 보이나요? 동일한 그림이 보기에 따라서 어떻게 달라지는지 생각해 보시오.

② '보는 것은 안구 운동 이상의 행위이다' 라고 과학철학자 핸슨은 말했습니다. 앞에 제시된 그림을 통해 알 수 있는 것을 이 문장에 적용해서, 이 문장이 말하고자 하는 바를 서술하시오.

---

case 1-2 다음 제시문을 잘 읽고 물음에 답하시오.

건강 검진 후에 담당 의사가 내 X-레이 사진의 한 부분을 가리키면서 이렇게 말한다.

"여기 이거 보이시죠? 여기 종양이 생겼지만 양성인 것 같습니다. 하지만 이 대장 근처의 혹은 조금 수상합니다. 정밀 진단을 받아 보셔야 할 것 같습니다."

용기를 내서 질문해 본다.

"저기, 여기 하얗게 보이는 부분은 괜찮은가요?"

의사는 대수롭지 않게 대답한다.

"아, 그거요? 그건 그냥 배경 잡음입니다. 신경 쓰지 않으셔도 됩니다."

과학철학적으로 중요한 점은 전문적인 훈련을 받지 않은 내가 아무리 들여다보아도 '신경

쓰지 않아도 되는' 부분과 '양성 종양처럼 보이는 부분'과 '조금 수상한 부분'이 전혀 구별되지 않는다는 사실이다. 물론 장님이 아닌 이상 검은색 바탕에서 희끄무레한 형태를 구별해 낼 수도 있고 어림짐작으로 폐와 갈비뼈 정도는 알아볼 수 있다. 하지만 담당 의사의 확신에 찬 진단은 내게는 '관찰'의 영역을 훨씬 넘어서 있다.

입자물리학자는 실험 사진에서 기껏해야 예쁜 모양으로 우아하게 휘어진 여러 나선 형태만을 볼 수 있는 다른 사람들과 달리 각각의 형태에 대응하는 소립자의 종류와 그들 사이의 상호작용 그리고 그로부터 유추할 수 있는 중요한 실험적 함축을 읽어 낼 수 있다. 또 미생물학자는 꼬물꼬물 반점들 사이에서 먼지와 원생동물을 구별해 내고, 고생물학자는 돌에 새겨진 흔적에서 오래전에 살았던 생물들을 판별해 낸다. 과학자들은 어떻게 이런 일을 할 수 있는가?

① 제시문을 읽고, 과학자들이 가진 전문성의 역할에 대해 알 수 있는 것을 적어 보세요.

---

② 특정 분야의 전문가와 비전문가의 '관찰'에서의 차이가 무엇 때문이라고 생각하는지 분석해 보고, 이를 통해 '관찰'에 대해 알 수 있는 바를 서술하시오.

2강_ 패러다임

case 2-1 다음 제시문을 잘 읽고 물음에 답하시오.

가 "축구를 생각해 보세요. 아직도 시시껄렁한 놀이 정도로만 생각할 분도 계시겠지만, 따지고 보면 엄연한 규칙과 방법이 있는 스포츠입니다. 기술, 체력, 경험, 지식이 따르지요. 이 모든 것에서 하나라도 빠지면 경기는 흐지부지되고 맙니다. 지금까지 태평초등학교의 학부모님과 학생들이 생각하는 축구가 그저 방과 후에 공차고 노는 정도였다면 그런 생각을, 그런 패러다임을 바꿔야 합니다."

-《토머스 쿤이 들려주는 패러다임 이야기》 중에서

나 "패러다임은 모델이야. 생각하는 방식이지. 생각의 틀, 세상을 바라보는 시각이라고 하면 이해하기가 쉽겠구나."

"네, 감독님께서 자주 하시는 말씀이시잖아요, 패러다임. 이젠 저희도 알아요."

"그럼 좀 더 재미있는 얘기를 해 줄까? 그건 심리적 선글라스와 비슷해. 새카만 선글라스를 쓰면 낮에도 밤처럼 보이지?"

"네, 빨간색을 쓰면 불붙은 것처럼 보여요."

그때는 영식이도 정말 그렇게 믿었습니다. 지기만 하는 '주먹구구식 축구'에서 체계적인 '과학 축구'로 바꾸면 모든 세상이 달라질 거라고요. 그리고 사실 패러다임이 바뀐 세상은 진짜로 달라 보였습니다.

누구와 붙어도 이길 수 있을 것 같았거든요. 그런데, 그 패러다임 역시 선글라스였던 걸까요? 과학 축구라는 선글라스도 유효 기간이 지나 버린 건가요? 선글라스라는 건 무슨 뜻일까요?

"생각을 바꾸면 세상이 바뀌어. 자성 예언이라는 말이 있어. '나는 쓸모없는 인간이다'라고 반복하여 생각하게 되면 몸은 점점 나쁜 상태로 변화하고, '유능한 사람이다'라고 생각하면 유능해진다는 거야. 바보온달과 평강공주도 마찬가지이다. 평강공주는 '나는 온달 장군의 아내이다'라고 계속 생각하니 결국 온달 장군의 아내가 된 거지."

어릴 적 들은 바보온달 이야기가 나오자 영식이는 연신 고개를 끄덕였었습니다.

'부정적인 생각은 사람을 나쁜 쪽으로 변화시키니까, 긍정적인 생각은 사람을 좋은 쪽으로 변화시키겠지? 그러니까 우리도 생각을 바꾸어 보는 거야. 생각을 긍정적으로 바꾸면 세상이 달라 보일 거고, 결국 그대로 바뀌게 되는 거지.'

-《토머스 쿤이 들려주는 패러다임 이야기》 중에서

① '패러다임' 이란 무엇이라고 정의할 수 있는지 적어 봅시다.

② 일상생활 속에서 생각을 바꿈으로 인해 결과가 바뀐 일이 있다면 그때의 경험을 간단하게 적어 보세요.

case 2-2 아래 제시문을 잘 읽고 물음에 답하시오.

가 "이봐 친구, '과학 축구' 라는 것도 일종의 패러다임이라고 할 수 있지."

우혁이가 또 물었습니다.

"과학 축구로 세상을 본다는 말이야?"

영식이가 대답했습니다.

"아휴, 감독이 말씀하실 때 넌 다른 데 있었냐? '그냥 놀이 정도로만 여기던 생각을 바꿔 스포츠라는 좀 더 큰 의미를 담아 생각하자.' 여기서 그 생각들이 바로 패러다임인 거야."

우혁이는 영식이의 말을 알아듣지 못했지만 자꾸 면박을 주니까 그것이 싫어 알겠다는 듯이 고개를 끄덕였습니다.

"아아, 그게 그 말이었구나."

영식이가 한마디 덧붙였습니다.

"봐, 그렇게 축구에 대한 생각, 그러니까 축구를 보는 방법이 달라지니까 우리가 군것질도 끊고 매일매일 정해진 일과에 따라 훈련을 하는 거잖아. 패러다임이란 그런 거야."

-《토머스 쿤이 들려주는 패러다임 이야기》 중에서

나 "제가 김 감독님과 정 도사님의 말씀을 다 듣고 난 뒤에 든 생각으로는요, 과학 축구라는 패러다임으로는 우리가 왜 질 수밖에 없는지 설명할 수 없었잖아요. 그래서 과학 축구는 위기를 맞이하게 되고, 결국은 사람들의 신임을 잃게 되어 과학 축구라는 패러다임을 주도한 김 감독님이 떠나신 거예요. 그러고 나서 우리는 정 도사님의 축구 패러다임으로 바뀐 거예요. 토머스 쿤은 그걸 과학 혁명이라고 했대요."

"그래, 새로운 패러다임을 선택한다는 건 세계를 보는 방법이 완전히 달라진다는 거지. 그 새로운 시각에서 또다시 완벽하게 다시 시작하는 거고."

"네, 그러니까 저희는 '대규모 재조정'을 겪은 거예요. 과학 혁명이 일어난 거지요. 이제 정

도사님의 새로운 세계관으로 전향한 거예요."

"야, 그렇게 말하니까 뭔가 되게 대단하게 들린다?"

"뭐, 이 패러다임이 성공할지는 내일 예선 게임을 해 봐야 알겠지요?"

"그래야겠지?"

정 도사님은 영식이의 머리를 쓰다듬어 주었습니다. 기특해 죽겠다는 표정으로 말이지요.

"그래서 네가 발견한 나의 패러다임은 뭐더냐?"

"제 생각에 정 도사님의 새로운 패러다임은 몸과 정신의 합체인 것 같아요. 그리고 모든 선수들이 하나로 움직이는 축구이기도 해요. 서로를 아주 잘 알게 되어서 한 몸처럼 움직이는 거예요."

-《토머스 쿤이 들려주는 패러다임 이야기》 중에서

① 위 제시문을 살펴보면 '놀이 축구'에서 '과학 축구' 그리고 '몸과 정신의 합체'로의 패러다임 전환이 이루어지고 있습니다. 일상에서 어떤 한 패러다임을 다른 패러다임으로 바꾸는 것이 왜 필요한지를 제시문의 사례들을 통해 설명해 봅시다.

② 이러한 패러다임의 전환은 모든 문제 상황을 해결하는 데 항상 성공적일까요? 이에 대한 여러분의 생각을 서술하시오.

---

case 2-3 아래 제시문을 잘 읽고 물음에 답하시오.

가 어느새 아이들은 과학 축구라는 새로운 생각을 스스럼없이 받아들이고 있었습니다. 꽤 오래전부터 그렇게 생각하고 훈련해 온 것처럼 몸에 익어 있었습니다. 이것은 마치 천 년 이상 유지해 온 낡은 패러다임이었던 아리스토텔레스의 운동 개념을 새로운 패러다임인 갈릴레이 운동 개념이 교체해 버린 것과 비슷했습니다.

이전까지의 과학 이론은 시대가 흐르면서 점진적으로 발전해 온 것이라고 했지만, 토머스 쿤은 완전히 색다른 패러다임이 이전의 이론을 한번에 교체해 버리는 것이라고 주장했습니다. 교체 전후의 패러다임 사이에는 전혀 공통 요소가 없다는 말이지요. 계산 도구에 비유하자면 마치 주판 패러다임에서 컴퓨터 패러다임으로 바뀌어 버린 것쯤이라고 할까요. 컴퓨터는 주판을 개선시켜서 만들 수 있는 것이 아니듯이 말이에요.

-《토머스 쿤이 들려주는 패러다임 이야기》 중에서

나 토머스 쿤은 과학사를 연구하는 데 있어 독특한 방식의 읽기를 강조한다. 쿤 자신이 아리스토텔레스의 저술을 읽는 과정에서 성립한 이 방법론은, 과거 과학자의 저술을 읽을 때 현재의 시각을 그대로 적용해서는 이해하기 어려운 경우가 많다는 문제의식에서 출발한다. 쿤은 단순히 그들이 틀렸다거나 어리석다고 평가할 것이 아니라 현재 우리가 받아들이는 체계나 이론들과 다른 방식으로 이해될 수 있다고 보았다.

예를 들어 아리스토텔레스는 '진공은 존재하지 않는다' 라고 주장한다. 쿤이 보기에 아리스토텔레스에게 있어 이 주장은 단순한 '경험적' 주장이 아니다. 다시 말해 아리스토텔레스에게 진공 개념은 그의 자연철학 전반에 걸친 다른 개념들과 연결되어 있어서 아리스토텔레스의 철학 체계를 완전히 바꾸지 않으면 진공을 인정하기 어렵다. 아리스토텔레스의 운동 이론에 따르면 운동이란 '위치' 를 바꾸는 것을 말한다. 그런데 운동은 위치의 변화이므로, 운동은 공간 안에 위치를 점유하는 '상태' 를 바꾸는 것을 말하는데, 이런 상태 변화는 반드시 원인이 있어야 한다. 예를 들어 지구상에서 물체를 일정한 속도로 던지면 결국에는 속도가 느려져 정지하게 되는데 이는 그 물체가 통과하는 매질의 밀도가 저항력이라는 원인으로 작용하기 때문이다. 즉, 던짐이라는 초기 원인이 물체의 초기 속도라는 결과를 가져왔다면, 매질의 밀도라는 다음 원인은 결국 정지라는 결과를 가져온 것이다.

아리스토텔레스는 물체의 속도가 매질의 밀도에 반비례한다는 공식을 이런 과정에 대한 정량적 분석으로 제시했다(즉 $v \propto 1/d$: v는 물체의 속도, d는 물체가 운동하는 매질의 밀도). 그런데 진공에서는 밀도가 0이므로 속도는 무한대(1/0)가 된다. 무한대의 속도란 순식간에 무한한 거리를 갈 수 있음을 말하므로 자연 세계에서는 일어날 수 없다. 그러므로 진공은 존재할 수 없다는 결론이

나온다.

게다가 아리스토텔레스의 이론에 따르면 진공은 사방팔방이 모두 균질하기 때문에 어떤 방향도 다른 방향보다 선호될 수 없으므로 위치 변화를 줄 원인이 존재할 수 없게 된다. 즉, 진공의 각각의 위치를 구별해 줄 어떤 자연적 원인도 존재하지 않고 그런 이유로 진공에서는 어떤 운동도 가능하지 않다는 결론이 나온다. 그런데 어떤 운동도 가능하지 않다는 것은 불합리하므로 진공은 존재하지 않는다는 것이다.

이처럼 현대 독자들에게는 전혀 말이 안 되는 것처럼 보이거나 명백한 경험적 사실을 부정하는 듯이 보이는 과거 과학자들의 주장들도 그 주장이 포함된 이론 체계를 살펴보면 나름대로 짜임새 있게 설명될 수 있다. 이런 교훈을 얻은 토머스 쿤은 과거의 과학을 연구할 때는 현대 과학의 기준에서 과거의 과학자들이 얼마나 '맞는' 이야기를 하는가에 논의를 집중할 것이 아니라 오히려 도저히 이해할 수 없는 구절들로부터 분석을 시작하라고 권한다. 과학사를 바라보는 쿤의 '도저히 이해할 수 없는 구절을 어떻게 이해할 수 있게 만들 것인가' 하는 방식은 현재 과학사 연구 방법의 근본이 되었다.

① 제시문 (가)를 읽고 패러다임에 대해 알 수 있는 것을 적어 보시오.

② '아리스토텔레스의 운동 개념은 틀렸고, 갈릴레이의 운동 개념이 옳다' 라고 이야기하지 않고 두 패러다임의 비교가 불가능하다고 말하는 이유는 무엇인지, 그리고 이를 통해 쿤이 과학사 연구에서 강조하고자 했던 것이 무엇인지를 제시문 (나)를 참고하여 서술하시오.

3강_ 패러다임의 통약 불가능성

case 3-1 다음 제시문을 잘 읽고 물음에 답하시오.

가 20세기 초 최고의 실험물리학자였던 카우프만이 여러 차례에 걸친 정밀한 실험을 통해 자신의 실험 결과가 아인슈타인의 특수 상대성이론이 아니라 막스 아브라함이라는 다른 물리학자의 이론과 일치한다는 결론에 도달했다. 아인슈타인은 이 소식을 듣고 자신의 이론을 수정하기는커녕 눈 하나 깜짝하지 않았다. 그에게는 역학 법칙과 전자기 이론 사이의 근본적 모순을 해결한 자신의 이론이 '참' 이라는 점이 너무나 명백했기 때문이다. 아인슈타인은 그 당시 카우프만의 실험에서 무엇이 잘못되었는지를 찾아낼 수 없었지만, 카우프만이 분명히 어디선가 실험상의 오류를 저질렀을 것이라고 확신했다. 아인슈타인의 이론은 순수하게 이론적 이유에서 옳을 수밖에 없다는 생각에서였다. 결국 아인슈타인이 옳았고 아브라함이 틀렸다는 것이 한참 뒤에 밝혀졌다.

나 과학 혁명에서 중요한 점은 기존의 패러다임에 남아 있는 사람들과 새로운 패러다임에 합류하는 사람들 모두가 대부분 나름대로 근거 있는 선택을 한다는 것이다. 이는 아무리 변칙 사례가 많다고 하더라도 기존의 패러다임이 혁신적인 시도로 '재기' 에 성공하는 일이 종종 가능하기 때문에, 기존의 패러다임을 반드시 포기해야 하는 특정 시점이 있을 수 없기 때문이다. 주의할 것은 과거의 패러다임을 과감히 버리고 새로운 패러다임으로 교체하는 과학자들은 그것이 더 완벽하거나 합리적이어서가 아니라 새 패러다임의 미적 단순함 또는 아름다움과 같은 과학 외적인 요인에 끌렸기 때문인 경우가 많다는 사실이다. 쿤에 의하면 패러다임의 교체는 점진적이고 논리적인 선택이 아니라 오히려 종교적 '개종' 과 유사하다. 따라서 과학 혁명 시기에는 철학적 · 제도적 · 사상적 요소들이 이론 선택에 중요한 역할을 한다.

① 쿤이 패러다임 교체를 종교적 개종에 비유한 이유는 무엇이라고 생각하는지 서술하시오.

② 제시문을 통해 나타난 쿤의 입장에 대해 과학 활동을 비합리적인 것으로 만들었다는 비난이 가능한데, 쿤의 입장에서 변호해 보시오.

case 3-2 다음 제시문을 잘 읽고 물음에 답하시오.

가 라디오를 듣던 시절, 텔레비전이 등장하자 사람들은 더 이상 라디오를 들을 사람은 없을 것이라고 우려했다. 그러나 여전히 라디오는 자신의 기능을 수행하며 건재해 있고, 텔레비전 역시 그 기능을 수행하고 있다. 병을 고치는 치료법에는 크게 두 가지가 있다. 드러난 증상을 직접 치료하는 대증 요법과 그 원인을 없애거나 개선하는 원인 요법이 그것이다. 실제로 공존하고 있는 이 두 가지 치료 패러다임은 같은 잣대로는 우열을 가릴 수 없다. 또한 인류의 기원에 대한 설명 방식에서 진화론과 창조론은 각기 다른 패러다임이지만 오늘날에도 여전히 공존하고 있다. 패러다임이 다르다는 것은 하나가 다른 하나보다 우월하다는 것을 말하는 것이 아니다. 단지 같은 잣대로는 비교될 수 없는 사고의 틀을 말하는 것이다.

나 코페르니쿠스 체계가 프톨레마이오스 체계를 대체하여 천문학의 혁명을 이룩한 과정을 살펴보자. 코페르니쿠스 체계가 프톨레마이오스 체계보다 우수했기 때문에 선택된 것은 아니었다. 지동설을 핵심으로 하는 코페르니쿠스 체계도 천체의 운동은 반드시 원의 형태를 가져야 한다는 점을 고수했기 때문에, 프톨레마이오스 체계를 괴롭혔던 주전원(epicycle)을 주로 사용해야만 성공적인 예측을 보장할 수 있었다. 그런 이유로 프톨레마이오스 체계보다 코페르니쿠스 체계가 절대적인 의미에서 단순하고 더 우월하기 때문에 선택된 것은 아니었다.

게다가 아리스토텔레스 우주론을 뒤엎는 코페르니쿠스 체계의 혁신적인 특징과 그것을 뒷받침할 역학 체계가 없었다는 점을 살펴볼 때 코페르니쿠스 체계가 천체에 대한 기본 패러다임이 되었다는 데 의문이 생길 수 있다. 여기에는 여러 가지 이유가 있지만, 무엇보다도 코페르니쿠스 체계의 몇몇 특징들이 갈릴레오나 케플러, 그리고 뉴턴처럼 똑똑한 학문 후속 세대들에게 '미적으로' 강한 매력을 주었고, 그 결과 그들이 코페르니쿠스 체계를 더욱더 매력적인 체계로 발전시켰다는 점을 들 수 있다. 이 과정에서 코페르니쿠스 체계를 발전시킨 뉴턴의 우주론은 프톨레마이오스 체계가 설명할 수 없었던 많은 현상들을 설명할 수 있었다. 그리고 엄청나게 큰 수정천구가 어떻게 하루에 한 번씩 돌 수 있는가와 같은 프톨레마이오스 체계에서의 문제들은 의미 없는 것으로 치부되어 더 이상 논의되지 않았다.

다 빅뱅 우주론은 초월적 실재에 관해, 진화론은 생명의 기원과 다양성에 관해, 그리고 신경과학은 인간의 정신과 영혼에 대해 이야기하지만, 종교와는 다른 방식으로 표현한다. 종교적 교리도 과학 이론과 마찬가지로 하나의 '가설' 이기 때문에 원칙상 입증과 반증에 대해 열려 있다. 이는 종교적 믿음과 과학적 믿음이 실제로는 엄격하게 구분되지 않고 뒤엉켜 있다는 것을 말하는 것이다. 과학과 종교는 친구이다. 친구끼리는 서로의 관심을 나누며 대화한다. 물론 아무리 단짝 친구라 해도 잠깐의 냉전기는 언제나 있게 마련이다. 이처럼 과학과 종교는 접촉점이 무엇인가에 따라 충돌할 수도 있고 사이좋게 지낼 수도 있다. 또한 시간이 지남에 따라 우정의 농도에도 변화가 생길 수 있다.

① 제시문 (가)와 제시문 (나)의 사례를 살펴보고 패러다임의 비교, 대체 과정을 통해 무엇을 알 수 있는지 서술해 보시오.

② 제시문 (다)에 나타난 종교와 과학의 패러다임에 대한 주장을 정리해 보고 이에 대한 자신의 생각을 서술하시오.

생각 쓰기

아비투어
철학 논술

case 1-1 ❶ 그림 (가)는 처음에는 컵을 나타내고 있는 장면으로 보이다가 다시 보면 사람의 옆모습을 나타내는 것처럼 보이기도 한다. 그림 (나)는 어떻게 보면 오리 같기도 하고, 다시 보면 토끼 같기도 하다. 그림 (다)는 젊은 여인의 모습으로 보이기도 하고 동시에 나이 든 여성의 모습으로 보이기도 한다.

❷ 관찰자는 보는 행위(seeing)를 통해서 직접적으로 외부 세계의 어떤 성질을 알게 된다. 정상적인 두 관찰자가 같은 시간과 장소에서 동일한 대상을 마주하면 그들은 동일한 것을 '보게' 된다. 그런데 우리가 '보는' 행위는 단순히 빛을 통해 망막에 맺힌 상을 보는 것은 아니다. 어떤 때는 오리로, 어떤 때는 토끼로 보이는 그림처럼 망막에 맺힌 상은 똑같지만 관찰자는 전혀 다른 '시각 경험'을 가질 수 있다. 관찰자가 어떻게 보느냐에 따라 동일한 상이 다른 시각 경험으로 드러나는 것임을 알 수 있다.

case 1-2 ❶ 전문가는 전문가가 되기 위해 특정 분야에서의 교육과 훈련을 받는다. 과학자들의 전문성이란 그들이 과학적인 지식을 단순히 '알고' 있는 데 그치는 것이 아니라 그 지식을 적용하여 자연현상을 적절하게 '관찰할' 수 있다는 데 있음을 알 수 있다.

❷ X-선 사진을 볼 때, 일반인은 검은색과 흰색의 얼룩을 볼 뿐이지만, 진단방사선과 전문의는 동일한 사진에서 병의 징후를 발견한다. 그리고 같은 언덕에서 동시에

일출을 보고 있는 티코 - 브라헤와 케플러는 서로 다른 태양을 본다. 또한 우리에게는 이상스러운 그림에 불과한 이집트 상형문자가 고고학자들에게는 의미 있는 문장으로 보인다. 외견상으로는 동일한 것을 관찰하고 있음에도 불구하고 관찰에 대한 해석이 사람에 따라 상이한 이유는 관찰 결과를 해석하는 틀로서의 이론이 다르기 때문이다. 즉 배경 이론에서의 차이 때문이다. 따라서 이렇게 본다면 관찰은 더 이상 이론을 보증하는 확고한 토대일 수 없다. 오히려 이론이 관찰을 결정한다고 할 수 있다. 이론 없는 관찰은 불가능하고, 관찰은 이론에 의존적이다.

case 2-1

❶ 패러다임이란 '사물과 현상을 이해하거나 설명하는 생각의 틀' 또는 '사물을 보는 방식' 이라고 할 수 있다.

❷ 생각하는 방식을 바꾸어 문제를 해결해 보았던 경험들을 떠올려 보도록 한다.

왕따를 당하는 친구가 있다고 하자. 우리가 그 친구를 외모나 어떤 버릇 때문에 욕하고 따돌림을 시키지만 어느 날 그 친구와 찬찬히 이야기할 기회가 있어 그 친구로부터 집안 이야기도 듣고, 엄마 아빠 이야기도 들어 '아, 이 친구는 이런 면도 있구나' '이 친구가 이래서 그렇게 행동하는구나' 하면서 친구를 이해하고 그 친구에 대해 다시 생각하는 경우가 있다. 그래서 이전과는 달리 친구가 되는 일도 생긴다. 이처럼 고정된 생각의 틀을 깨고 생각을 바꾸게 되는 경험은 일상에서 흔히 일어난다.

case 2-2

❶ '놀이 축구' 로는 원하는 결과를 가져오지 못했기 때문에 '과학 축구' 로의 패러다임 전환을 꾀하고 있다. 즉 패러다임의 전환은 문제가 있는 상황의 변화 혹은 이전의 패러다임으로는 문제의 해결에 한계를 맞았을 때 이루어진다는 것을 알 수 있다. 패러다임을 세계를 바라보는 하나의 관점, 사고의 틀이라고 할 때 이런 사고의 틀에 변화를 가져오는 것은 사실상 문제 상황에 대한 변화된 인식 때문이라고 할 수 있다. 즉 이전의 틀로 해결할 수 없는 문제를 패러다임의 전환을 통해 해결하고자 하는 시도라고 할 수 있다.

❷ 패러다임의 전환은 이전의 패러다임으로는 해결할 수 없는 문제들이 누적되었을 때 이루어진다. 즉 이전의 패러다임이 위기를 겪는 상황에서 이를 대체할 만한 대안 패러다임이 등장하고, 현상을 설명하거나 문제 해결에 성공적인 패러다임을 통해 혁명적으로 전환된다. 따라서 실제 과학 이론에서 패러다임의 전환은 이전의 패러다임을 위기로 몰고 간 문제 상황들에 대해 성공적인 해법을 제공할 수 있다. 그런데 제시문과 같이 대안 패러다임이 항상 문제 해결에 성공적인 것은 아니다. 패러다임의 교체는 성공적인 문제 해결의 결과이지 패러다임을 교체한다고 해서 모든 문제 상황들이 해결되는 것은 아니기 때문이다. 또한 이전의 패러다임을 위기로 몰고 간 문제들을 교체한 패러다임이 성공적으로 해결한다고 해서 이전의 패러다임이 해결했던 여타 다른 문제들에 대해 교체한 패러다임이 모두 성공적인 답변을 할 수 있다고 보기는 어렵다. 중요한 것은 패러다임의 전환이 어떻게 이루어지는가 하는 구조이다.

case 2-3 ❶ 패러다임 전환은 점진적인 것이 아니라 혁명적이다. 패러다임 사이의 비교는 불가능하다. 새로운 패러다임은 낡은 패러다임이 해결하지 못한 문제들을 해결할 수 있다.

❷ 제시문 (나)에 따르면 '진공은 없다' 라는 아리스토텔레스의 진공 개념은 그의 자연철학적 이론 체계들의 귀결 결과이다. 역학에 대한 과학 이론의 변화 과정을 살펴보면 아리스토텔레스에서 갈릴레이, 뉴턴 역학으로의 이행 과정이었다. 이러한 변화 과정을 단선적인 구도로 본다면, 이전의 잘못된 이론을 수정하고 보완하면서 역학 이론이 발전해 나갔다고 말할 수 있을 것이다. 그러나 이는 과학사에 대한 잘못된 이해이다. 쿤은 실제로 아리스토텔레스의 역학 이론이 갈릴레이의 역학 이론으로 대체되는 과정, 그리고 갈릴레이의 역학 이론이 뉴턴의 역학 이론으로 대체되는 과정이 합리적이고 단선적인 발전 구도로 이루어진 것이 아님을 주목한다. 과학 이론의 선택, 변화 과정을 살펴보면 이론 내적으로 받아들일 만한 정당한 이유를 갖추고 있기보다는 이론 외부적인 요소들이 작용하는 것을 발견할 수 있다. 또한 아리스토텔레스의 패러다임 내에서 설명될 수 있는 현상들이 있고, 오늘날에 보면 이상한 주장이라고 여겨지는 문장들도 아리스토텔레스의 체계 안에서는 내적으로 정합적인 주장을 펼치고 있다는 것을 발견할 수 있다. 즉 아리스토텔레스의 여타 운동 이론을 받아들인다면 그로부터 진공은 없다는 것이 도출될 수 있다는 것이다. 과학사를 연구할 때, 즉 과거 과학을 연구할 때 쿤이 강조하는 것은 단순히 현대적 관점에서 그들의 이론을 '맞다,

틀리다' 라고 평가할 것이 아니라 오히려 '도저히 이해할 수 없는 구절을 어떻게 이해할 수 있게 만들 것인가' 라는 것이다. 그리고 쿤은 이것이야말로 과학사를 연구하는 올바른 방법론이라고 주장하고 있다.

case 3-1 ❶ 쿤은 패러다임의 교체가 이루어지는 과정을 종교적 개종에 비유한다. 이는 과학 이론의 교체 과정을 합리적인 과정으로 보는 이전의 관점에 대한 경계이다. 과학 이론의 교체 과정에서 합리성을 강조하는 입장은 이론 내적인 정당성을 보장하기 때문에 가능하다. 즉 패러다임의 교체는 교체할 만한 타당한 이유가 이론 내적으로 존재한다고 보는 것이다. 따라서 이전의 패러다임보다 교체한 패러다임이 보다 더 발전적이고 진리에 가까워진다고 말할 수 있다. 그러나 쿤은 과학의 발전이 완벽한 진리를 향해서 한 발자국씩 접근한다는 전통적인 과학의 진보 개념을 부정한다. 그래서 쿤의 철학에는 자연과학이 '자연에 존재하는' 절대 진리를 발견한다는 소박한 생각을 부정하는 상대주의적 요소가 있다고 할 수 있다. 왜냐하면 쿤은 과학자들의 연구를 결정하는 패러다임은 과학자 공동체에서 만들어 낸 것이지, 자연에 실재하는 것이 아니라고 보기 때문이다. 한 패러다임에서 다른 패러다임으로의 전환은 이론 내적으로 합리적인 이유를 안고 있어서라기보다는 이론 외적인 무수한 사회적 요인들이 작용하기 때문이고, 마치 개종을 하는 심리적 이유를 합리적으로 설명하기 어렵듯이 패러다임 전환도 그렇게 이루어진다. 이런 점들 때문에 쿤의 과학관은 과학의 발전 과정을 패러다임에 의존해서만 이해할 수 있고 패러다임을 가로질러서는 이해할 수 없게 만들었다는 비판을 받기도 한다.

❷ 쿤은 과학 활동을 비합리적인 것으로 만들었다기보다는 과학자의 합리성을 보다 유연하게 이해할 수 있게 만들었다고 평가돼야 한다. 합리성에 대한 좁은 해석에 따르면 현재 관점에서 볼 때 '옳은' 이론을 과거의 선택 상황에서 선택한 과학자만이 합리적이고 그와 다른 결정을 내린 과학자들은 모두 다 비합리적이 된다. 물론 이들 과학자들 중에 근거 없는 편견에 사로잡혀 정말로 비합리적인 이유로 새로운 이론을 거부한 사람들도 있었을 것이다. 그러나 대다수의 과학자들은 자신에게 주어진 여러 증거들을 나름대로 잘 분석하고 그 타당성을 음미하여 '합리적인' 방식으로 결론에 도달한다. 그 결론이 과학자마다 다른 것은 과학자의 지적 배경이나 주어진 증거에 대한 상대적인 평가, 과학이 이루어야 할 이상에 대한 견해 등이 다르기 때문이다.

case 3-2 ❶ 쿤에 따르면 패러다임 사이의 비교는 불가능하다. 패러다임을 비교하기 위해서는 하나의 패러다임에서 통용되는 용어나 술어가 다른 패러다임에서도 마찬가지로 해석되어야 되어야 하는데 그렇지 않기 때문이다. 제시문 (가)는 패러다임 사이의 우월 관계를 설정할 수 없다는 주장이다. 왜냐하면 특정 패러다임이 다른 패러다임보다 낫다고 평가하기 위해서는 일의적인 기준이 두 패러다임에 적용되어, 두 패러다임을 비교할 수 있어야 하는데, 그러한 잣대, 기준이란 없기 때문이다. 제시문 (나) 패러다임의 대체 과정에서 특정 패러다임이 다른 패러다임보다 낫기 때문에 선택되었다기보다는 이론 외적인 다른 요소들이 개입되었기 때문에 선택되었다고 말하고 있다. 뿐만 아니라 특정 패러다임에서 해결해야 할 문제 상황은 다른 패러다임에서는 문제 자체가 설정되지 않는, 문제가 해소되어 버리는 것을 보여 주고 있다. 이를 통해 우리는 패러다임을 선택하는 과정이 어떤 발전성을 함축하는 것이 아님을 알 수 있다. 패러다임은 비교 불가능하고, 패러다임의 대체 과정은 단순히 이전의 이론이 이후의 이론보다 못하기 때문에 대체되는 식의 이론 내적인 이유가 아니라 여러 사회 환경적인 요소들이 동기로 작용하여 변화되는 과정이라고 할 수 있다.

❷ 제시문 (다)는 종교와 과학이 서로 다른 패러다임으로 공존할 수 있다는 주장이다. 그런데 과연 과학과 종교는 양립 가능한 것일까? 과학과 종교의 관계에 대한 일반적인 생각은 무엇보다 그 관계를 적대적으로 보는 관점이다. 즉 과학과 종교 중 하나만 참이라는 생각이다. 이런 입장은 과학과 종교가 늘 전쟁 중에 있고 따라서 언제나 상대방은 제거의 대상일 뿐임을 주장한다. 이는 우리로 하여금 '과학 아니면 종교' 라는 식의 양자택일을 강요한다. 현대 물리학의 종교적 기원을 탐구한 과학 저술가 버트하임에 따르면, 고대 그리스에서부터 시작된 수리과학이 수와 신성을 연관시키고 주변 세계에서 발견되는 수학적 관계들을 '신적인 것' 의 표현으로 간주하는 전통을 오랫동안 유지해 왔으며, 특히 13세기에서 18세기 동안에는 수리물리학의 기수들이 기독교와의 제휴를 의식적으로 원했다. 버트하임은 물리학자들이 신학자들을 대신하여 인식 능력의 열쇠를 쥐게 된 것은 그 이후이며, 심지어 물리학과 종교가 공식적인

유대 관계를 맺지 않고 있는 오늘날에도 우주에 대한 수학적 탐구를 신적인 과업으로 여기는 문화는 여전히 호소력을 지닌다고 주장한다. 예를 들어 천재 물리학자 스티븐 호킹의 '신의 마음' 에 관한 발언이라든가, 제목에 '신' 이라는 단어가 들어가 있는 일련의 물리학 서적들을 보면, 현대 물리학이 여전히 종교적 감성에 깊이 물들어 있음을 짐작할 수 있다. 과학과 종교의 충돌을 막을 수 있는 길은 과학과 종교의 영역을 전혀 다른 차원에 두고 원리상 과학이 종교에 도전하지도, 종교가 과학을 규제할 수도 없다고 보는 관점을 제시할 수 있다. 그러나 이렇게 두 영역을 분리해 놓으면, 신에 대해 이야기하고 싶어 하는 과학자, 또는 과학에 대해 말하고 싶어 하는 종교인의 입을 원천적으로 막는 결과를 가져올 수 있다. 사실상 종교와 과학은 양립 불가능할 수도 있고, 양립 가능할 수도 있다. 그러나 분명 종교와 과학이 관심을 갖는 공통분모는 세계와 그 세계 속의 인간이다. 과학과 종교는 각기 세계에 대해 이야기하는 다른 버전들이고, 이들은 서로 단일한 잣대로 비교할 수 없는 패러다임이다.

Abitur

철학자가 들려주는 철학이야기 045

박지원이 들려주는 이용후생 이야기

저자_**박현정**
전남대학교 국어국문학과를 졸업하고 조선대학교 교육대학원에서 석사 학위를 받았다. 일산에 있는 대화중학교 교사로 재직하고 있으며, 저서로는 《중학 교과서 속 논술》이 있다.

연암 박지원을 만나다

朴趾源

연암 박지원을 만나다

1. 연암을 만나다

① 연암 박지원은 어떤 시대를 살았나

연암 박지원(燕巖 朴趾源, 1737~1805)은 조선 후기의 실학자이다. 그는 새로운 사회를 희망하는 개혁파이자 상공업의 진흥을 통한 경제 발전을 도모했던 이용후생학파로서 명분과 실리 사이에서 주저 없이 실리를 주장했던 북학론의 대표 학자였다. 또한 그는 인습을 거부하고 새로운 문화 창조를 향한 법고창신의 끝없는 집념을 지녔으며, 사실주의 기법이 돋보이는 신랄한 풍자 문학의 대가이기도 했다. 연암은 다양한 분야에서 조선 후기 새로운 국가 건설을 위한 올바른 방향을 제시하고자 노력했다.

연암의 철학을 이해하기 위해서는 우선 그가 살았던 시대를 바로 볼 수 있어야 한다. 연암이 살았던 시대는 임진왜란과 병자호란이라는 두 차례의 전쟁이 지나간 뒤, 전쟁의 혼란을 수습하고 뿌리째 흔들렸던 나라의 기강을 바로잡아야 하는 중요한 시기였다. 그중 가장 큰 문제는 빈곤이었다.

당시의 정치적 상황은 더욱 심각했다. 붕당의 횡포로 지배층은 오직 정권을 잡는 데에만 관심이 있었다. 정치하는 사람들은 자신의 출세와 사리사욕에 눈이 멀어 백성을 살림을 돌보아야 하는 목민관으로서의 책임을 회피하였다.

전쟁 이전의 조선 사회는 탄탄한 성리학적 질서를 바탕으로 사농공상의 엄격한 신분제도 아래 중세적 봉건 질서가 확고한 사회였다. 그러나 전쟁의 영향과 서민 의식의 성장으로 성리학적 질서가 점점 붕괴되고 있었다. 학문의 경향이 이론과 형식으로 치우치게 되면서 성리학에 대한 비판과 자성의 움직임도 일고 있었다. 실학은 성리학의 관심을 관념적인 것에서 백성의 살림으로 돌려놓았다.

혼란한 사회를 수습하기 위해서는 무엇보다도 백성에게 현실적으로 도움이 되는 학문과 사상이 필요했다. 실학은 경험적이고 실제적인 학문을 표방했다. 이기(理氣)를 따지기보다는 백성들의 곤궁한 살림에 현실적인 도움을 주고자 노력했다.

실학자들은 크게 두 부류로 나뉜다. 주로 농촌 문제에 관심을 가지고 균등한 분배를 위한 토지 제도의 개혁을 주창했던 실학자들을 경세치용학파라고 한다. 이와는 달리 상공업의 활성화를 통해 유용한 물자의 생산에 주력했던 실학자들을 이용후생학파라고 한다.

연암은 이용후생학파이다. 연암을 비롯한 박제가, 홍대용, 유수원 등은 상공업 활동을 활발히 하고 기술을 개발해야 한다고 주장한다. 또 이들은 청의 선진 문물을 적극 수용하자는 주장을 펼쳐 북학파라고도 불린다. 그들은 스스로 보고 들은 청 문화의 우수성을 여과 없이 인정하고 받아들여 풍부한 물자의 생산으로 백성의 살림이 넉넉해지기를 꿈꾸었다.

어휘 다지기

실학의 세 학파

경세치용(經世致用), 이용후생(利用厚生), 실사구시(實事求是)

조선 후기의 실학은 기존의 성리학이 관념으로 흐른 데 반해 실증적이고 현실적으로 도움이 되는 학문을 주장하였다.

경세치용학파는 농업 혁신을 통해 봉건 사회의 문제를 해결하고자 하였다. 유형원, 이익, 정약용으로 대표된다.

이용후생학파는 중소 상공업의 육성, 기술 혁신, 해외 통상 증진 등을 통하여 유용한 물자의 생산으로 백성의 살림을 풍요롭게 하는 데 주력하였다.

김정희, 김정호, 최한기 등은 학문 그 자체를 목적으로 하고 엄격한 객관적 태도에 기초하여 사실을 밝히려고 노력하여 실사구시(實事求是)학파라고 한다. 자기의 주관적인 이론을 펼쳤던 다른 실학자들과는 달리, 이들은 학문하는 방법에 있어서는 근대적이고 과학적인 연구 태도를 보여 주었다. 우리의 역사와 지리 및 문헌 연구를 통해 민족의 정체성을 확립하는 데 기여한 바가 크다.

법고창신

연암의 미학 사상 중 가장 핵심이 되는 요소로, 형식주의와 모방주의를 배격하고 옛것을 모범으로 삼되 새것을 창조해야 한다는 사상이다.

② 피서지에서 생긴 일 《열하일기 熱河日記》

《열하일기》는 연암이 1780년 청나라 사신의 일행으로 연경에 다녀온 여행의 기록이다. 사신이 연경에 도착했을 당시에 황제가 열하로 피서를 가 있었기 때문에 열하 지방까지 여행하는 행운을 얻게 되어 기행문의 제목이 《열하일기》가 되었다. 이 책에는 청나라의 제도와 문물에 대한 자세한 기록과 더불어 여정에서 느낀 감상과 깨달음이 사실적으로 드러나 있다. 또한 《호질》《허생전》 등의 소설도 실려 있어 시대에 대한 반성과 개혁의 방향을 상징적으로 보여 주고 있다.

《열하일기》를 꿰뚫는 사상적 기반은 '창조'이다. 그것은 비록 오랑캐의 것일지라도 우리에게 도움이 된다면 무엇이든 받아들일 수 있다는 열린 마음에서 시작된다. 어떤 것이든 새로운 것이 창조될 때에는 새로운 것이 차지할 열린 공간이 필요하다. 연암의 열린 가치관이 그 창조의 기반을 마련해 놓고 있다.

그렇다면 무엇을 위해 창조해야 하는가. 연암이 꿈꾸는 새로운 세상은 모든 백성이 잘사는 나라이다. 청의 선진 문물과 기술이 조선의 발전에 도움이 될 수 있다면 그것으로 충분하다. 명을 떠받들었던 과거의 명분은 낡은 가치일 뿐이다. 상공업의 진흥이 경제를 발전시켜 백성의 삶을 풍요롭게 할 수 있다면 사농공상의 위계와 질서도 허물어져야 한다.

결국 《열하일기》는 자각과 반성, 그리고 개혁으로 귀결된다. 말로만 듣던

청의 선진 문물을 눈으로 직접 보는 순간, 연암은 조선 사회의 문제점을 직시하게 된다. 허울뿐인 명분에 사로잡혀 있는 조선에 대한 자각과 백성의 삶을 돌보아야 할 의무를 다하지 못했던 지배층의 반성, 그리고 나라의 살림이 부강해지고 백성들이 복지를 누리는 새로운 세계를 희망하는 개혁에의 의지가 담겨 있는 것이다.

《열하일기》를 읽으면, 유통 경제의 기반인 수레가 조선 천지를 돌아다니며 바쁘게 물건을 실어 나르는 꿈에 부푼 연암의 행복한 얼굴이 떠오른다.

어휘 다지기

수레를 보는 연암

《열하일기》에는 연암의 수레에 대한 예찬이 대단하다. 청나라의 여러 가지 문물을 소개하면서 다양한 수레와 그 기능을 상세히 기록하였다. 연암이 수레에 관심을 가지게 된 것은 우리나라의 배가 외국과 통하지 못하고 수레가 나라 안을 다니지 못하므로 경제의 흐름이 미약하다고 판단했기 때문이다. 수레가 자유롭게 전국을 누비면서 생산물이 전국으로 고르게 유통될 때 경제의 규모가 커지게 된다고 전망했다. 즉, 유통 구조의 활성화를 통해 경제 발전을 도모하였다.

2. 교과서 속에서 만난 연암

① 초등학교 《사회과 탐구》 6-1

옛날 강원도 정선 땅에 한 가난한 양반이 있었다. 그는 현명하고 정직하며 책 읽기를 즐기고 손님 접대를 잘하였다. 특히 그는 신임 군수에게 인사를 잘하였다.

그러나 생활 능력이 없어 관가에서 곡식을 빌려 살아가는 처지였다. 그 빚이 어느덧 천여 석이나 되었는데, 그는 갚을 능력이 없었다. 관찰사가 이를 알고 그를 옥에 가두라고 명하였다.

관찰사의 명령을 전해들은 그는 울기만 하였다. 그런데 그 마을에 재물은 많으나 상민인 부자 한 사람이 살고 있었다. 부자는 가족을 모아 놓고 말했다.

"우리는 부자이지만 상민이라 천대를 받는다. 그런데 돈은 넉넉하니, 어려움을 겪고 있는 양반의 빚을 대신 갚아 주고 양반 신분을 사서 양반 행세를 하는 것이 어떨까?"

가족들이 모두 찬성하여 부자는 양반의 빚을 갚아 주고 양반의 신분을 샀다. 그러자 군수가 증인이 되어 양반 문서를 만들어 주었는데, 거기에는 양반으로서 지켜야 할 온갖 형식적인 행동 절차와 권리 등이 기록되어 있었다. 부자가 그것을 보니, 모두 겉치레에 지나지 않고 구속이 많이 거추장스럽기만 하였다. 게다가 양반의 권리라는 것이 그에게는 도둑질과 같아 보였다. 그래서 그는 양반되기를 포기하고, 다시는 양반 소리를 하지 않았다고 한다.

- 교육인적자원부, 초등학교 《사회과 탐구》 6-1

초등학교 《사회과 탐구》에서는 '근대 사회로 가는 길' 이라는 단원에 연암 박지원의 《양반전》이 소개되고 있다.

봉건 사회에서 근대 사회로 진행되는 18세기에는 새로운 사회 건설을 위한 움직임이 다양한 분야에서 활발하게 진행되었다. 모내기법과 골뿌림법을 통해 농업 생산력이 향상되고 화폐의 유통이 활성화되었다. 시장은 과거 관가의 엄격한 통제 아래 제 기능을 다하지 못했으나 점점 규제가 완화되면서 경제의 흐름이 조금씩 원활해지고 상공업이 발달하기 시작했다.

그런 변화의 움직임에 발맞추어 연암은 소설을 통해 당시 지배층의 모순과 사회적인 문제를 신랄하게 비판하였다. 그 대표적인 작품이 바로 《양반전》이다. 또한 서민들의 현실에 대한 고달픔과 새로운 세계로의 희망은 판소리를 통해서도 본격적으로 드러나기 시작했다. 양반에 대한 풍자와 비판은 탈놀이의 형태로도 이루어졌으며 서민들의 그림인 민화에는 소박하고 진솔한 생활 감정이 사실적으로 드러나 있다. 이 모든 현상들은 조선 후기 서민 의식의 성장을 보여 준다.

조선 후기 서민 의식의 성장은 그동안 피지배 계층으로서 억압당했던 서민들이 억압에서 벗어나 자유롭게 잘사는 세상을 향한 바람으로 이어진다. 그에 따라 도덕적 관념만을 논하던 성리학자들도 백성들의 생활에 현실적으로 도움이 되는 학문을 해야 한다고 주장했다. 그것이 바로 실학이다. 토지 제도의 개혁을 통해 생산과 소득이 백성들에게 균등하게 돌아갈 것을 주장했고 나라의 부강을 위해 경제의 활성화를 주장하였다. 또한 지배층이 자신의 욕심을 위하기보다는 백성들의 생활에 관심을 가지고 올바르게 정치할 것을 촉구하였다. 또 세계와 우주를 보는 관점도 변화하였는데, 과거에 중국을 중심으로 보던 중화사상에서 벗어나 사람은 모두 땅을 중심으로 삼은 것이니 중심과 변두리가 따로 없다는, 민족 간의 평등 의식도 싹트게 되었다.

어휘 다지기

조선 후기 서민 의식의 성장과 서민 문화

조선 후기는 봉건 사회에서 근대 사회로 가는 길목이다. 엄격했던 봉건 질서가 서서히 무너지면서 서민들의 의식이 성장하였다. 농업의 기술이 발달하고 상업이 활성화되기 시작하면서 서민들의 경제적 기반도 탄탄해졌다. 더불어 경제적으로 몰락한 양반의 수가 급증하면서 신분 제도의 근간이 흔들리기 시작하였다.

삶의 여유가 생긴 서민들은 문화에 관심을 가지기 시작하였다. 서민들은 창작 주체로서, 또 문화를 누리는 계층으로서 그 어느 시기보다 활발하게 참여하였다. 한글의 보급으로 문자 생활을 할 수 있게 된 서민들은 자신의 진솔한 생활 감정과 사회에 대한 비판을 사설시조와 같은 형태로 표출하였다. 뿐만 아니라 판소리와 가면극, 민화 등을 창작하고 향유하면서 다양한 형태의 문화 활동에 적극적으로 참여하였다.

② 초등학교 《사회》 6-1

초등학교 《사회》 교과서에는 '잘사는 백성 부강한 나라로' 라는 주제 아래 실학에 대해 소개하고 있다. 실학의 뜻과 배경, 그리고 많은 실학자들의 주장과 활동을 자세하게 설명한다.

옛날 우리 조상들은 더 잘사는 나라를 만들기 위해 많은 노력을 기울였다. 특히 조선 후기에 백성들이 잘살고 나라가 튼튼해지는 방법을 연구한 학문을 실학이라고 한다. 대부분의 백성이 주로 농업에 종사하는 농민이었고 농업이 국가 경제의 기반이었기 때문에 토지의 개혁을 통해 백성들의 삶을 풍요롭게 만들려고 노력하였다.

대부분의 토지가 농사를 짓지 않는 양반들의 소유였던 조선의 토지 제도의 문제점을 지적하고 실제로 농사를 짓는 백성들에게 땅을 주어야 한다고 주장했다. 그리고 토지 소유가 한곳에 몰리는 상황을 방지하기 위해 그 땅을 함부로 팔거나 사게 하지 못하도록 주장하는 실학자도 있었다. 더불어 변화하는 시대에는 농사만 잘 지어서는 안 되며 장사나 공업, 외국과의 무역에 힘쓸 것을 주장하였다.

실학이 생겨난 배경으로 크게 네 가지를 들고 있다. 하나는 이론과 예법을 둘러싼 논쟁으로 대립하는 지배층의 모습이다. 조선 후기의 지배층은 이념을 같이하는 사람들끼리 무리를 지어 붕당이라는 것을 만들고 서로의 이론을 주장하는 데에만 급급하였을 뿐 백성들의 삶에는 관심이 없었다. 따라서 백성들의 실제 생활에 도움을 주는 실용적인 학문에는 힘쓰지 못했다. 그 와중에 백성들의 삶은 점점 더 어려워졌다.

한편 서양 문물이 전래되기 시작하면서 조선 사회는 새로운 세상에 눈뜨게 된다. 서양에서 전해진 문물들은 모두 실용적이면서 백성들의 현실적인 삶에 도움을 주는 것들로, 그것들은 실학자들에게 실용적인 학문 연구의 중요성을 일깨워주었다. 그런 분위기 속에서 마침내 실학이 탄생한 것이다.

실학자들은 저마다 다양한 분야에서 개혁 사상의 이론을 펼쳤다. 어떤 실학자는 농업에 관심을 가지고 직접 농사짓는 사람만이 토지를 가질 권리가 있다고 주장하였다. 그것은 그동안 일하지 않고 농민들이 지은 수확을 가져가던 당시 지배층에게는 놀랄 일이었다.

또한 그들은 신분의 차별을 없애고 노비를 해방시켜야 한다고 주장하였으며, 우리나라는 지형상 산이 많고 길이 좁기 때문에 원활한 유통망을 형성하기 위해서는 물길, 즉 배를 이용해야 한다고 주장하였다. 또한 백성들이 지방관을 위해 태어난 것이 아니라, 지방관이 백성을 위해 있는 것이라는 주장은 그동안 권리만을 내세우며 백성들을 억압했던 지배층에 대한 반성의 목소리였다.

이런 모든 개혁의 방향은 학문이 명분과 관념에서 벗어나 실제 쓰임에 이롭고 백성들의 삶을 풍족하게 하는 데에 도움이 되어야 한다는 생각의 결과였다.

3. 기출 문제 속에서 만난 연암

인간의 본성과 사회적 규범

2003년 가톨릭대학교 정시 모집 논술에 제시된 《열녀함양박씨전》은 연암의 남녀평등 철학을 상징적으로 보여 준다. 박씨라는 한 과부가 남편의 3년 상(喪)을 치르자마자 스스로 목숨을 끊는다. 젊은 과부가 오래 세상에 머물면 받게 될 친척들의 연민과 이웃 사람들의 망령된 생각이 두려워서였다. 이유는 너무 허망하였으나 박씨의 행위를 놓고 사람들은 칭송을 아끼지 않았다. 그러나 연암의 생각은 달랐다.

사람의 혈기는 음양에 뿌리를 두고, 정욕은 혈기에 심어졌는데 혈기가 때를 따라 왕성한 것은 여자와 남자가 다를 것이 없다. 그런데 당시 조선 사회는 남성 중심의 유교적 도덕관으로 사대부 집 과부의 수절을 강요했고 여성의 개가를 금지하는 법률이 사회를 지배하고 있었다.

그리고 그것이 민간에까지 퍼져나가 결국 조

어휘 다지기

인간의 본성

칸트에 따르면 인간은 수단이 아닌 목적으로 존중되어야 한다. 어떤 타인이나 자기 자신 혹은 신에 의해서라 할지라도 수단으로 사용되어서는 안 된다. 왜냐하면 인간은 인간 스스로의 자율적인 도덕성에 의해 행동하기 때문이다. 인간은 이성을 가지고 있으며 그 이성의 본질은 자율성에 있다.

선의 모든 여성들이 인간의 본성을 사회적 규범 속에 억누른 채 살아가거나 혹은 스스로 목숨을 끊어야 했다. 사회적 규범이 인간의 본성이 지니고 있는 자유까지 침범하지는 말아야 한다.

죽음으로 열녀가 되는 것은 결코 칭송받을 행동이 아니다. 사회적 규범이 삶과 죽음의 선택을 강요한 것은 인간의 본성과 자유를 무시하는 행위이다.

연암은 혈기가 소진할 때까지 십 년 동안 굴려 윤곽도 글자도 없어진 동전을 통해 부당한 사회적 규범이 인간의 본성을 억압하는 불합리한 사회의 모순을 지적하였다.

농민을 살려달라
북벌론 비판

새롭게 만나는 연암

1. 실학의 학문하는 목적

학문하는 목적에는 여러 가지가 있다. 어떤 사람은 윤리적인 수양을 통해 성인이 되기 위해 학문을 한다. 혹은 어떤 사람은 명예와 부를 얻기 위해 학문을 한다. 또 어떤 사람은 그 자체가 즐거움이기 때문에 학문에 힘쓴다고 말한다. 그렇다면 실학자들이 학문하는 목적은 무엇이었을까?

case 1 다음의 대화를 통해 아빠와 아들의 학문하는 목적을 비교하고 자신의 생각을 쓰시오. (400자 내외)

아빠 무슨 말인지 알겠다. 학문이 실생활에 도움이 되어야 한다는 말은 나도 인정한다. 그런데 그 도움이란 게 꼭 돈을 벌거나 물건을 생산하는 데만 있는 것은 아니다. 가령 사람이 어떻게 하면 바르게 사느냐 하는 문제는 돈을 버는 것 이상으로 중요하다. 요즘처럼 바쁜 세상에 도덕적으로 흔들리지 않고 사는 것이 얼마나 중요한지 아니?

아들 도덕이 중요한 것은 저도 알아요. 하지만 물질적인 생활은 돌아보지 않고 도덕만 외치다 보면, 결국 공리공담만 일삼게 되잖아요? 결국 지키기도 어려운 행동만 강조하게 될 것이고.

아빠 네가 학교에서 실학을 배운 모양이다만, 도덕을 강조한다고 해서 공리공담이라고 생각해서는 안 된다. 물론 과거 우리 역사에서 도덕적 원리의 근거를 찾는 데만 집착하다 보니, 그런 비판이 나오긴 했지만 말이다. 나는 오늘날에도 우리 시대의 상황에 맞춰 바르게 사는 것은 중요하다고 생각한다. 환경 문제나 자원 문제, 인종 차별, 비정규직 문제, 빈부 갈등 등을 제대로 알아야 바른 도덕적 판단을 내릴 수 있거든. 대부분의 사람들은 영향력 있는 신문이나 여론의 판단을 그대로 따르긴 하지만, 언제나 대부분의 의견이나 판단이 옳은 것은 아니기 때문에 스스로 공부할 수밖에 없지.

아들 그렇지만 도덕에만 매달린다면 사람들이 일할 틈이 없잖아요? 아주 하찮은 일이라도 실생활에 도움이 된다면 해야 하지 않아요? 북학(北學)이란 말처럼 오랑캐 나라의 일이라도 실생활에 도움이 된다면 배워야 하듯이 말이에요.

아빠 음, 네가 그렇게 말하니 내 처지에 꼭 맞는 말이구나. 내가 고상한 철학만 하고 실생활에 도움이 되는 공부를 다른 사람에게 배워서라도 하지 않는 것을 빗대서 하는 말이겠지?

아들 아니에요, 아빠. 자기가 모르는 것은 남에게서 배워야 한다는 뜻으로 말한 것뿐이에요.

엄마 어휴, 지겹다. 그만들 하세요. 그렇게 떠들면 밥이 나와요? 돈이 나와요? 그렇게 할 일이 없으면 아르바이트라도 하세요. 수영이네는 어제까지 뉴질랜드에서 시원하게 휴가를 보내고 왔답디다. 우리도 돈만 모으지 말고 젊었을 때 여행도 다니고, 애들 어학연수도 보내고 그러라네요. 으이그, 지겨워, 지겨워. 아까 도덕이 어쩌고 하시던데, 도덕도, 생활의 여유도 돈이 있어야 생기는 법입디다. 쥐뿔도 없는데 아무리 도덕을 말해 봤자, 누가 듣기라도 한답니까? 자기 혼자만 좋아서 떠드는 것뿐이지. 솔직히 말하지만 당신 하는 일이 어디 가족들 생각이나 하고 하는 거예요? 순전히 자기만족을 위한 이기적인…….

-《박지원이 들려주는 이용후생 이야기》 중에서

생각 쓰기

2. 북벌(北伐)과 북학(北學)

조선의 왕 광해군은 쇠퇴해 가는 명나라와 새롭게 세력을 넓혀 가는 후금 사이에서 명분보다는 실리를 앞세운 중립 외교를 펼쳤다. 그리고 그 뒤를 이은 인조는 명분을 지키려는 척화론과 실리를 추구하려는 주화론 사이에서 심각하게 고민하였다. 그 고민은 북벌론과 북학론으로 이어진다. 효종은 이완 대장을 통해 청에 대한 치욕을 씻고자 북벌을 계획하였다. 그러나 18세기에 들어서면서 청의 세력이 점점 커지고 그 문물이 발달하게 되면서 조선 사회에서는 청의 문물을 적극적으로 수용해야 한다는 북학론이 대두되었다.

case 2 **다음 제시문 (가)와 제시문 (나)의 차이를 설명하고 각각의 주장이 어떤 가치를 중요하게 생각하는지 설명하시오. (600자 내외)**

가 "박지원의 소설을 보면 당시 양반들의 모습을 풍자하는 내용을 많이 볼 수 있습니다. 백성들은 헐벗고 굶주리는 데 양반들은 놀고먹으면서 덕이 있는 체 위신만 찾거나 권세나 명예를 탐하고, 백성들의 생활에 눈을 돌리지 않았습니다. 또 대다수 선비들도 도덕이나 예법만 찾았지, 백성들의 실제 생활에 필요한 일에는 힘쓰지 않았습니다.

박지원은 우선 물건을 이롭게 사용해야 백성들의 생활이 넉넉해질 것이고 생활이 넉넉해야 도덕적인 나라가 된다고 보았습니다. 그래서 상업이나 수공업 및 교통을 발달시켜야 한다고 보았고, 이웃 청나라의 발달한 문물도 배워야 한다고 생각했습니다. 청나라는 비록 병자호란 때 우리나라를 침략한 원수의 나라이지만, 그 원수를 갚기 위해서라도 그들에게서 배워야 한다고 했습니다. 또 뛰어난 기술이 있다면 오랑캐 나라에서라도 배워야 한다고 생각했습니다."

-《박지원이 들려주는 이용후생 이야기》 중에서

나 "오랑캐와의 화친으로 백성과 나라를 망치기가 오늘날과 같이 쉬운 적이 없습니다. 지금 명나라의 세력이 약해지고 청나라의 세력이 강해졌다고는 하나, 명나라는 분명히 우리 태조 대왕께서 이 나라를 세운 후 2백 년 넘게 두터운 신의를 쌓아 온 나라입니다. 명나라와의 이런 신의를 저버리는 것은 있을 수 없는 일입니다.

더구나 지난 임진왜란 때에 우리는 명나라의 도움을 받아 일본을 물리칠 수 있었습니다. 그 당시 명나라는 어려운 사정에도 불구하고 우리나라를 위하여 20만 명이나 되는 군사를 보내 주었습니다. 그런데 이제 와서 명나라가 어려움에 처했다고 하여 어찌 등을 돌릴 수 있다는 말입니까?

백 보를 양보해 청나라와 화친을 한다고 하더라도 반드시 싸우고 난 뒤에 해야 합니다. 처음부터 화친을 청한다면 화친 또한 바랄 수 없는 것이 현실입니다. 어느 나라가 싸우지도 않고 처음부터 화친을 원하는 나라를 대접하려고 하겠습니까? 따라서 지금 청나라와의 화친을 도모하는 것은 명분에서는 물론, 전술적 측면에서도 옳지 않습니다. 지금 이 순간에도 척화의 기치를 높이 들어 명과 더불어 청나라와 싸워야 합니다."

-교육인적자원부, 초등학교《국어》6-1

어휘 다지기

이라크 파병

우리나라는 2003년 이라크의 공병 지원과 의료 지원을 위해 300명의 서희부대와 제마부대를 편성하여 이라크에 파병하였고, 이어 두 번째로 3000명의 자이툰부대를 파병하였다. 파병된 부대는 도시 · 농촌 재건 사업 지원, 치안 유지 지원, 정보 인프라 지원, 인도적 지원 활동, 현지 친화 활동을 전개한다.

이라크 파병을 놓고 우리 국민들은 미국의 명분 없는 전쟁에 우리 장병을 파병해서는 안 된다는 주장과 국가의 실리를 위해 파병을 해야 한다는 주장으로 팽팽하게 맞섰다.

FTA(Free Trade Agreement)

FTA는 자유무역협정으로 국가 간 상품의 자유로운 이동을 위해 모든 무역 장벽을 제거시키는 협정을 의미한다. 외국의 물품이 아무런 규제와 장애 없이 쏟아져 들어왔을 때, 우리 산업의 기반이 흔들릴 것을 염려하는 주장과 세계화 시대에 외국과의 원만한 관계 개선을 위해 협정을 체결해야 한다는 주장으로 대립되고 있다.

생각 쓰기

3. 양반 사회의 모순

조선 후기의 양반은 지배층으로서의 책임과 의무를 다하지 못하였다. 그런 양반에 대한 자성의 목소리가 연암의 문학을 통해 표출된다. 과연 서민들은 지배 계층에 대해 어떤 감정을 가지고 있었을까?

case 3 다음 제시문에 공통적으로 나타난 조선 후기 사회의 모습을 설명하시오. (600자 내외)

가 야비한 일을 딱 끊고 옛것을 본받고 뜻을 고상하게 할 것이며, 늘 오경(五更)만 되면 일어나 황(黃)에다 불을 당겨 등잔을 켜고 눈은 가만히 코끝을 보고 발꿈치를 궁둥이에 모으고 앉아 동래박의(東萊博義)를 얼음 위에 박 밀듯 왼다. 주림을 참고 추위를 견뎌 입으로 설궁(說窮)을 하지 아니하되, 고치 · 탄뇌(叩齒彈腦)를 하며 입 안에서 침을 가늘게 내뿜어 연진(嚥津)을 한다. 소맷자락으로 모자를 쓸어서 먼지를 털어 물결무늬가 생겨나게 하고, 세수할 때 주먹을 비비지 말고, 양치질해서 입내를 내지 말고, 소리를 길게 뽑아서 여종을 부르며, 걸음을 느릿느릿 옮겨 신발을 땅에 끈다. 그리고 고문진보(古文眞寶), 당시품휘(唐詩品彙)를 깨알같이 베껴 쓰되 한 줄에 백 자를 쓰며, 손에 돈을 만지지 말고, 쌀값을 묻지 말고, 더워도 버선을 벗지 말고, 밥을 먹을 때 맨상투로 밥상에 앉지 말고, 국을 먼저 훌쩍훌쩍 떠먹지 말고, 무엇을 후루루 마시지 말고, 젓가락으로 방아를 찧지 말고, 생파를 먹지 말고, 막걸리를 들이켠 다음 수염을 쭈욱 빨지 말고, 담배를 피울 때 볼에 우물이 파이게 하지 말고, 화난다고 처를 두들기지 말고, 성내서 그릇을 내던지지 말고, 아이들에게 주먹질을 말고, 노복(奴僕)들을 야단쳐 죽이지 말고, 마소를 꾸짖되 그 판 주인까지 욕하지 말고, 아파도 무당을 부르지 말고, 제사 지낼 때 중을 청해다 재(齋)를 드리지 말고, 추워도 화로에 불을 쬐지 말고, 말할 때 이 사이로 침을 흘리지 말고, 소 잡는 일을 말고, 돈을 가지고 놀음을 말 것이다. 이와 같은 모든 품행이 양반에 어긋남이 있으면, 이 증서를 가지고 관(官)에 나와 변정할 것이다.

-《양반전》 중에서

나

말뚝이 쉬이! 양반 나가신다, 양반! 덩덩 덩더러쿵. (장단에 맞추어 양반 삼형제를 인도하여 등장한다) 쉬이, 양반이라고 하니까, 삼정승 육판서를 다 지내시고 물러나와 계신, 아 이런 양반인 줄 아시지들 마시오. 개잘량이라고 하는 '량(양)' 자에 개다리소반 '반' 자를 쓰는, 아 이런 양반이 나오신단 말이오.

양반들 뭐라고? 무엇이 어쩌고 어째?

말뚝이 아하하! 아따, 이 양반, 어찌 듣는지 모르겠소. 삼정승 육판서를 다 지내시고 물러나와 계신, 아 이 생원네 삼형제 분이 나오신다고 그리하였소.

양반들 이 생원이라네. (어색하게 춤을 춘다)

-교육인적자원부, 초등학교《사회》6-1

다

양반 나는 사대부의 자손이고, 우리 할아버지는 문하시중이었지.

선비 흥, 나는 팔대부의 자손이고 문상 시대의 아들이야. 팔대부는 사대부의 갑절이고 문상(門上) 시대(侍大)는 문하(門下) 시중(侍中)보다 높고 크지.

(중략)

선비 신분만 높으면 뭘 해. 나는 사서삼경을 다 읽었어.

양반 뭐 그까짓 사서삼경을 가지고. 나는 팔서육경을 다 읽었어.

선비 뭐? 팔서육경? 도대체 팔서는 어디에 있으며, 육경은 또 뭔가?

초랭이(하인) 나도 아는 육경을 모른다는 말씀이십니까? 팔만대장경, 장님의 안경, 머슴의 새경,…….

- 교육인적자원부, 초등학교 《사회과 탐구》 6-1

생각 쓰기

4. 《광문자전》《예덕선생전》

조선 사회는 사농공상의 신분 질서가 엄격하고 그에 따른 우대가 전혀 달랐다. 사(士)는 양반 지배 계급으로 그 권위에 아무도 도전하지 못하였으며, 평민 중에서는 그중 농민이 가장 우선이었다. 물건을 만드는 공업과 사고파는 상업은 농업보다 더 가치 없는 것으로 여겼으며, 사농공상의 신분 제도에 언급되지도 못하는 천민이 있었다. 각 계층 간의 경계가 엄격하여 대대로 세습되었던 신분은 하늘이 내린 것으로 생각하였다.

case 4 다음 제시문에 공통적으로 나타난 주인공의 삶의 태도와 그것을 바라보는 작가의 시각을 쓰시오. (600자 내외)

가 종루 시장 바닥을 돌아다니며 밥을 빌어먹는 광문은 같은 비렁뱅이 아이들 중 병에 걸린 한 아이를 돌보다가 그 아이가 죽었다. 아이들이 돌아와 광문이 죽였다고 의심하여 내쫓았다. 광문은 거적을 얻어다가 그 아이의 시체를 묻어 주었다. 그것을 본 어떤 영감이 기특하게 여겨 양반 고용살이를 주선하였다. 광문은 부지런히 일하여 의로운 사람이라는 칭찬을 받게 되었다. 그 소문이 번져 사대부들이 광문의 이름을 마치 옛날 훌륭한 사람 이름처럼 알게 되었다. 더불어 약방 부자도 점잖은 사람으로 칭송하였다. 그의 모습은 비록 아주 더럽고 말씨도 남의 마음을 움직이지 못하였으나 그는 가다가 싸움하는 사람들을 만나면 그 싸움을 그치게 하는 웃음을 나눌 줄 알았다.

-《광문자전》 중에서

나 왕십리(枉十里)의 무, 살고지의 숫무, 석교(石郊)의 가지, 외, 참외, 호박, 연희궁(延禧宮)의 고추, 마늘, 부추, 파, 염교, 청파의 미나리, 이태인(利太仁)의 토란 등을 아무리 상상등의 밭에 심는다고 하더라도 엄씨의 똥거름을 가져다가 걸찍하게 가꿔야만 일 년에 육천 냥 돈을 벌어들이게 되네. 그런데 그는 아침에 밥 한 그릇을 먹네. 그래도 의기양양하고 저녁에 이르러서는 또 밥 한 그릇을 비우네. 누가 고기를 좀 먹으라고 권하면 고기반찬이나 나물 반찬이나 목구멍 아래로 내려가서 배부르기는 마찬가지인데 입맛에 땅기는 것을 찾아 먹어서는 무얼 하느냐고 하네. 또 옷갓을 차리라고 권하면 넓은 소매를 휘두르기에 익숙지도 못하거니와 새 옷을 입고서는 짐을 지고 다닐 수 없다고 대답하네. 해가 바뀌어 설이 되면 이른 아침에 처음으로 갓 쓰고 웃옷 입고 띠 띠고 신도 새로 신고, 동리 이웃 간을 두루 돌아다니며 새해 인사를 하지. 그러고 돌아와서는 헌 옷을 도로 꺼내 입고 발채를 지고 마을 안으로 들어서거든. 엄행수와 같은 분은 더러운 상일로 높은 덕을 가리고서 세상을 크게 숨어 사는 분이 아닌가?

-《예덕선생전》 중에서

생각 쓰기

5. 인간의 자유와 사회적 규범

인간은 사회를 구성하고 함께 어울려 살아가는 본성을 지닌 존재이다. 그런 의미에서 인간을 사회적 동물이라고 정의하기도 한다. 그런데 인간이 서로 어울려 살아갈 때에는 그 사회의 질서 유지를 위해 사회 규범이 필요하다. 그렇다면 사회 규범은 인간의 개인적인 자유를 어디까지 제한할 수 있을까?

어휘 다지기

사회 규범

사회 규범이란 사회의 질서를 유지하고 사회생활을 바람직하게 이끄는 여러 가지 규범을 말한다. 이것은 법률, 도덕, 종교, 관습 등을 모두 포함한다.

case 5 사회적 규범이 인간의 자유를 제한할 때 그 정당한 범위가 어디까지인지, 다음 제시문 (가)와 (나)를 참조하여 논술하시오. (600자 내외)

가 "박씨의 집안은 대대로 이 고을 아전이었는데 그 아비의 이름은 상일(相一)이었습니다. 그가 일찍이 죽은 뒤로는 이 외동딸만 남았는데 그 어미도 또한 일찍 죽었습니다. 그래서 어려서부터 할아비, 할미의 손에서 자라났는데 효도를 다했습니다. 그러다가 나이 열아홉이 되자 함양 임술증에게 시집와서 아내가 되었지요. 술증도 또한 대대로 함양의 아전이었는데 평소에

몸이 여위고 약했습니다. 그래서 그와 한 번 초례(醮禮)를 치르고 돌아간 지 반 년이 채 못 되어 죽었습니다. 박씨는 그 남편의 초상을 치르면서 예법대로 다하고 시부모를 섬기는 데에도 며느리의 도리를 다하였습니다. 그래서 두 고을의 친척과 이웃들 가운데 그 어진 태도를 칭찬하지 않는 사람이 없었는데, 이제 정말 그 행실이 드러난 것입니다."

……아아, 슬프다. 그가 처음 상복을 입고도 죽음을 참은 것은 장사를 지내야 했기 때문이었고 장사를 끝낸 뒤에도 죽음을 참은 것은 소상(小祥)이 있기 때문이었다. 소상을 끝낸 뒤에도 죽음을 참은 것은 대상이 있기 때문이었다. 이제 대상도 다 끝나서 상기(喪期)를 마치자, 지아비가 죽은 것과 같은 날 같은 시각에 죽어 그 처음의 뜻을 이루었다. 어찌 열부가 아니랴?

-《열녀함양박씨전》 중에서

나 "옥희야, 옥희 아버지는 옥희가 세상에 나오기도 전에 돌아가셨단다. 옥희도 아빠가 없는 건 아니지. 그저 일찍 돌아가셨지. 옥희가 이제 아버지를 새로 또 가지면 세상이 욕을 한단다. 옥희는 아직 철이 없어서 모르지만 세상이 욕을 한단다. 사람들이 욕을 해. '옥희 어머니는 화냥년이다.' 이러고 세상이 욕을 해. '옥희 아버지는 죽었는데 옥희는 아버지가 또 하나 생겼대. 참 망측도 하지.' 이러고 세상이 욕을 한단다. 그리 되면 옥희는 언제나 손가락질 받고, 옥희는 커도 시집도 훌륭한 데 못 가고, 옥희가 공부를 해서 훌륭하게 돼도, '에, 그까짓 화냥년의 딸' 이라고 남들이 욕을 한단다."

이렇게 어머니는 혼잣말하시듯 드문드문 말씀하셨습니다. 그리고는 한참 있더니,

"옥희야."

하고 또 부르십니다.

"응?"

"옥희는 언제나 내 곁을 안 떠나지. 옥희는 언제나 언제나 엄마하구 같이 살지. 옥희는 엄마가 늙어서 꼬부랑 할미가 되어도 그래도 옥희는 엄마하고 같이 살지. 옥희가 유치원 졸업(卒業)하고, 또 소학교 졸업하고, 또 중학교 졸업하고, 또 대학교 졸업하고, 옥희가 조선서 제일 훌륭한 사람이 돼도, 그래도 옥희는 엄마하고 같이 살지. 응! 옥희는 엄마를 얼만큼 사랑하나?"

"이만큼."

하고 나는 두 팔을 좍 벌리어 보였습니다.

"응? 얼만큼? 응! 그만큼! 언제나 언제나, 옥희는 엄마만 사랑하지. 그리고 공부도 잘하고. 그리고 훌륭한 사람이 되고……."

나는 어머니의 목소리가 떨리는 것으로 보아 어머니가 또 울까 봐 겁이 나서,

"엄마, 이만큼, 이만큼."

하면서 두 팔을 좍좍 벌리었습니다.

"응, 그래. 옥희 엄마는 옥희 하나면 그뿐이야. 세상 다른 건 다 소용없어. 우리 옥희 하나면 그만이야. 그렇지, 옥희야."

"응!"

어머니는 나를 당기어서 꼭 껴안고 가슴이 막혀 들어올 때까지 자꾸만 껴안아 주었습니다.

-교육인적자원부, 중학교 《국어》 2-1

어휘 다지기

〈사랑손님과 어머니〉

조선 성종 때 과부재가금지법(寡婦再嫁禁止法)이라 하여 남편을 잃은 여성의 재가를 법으로 금지하였다. 과거 고려 시대에는 여성의 재가가 자유로웠으나 조선에 성리학적 세계관을 바탕으로 여성의 정절이 중요한 가치로 자리 잡으면서 사대부 집안 여자들의 재가를 법으로 금지하기에 이른 것이다. 법에 저촉되는 것은 사대부가의 여성들에 한정되었으나, 민간에까지 퍼져서 조선 시대 모든 여성이 재가를 해서는 안 된다는 인식이 자리 잡게 되었다. 법적인 규제는 갑오개혁(1894) 이후 폐지되었으나 1930년대 〈사랑손님과 어머니〉가 쓰일 당시에도 관습적으로 남아 있었음을 볼 수 있다.

생각 쓰기

6. 조화의 아름다움

알루미늄이나 마그네슘은 가볍다는 장점이 있지만 너무 물렁물렁하여 일상생활에서 이용하기가 쉽지 않다. 그런데 그 물렁한 금속에 다른 금속을 섞어 합금을 만들면 상황이 달라진다. 가볍다는 장점에다가 다른 금속 못지 않은 강도를 지녀서 자동차나 오토바이의 바퀴나 비행기 몸체를 만드는 데 사용할 수 있다. 이처럼 세상은 서로 다른 다양한 개체가 존재하며 그들이 서로 조화를 이루고 살아간다.

case 6 다음 제시문을 통해 사물을 보는 올바른 태도에 대해 논술하시오. (600자 내외)

가 본 바가 적은 자는 백로를 가지고 까마귀를 비웃고, 오리를 가지고 학을 위태롭게 여긴다. 사물은 절로 괴이할 것이 없건만 자기가 공연히 화를 내고, 한 가지만 같지 않아도 온통 만물을 의심한다.

아! 저 까마귀를 보면 깃털이 그보다 더 검은 것은 없다. 그러나 홀연 유금(乳金) 빛으로 무리지고, 다시 석록(石綠) 빛으로 반짝인다. 해가 비치면 자줏빛이 떠오르고, 눈이 어른어른하더니 비췻빛이 된다. 그렇다면 내가 비록 푸른 까마귀라고 말해도 괜찮고, 다시 붉은 까마귀라고 말해도 또한 괜찮을 것이다. 저가 본디 정해진 빛이 없는데, 내가 눈으로 먼저 정해 버린다. 어찌 그 눈으로 정하는 것뿐이리오. 보지 않고도 그 마음으로 미리 정해 버린다.

-《능양시집서》 중에서

프로크루스테스(Procrustes)의 침대

고대 그리스의 아티카라는 곳에 프로크루스테스라는 이상한 도둑이 살고 있었다. 이 도둑은 나그네를 붙잡으면 자신의 소굴로 끌고 가서 침대에 눕힌다. 나그네의 키가 침대 길이보다 작으면 잡아당겨 늘이고, 침대 길이보다 크면 밖으로 나온 머리와 다리를 자르는 방법으로 죽였다. 그러다가 침대와 길이가 똑같은 테세우스가 나타나서 프로크루스테스를 똑같은 방법으로 죽였다. 이후로 사람들은, 어떤 절대적 기준을 정해 놓고 모든 것을 억지로 거기에 맞추려 하는 것을 '프로크루스테스의 침대' 또는 '프로크루스테스의 체계' 라고 부르고 있다.

-교육인적자원부, 중학교 《도덕》 1

다 오늘날 왼손잡이에 대하여 연구한 학자들 대부분이 왼손잡이는 유전적인 요인에 의하여 결정되고 형성되며, 특히 뇌의 발달이나 구조와 밀접한 관계가 있다고 말하고 있습니다. 그리고 어느 한쪽을 선호하는 현상은 인간에게만 나타나는 현상이 아니며, 식물이나 동물에서도 찾아볼 수 있는 일반적인 현상이라고 설명하고 있습니다. 예를

> **어휘 다지기**
>
> **문화 상대주의**
> 세계 여러 문화의 다양성을 인정하고 각 문화는 문화의 독특한 환경과 역사적 · 사회적 상황에서 이해해야 한다는 견해를 뜻한다.

들어, 나팔꽃 중에는 시계 방향으로 줄기를 꼬는 것도 있고, 반시계 방향으로 줄기를 꼬는 것도 있으며, 침팬지 등의 유인원도 그들 몸의 한쪽을 다른 쪽보다 선호한다고 합니다.

- 교육인적자원부, 초등학교 《국어》 6-1

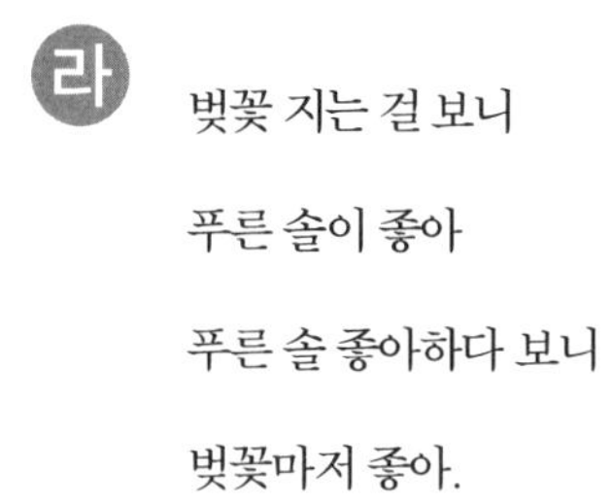

라

벚꽃 지는 걸 보니
푸른 솔이 좋아
푸른 솔 좋아하다 보니
벚꽃마저 좋아.

- 교육인적자원부, 중학교 《국어》 1-1

생각 쓰기

생각 쓰기

아비투어
철학 논술

case 1 이 글에서 아빠와 내가 학문을 하는 이유는 서로 다르다. 아빠는 바르게 살기 위해 학문을 한다고 주장한다. 백성은 임금을 따르고 상것은 양반을 따르는 것이 인간의 도리이며 덕을 쌓는 것을 최우선으로 삼았던 유학에서의 학문의 목적과 일치한다.

내가 학문하는 목적은 아빠와 다르다. 내가 생각하는 학문이란 물질적인 생활을 돌보지 않는다면 공리공담에 그치고 마는 것이다. 실생활에 도움이 되는 학문이 우선이라고 생각한다.

그런 의미에서 엄마의 마지막 말은 의미 있는 문제를 제기한다. 엄마의 의견에 따르면 도덕을 추구하고 수양을 통해 올바른 사회를 건설하는 것도 좋지만 우선 생활의 안정이 된 후에야 그것이 가능하다는 것이다. 즉 살림이 곤궁하고 어려우면 도덕적 가치를 추구할 여유가 없어진다는 논리이다.

이 글은 조선의 성리학자들이 추구했던 학문의 목적과 연암을 비롯한 실학자들이 가졌던 학문의 목적을 상징적으로 보여 준다. 아빠는 조선의 성리학자들을 대변한다. 조선의 학자들은 도덕을 바로 세우는 것을 학문의 목적으로 삼았다. 그래서 수신제가치국평천하라 하여 자신의 몸을 먼저 닦는 것, 즉 개인적인 수양을 최우선의 미덕으로 꼽았다. 독서를 하고 도를 논하는 것이 그 구체적인 방법이다. 〈허생전〉의 허생처럼 책상 앞에 앉아서 늘 책만 읽고 있는 모습이 조선의 성리학자들의 일반적인 모습이었다.

그러나 실학자들이 주장한 학문의 목적은 실용에 있었다. 학문이란 우선 백성의 살림에 도움이 되어야 한다. 백성이 가난하여 먹을 것이 없다면 먼저 백성의 살림에 보탬이 되는 학문을 해야 한다고 주장한다. 도덕도 생활의 여유도 돈이 있어야 가능하다는 엄마의 주장 역시 이용후생을 우선 강조했던 실학자들의 사상이 반영되어 있다.

무엇이 우선적인 가치인지는 시대와 사회의 모습에 따라 달라진다. 시대가 경제적으로 어려울 때에는 이용후생이 우선적인 가치가 될 수 있고 사회와 경제가 안정되어 있다면 도덕적 가치를 더 중요하게 추구해야 할 것이다. 그러나 여기서 한 가지 중요한 사실은 두 가지 중 어느 것 하나만으로는 올바른 사회를 건설할 수 없다는 것이다.

case 2 제시문 (가)는 연암의 실학사상을 설명하면서 그의 북학론을 제시하였다. 북학론이란 비록 청나라가 조선에 쳐들어온 원수이고 우리에게는 명을 섬겼던 과거의 명분이 있지만, 지금 현재 그들의 문물이 우수하고 발전되어 우리에게 도움이 된다면 받아들여야 한다는 주장이다. 명분보다는 실리가 중요함을 역설한 것이다. 실리가 중심에 서고 보면 그들이 오랑캐라는 것은 전혀 문제되지 않는다. 조선은 조선의 발전에 도움이 되는 것을 받아들이면 그것으로 충분하다.

제시문 (나)는 척화론(斥和論)과 주화론(主和論)의 주장 중 척화론이다. 인조 당시, 주화론이란 주변 상황과 우리나라의 현실적 여건을 고려하여 청과 화해해야 한다는 주장이었고, 척화론이란 청나라를 치고 명나라와의 의리를 지켜야 한다는 입장이었다. 척화론은 과거 명나라가 우리를 도와주었던 명분을 중요하게 생각하였다. 반대로 주화를 주장하는 입장은 보다 현실적인 자세를 견지하였다. 청과 화친하여 나라를 보존하는 것보다 의를 지켜 망하는 것이 옳다는 척화론의 주장은 다분히 감정적인 반면 주화론은 나라의 보존과 멸망이란 한낱 개인의 경우와 다르기 때문에 신중하게 생각해야 한다고 주장하였다. 주장의 핵심에는 바닥난 국력과 어려운 백성의 살림이 있다. 그들은 보살피는 일이 우선이므로 오로지 명분 때문에 준비되지 않은 채 군사를 일으켜 전쟁을 한다는 것은 무모한 일이다.

두 가지 논의는 명분과 실리, 두 가지 가치 중 어떤 것을 더 중요하게 생각하느냐의 차이이다. 현대 사회는 국가 간 교류가 활발하기 때문에 그 과정에서 명분과 실리를 선택해야 하는 경우가 생긴다. 한국군의 이라크 파병이나 FTA 협상 등을 보면 국가 간의 의리와 명분, 그리고 국익 사이에서 갈등하는 모습을 자주 볼 수 있다.

case 3 연암 소설의 특징은 사실주의로 대표된다. 사실주의란 사실을 있는 그대로 그리는 것을 의미한다. 작가는 문제의식을 가지고 현실의 가장 중요한 모습을 사실적으로 그린다. 연암이 생각한 당시 사회의 문제점은 바로 지배층의 위선과 무능이다. 그래서 연암의 소설에는 지배 계층의 허위와 모순이 철저하게 파헤쳐지고 예리하게 풍자된다.

위의 세 가지 제시문은 모두 양반 사회에 대한 풍자를 담고 있다. 제시문 (가)의 《양반전》은 양반이 지켜야 할 도리에 대해 설명하고 있으나 그 내용은 양반이 갖추어야 할 도덕적인 위엄과 품성에 관한 내용이 아니라 사람들에게 어떻게 보이는가의 문제만을 이야기한다. 즉, 겉으로 보이는 양반의 모습이 마치 양반의 전부라고 생각하는 양반의 허위의식이 적나라하게 드러난다. 제시문 (나)는 양반을 개잘량이라고 하는

'량(양)' 자에 개다리소반 '반' 자를 쓰는 양반이라고 마음껏 조롱한 뒤에 삼정승 육판서를 다 지냈다고 칭송하자 그것을 좋아하는 양반의 모습을 풍자한다. 명예와 허욕에 눈이 어두운 양반의 모습이다. 제시문 (다) 역시 양반들의 권세와 높은 신분을 자랑하는 모습을 풍자하면서 그들의 학문을 비웃고 있다. 이 제시문들은 양반, 즉 지배층이 제 역할을 다하지 못했던 사회를 반영한다.

두 차례의 전쟁을 치르는 동안 서민들의 의식은 급속도로 성장하였다. 지배당하는 것을 당연하게 여겼던 서민들의 의식 속에 평등에 대한 인식이 싹트기 시작한 것이다. 그와 동시에 그동안 백성들 위에 군림할 줄만 알았지 진정으로 백성들의 살림을 살피거나 나라의 부강을 위해 애쓰지 않았던 지배층의 무능함이 드러났다.

case 4 두 개의 글은 연암의 소설이다. (가)는 《광문자전》이고 (나)는 《예덕선생전》이다. 두 소설의 주인공은 비렁뱅이와 분뇨를 쳐내는 사람으로 모두 그동안 조선 사회에서 천대받고 멸시받았던 인물들이다. 그러나 연암의 소설에서는 그들이 다르게 부각된다.

비렁뱅이 광문은 남의 밥을 빌어먹을지언정 절대로 거짓된 것을 바라거나 헛된 욕심을 부리지 않는다. 그는 태어난 그대로를 받아들이며 겸손하고 정직한 삶을 살아간다. 분뇨를 쳐내는 엄행수는 비록 하는 일은 더러울지라도 화려하게 꾸미는 것을 바라지 않으며 풍악을 울리며 노는 거창한 풍류를 바라지도 않는다. 돈이나 지위 따위는 애초에 바라지 않는다. 분수를 지키며 제 할 일을 다하는 우직한 모습의 인물이다.

실제로 연암은 《광문자전》의 서문에서 '광문은 궁한 걸인으로서 그 명성이 실상보다 컸다. 도둑질로 명성을 훔치고, 돈으로 산 가짜 명성을 다툴 것인가' 라고 하여 광문의 정직함과 믿음직함으로 얻은 명성이 양반들이 서로 자리를 탐하여 거짓된 방법으로 얻은 명성보다 가치 있음을 밝혔다.

이전에 조선 사회가 천민들을 멸시하고 천대하였다면 이 소설들에 나타나는 사회의 시각은 다르다. 선귤자가 엄행수를 예덕선생이라 칭하며 그를 예우하고, 광문이 명성을 얻어 옛날의 훌륭한 사람들을 기억하듯이 모두 칭송하게 되는 설정에서 작가가 사람을 판단하는 기준을 엿볼 수 있다.

연암은 사람을 지위나 학벌, 부와 명예로 평가하는 것이 아니라 그 사람됨으로 평가한다. 정직하고 성실하게 자신의 분수를 지키며 그 안에서 행복을 누리는 것이 사람으로서 마땅히 추구해야 할 삶의 목표이다.

case 5 사회 규범이란 사회의 질서를 바르게 유지하고 사회 구성원 간의 공동생활을 원활하게 유지하기 위한 법칙을 의미한다. 선하거나 유익한 행위를 장려하고, 악하거나 유해한 행위를 차단해야 한다.

제시문 (가)와 제시문 (나)는 사회의 관습 때문에 인간의 자유가 침해당하는 경우를 보여 준다.

제시문 (가)에서 〈열녀함양박씨전〉의 박씨는 남편이 죽자 남편의 3년 상을 치르고 자결했다. 인간은 누구에게나 자신의 생명을 소중히 하고 행복을 추구할 권리가 있다. 그러나 조선 사회는 남편이 죽으면 따라 죽는 것을 열부라고 칭찬하는 사회였다. 그런 사회 분위기 속에서 본인의 의사와는 상관없이 남들의 이목 때문에 죽음을 선택하게 된다. 혹은 본인의 의사라고 해도 그것은 당대의 통념과 그릇된 가치관을 주입식으로 교육받은 데에서 기인한 잘못된 선택이다.

제시문 (나)의 〈사랑손님과 어머니〉 역시 사회 규범이 인간의 자유를 침해하는 경우를 보여 준다. 옥희 어머니는 사랑방 손님을 사랑하게 되었다. 그러나 한 번 결혼한 여자가 다시 결혼을 하게 되면 사람들이 손가락질을 하고 세상이 욕을 할 것이 두려워서 그 감정을 억제한다. 두 번 결혼한 여자의 딸을 멸시하는 사회 분위기 속에서 딸의 장래를 무시하고 자신의 행복을 추구하는 것은 당시 사회의 가치관으로서는 용납되지 않는 일이었다.

사회 규범은 공동의 선을 추구한다. 개인의 행동이 사회 전체의 질서에 아무런 해가 되지 않는다면 사회 규범은 그것을 규제할 권리가 없다. 따라서 남편을 따라 죽는 것은 칭송받을 일이 아니라 안타까워해야 할 일이며 여자가 두 번 시집간다고 해서 손가락질 받을 일은 아니다.

case 6

네 개의 제시문은 공통적으로 '차이'에 대해 이야기한다.

제시문 (가)는 까마귀를 보는 자세에 대해 말하고 있다. 사람들은 까마귀를 검다고 규정해 버리기 때문에 까마귀가 때에 따라서 다양한 색으로 빛날 수 있음을 인정하지 않는다. 보는 사람에 따라 혹은 보는 각도와 시점에 따라 차이가 있고 다양하게 빛날 수 있는 까마귀를 검은 색에 가두어 버림으로써 잠재된 다양한 가능성을 묵살한다. 제시문 (나)의 프로크루스테스의 침대 이야기에는 키가 큰 사람, 키가 작은 사람의 차이를 무시한 채 절대적인 기준을 정해 놓고 사람들을 거기에 맞추려고 하는 내용이 담겨 있다. 이 세상 존재하는 모든 인간은 각각의 개성을 가진 온전한 독립적 개체이기 때문에 어떤 경우에도 절대적인 기준으로 인간을 평가할 수 없다. 개인의 다양성과 차이를 인정해야 한다.

그 '차이' 라는 것은 그냥 '차이' 일 뿐이지 우열을 의미하지는 않는다. 우리 사회는 전통적으로 왼손잡이보다 오른손잡이를 더 인정하는 관습이 있었다. 그래서 왼손잡이를 억지로 오른손잡이로 만들기 위해 노력을 기울이기도 한다. 그런 시도가 왼손잡이들에게는 스트레스를 주고 자신감을 잃게 해서 자아 정체성의 확립에 걸림돌이 되기도 한다. 그러나 제시문 (다)에서는 왼손잡이와 오른손잡이는 그냥 유전적인 현상일 뿐이라고 말한다. 옳고 그름의 차이가 아니라 우리가 당연하게 인정해야 하는 성향의 차이일 뿐이다.

제시문 (라)에 등장하는 벚꽃과 소나무는 매우 다른 특성을 대표한다. 벚꽃은 화려한 아름다움을, 그에 반해 소나무는 수수한 아름다움을 보여 준다. 벚꽃은 한철을 화려하게 피어났다가 금방 사라지지만 소나무는 사시사철 그 푸르른 자태를 잃지 않는다.

그런데 산에 온통 벚꽃만 있다면 더 아름다울까? 봄 한철은 아름답겠지만 나머지 더 긴 시간은 아무 것도 없는 밋밋한 산을 보아야 한다. 반대로 소나무만 있다면 아름다울까? 이 역시 변화가 없는 지루함만 계속된다. 제시문 (라)의 시는 서로 다른 것들이 조화롭게 어우러졌을 때 가장 아름답다는 의미를 제시한다.

까마귀를 다양하게 보는 사람들이 공존할 때 까마귀는 제 안에 가지고 있는 천만 가지의 빛을 모두 발할 수 있으며 왼손잡이나 오른손잡이나 모두 함께 인정하고 받아들이면서 살아갈 때 아름답고 명랑한 사회를 만들어 나갈 수 있는 것이다. 차이와 다름을 있는 그대로 인정하는 자세가 중요하다.

Abitur

철학자가 들려주는 철학이야기 046

사르트르가 들려주는 실존 이야기

저자_**박민수**
연세대학교 독문과를 졸업하고 동대학원에서 석사 학위를 받았다. 지금은 독일 베를린 자유대학에서 〈근대 미학에서 미적 가상의 개념〉이란 주제로 박사 논문을 준비하고 있다. 전문 번역가로도 활동하고 있으며, 저서로는 《아비투어 철학 논술: 칸트가 들려주는 순수 이성 비판 이야기》《아비투어 철학 논술: 니체가 들려주는 슈퍼맨 이야기》《아비투어 철학 논술: 헤겔이 들려주는 정신 이야기》 등이 있고, 역서로는 《우리의 포스트모던적 모던》《데리다 - 니체, 니체 - 데리다》《신의 독약》《책벌레》《크라바트》 등이 있다.

배경 지식 넓히기

사르트르와 실존주의

1. 사르트르는 누구일까요?

2. 실존주의란 무엇일까요?

① 실존주의 문학과 철학

② 실존의 의미

③ 인간의 운명은 자유

④ 실존과 불안

⑤ 본질에 앞서는 실존

Jean Paul Sartre

사르트르와 실존주의

1. 사르트르는 누구일까요?

장 폴 사르트르(Jean Paul Sartre, 1905~1980)는 실존주의의 대표적 사상가입니다. 프랑스 파리에서 태어난 사르트르는 두 살 때 아버지를 여의고 외할아버지 댁에서 자랐습니다. 소르본 대학의 독문학과 교수였던 외할아버지는, 아프리카에서 의료 선교사로 활동했던 유명한 알베르트 슈바이처 박사의 삼촌이었지요. 그러니까 사르트르의 어머니는 슈바이처 박사의 사촌 여동생이었습니다.

그런데 어머니와 떨어져 외할아버지 댁에서 살아야 했던 사르트르는 외로움을 많이 느끼는 아이였습니다. 게다가 사르트르에게는 친구도 별로 없었습니다. 키가 아주 작고 사팔뜨기라는 장애가 있었던 것도 친구를 사귀지 못한 이유였다고 합니다. 이처럼 어린 시절부터 외로움을 견디며 혼자 지내는 시간이 많았던 사르트르는 책을 읽고 글을 쓰는 데서 일찌감치 즐거움을 찾았습니다.

사르트르는 프랑스의 우수한 학생들이 모이는 유명한 파리 고등 사범학교에 입학했고 1929년 이 학교를 졸업했습니다. 파리 고등 사범학교에서 사르트르는 폴 니장, 메를로 퐁티 같은 친구를 사귀었는데, 이들은 모두 프랑스의 유명한 작가나 사상가가 된 사람들입니다. 또 이 학교에 다니는 동안 사르트르는 시몬 드 보부아르라는 지성적인 젊은 여성과 2년간의 계약 결혼을 했습니다. 두 사람은 계약 기간이 지난 후에도 충실한 동반자로 남아 평생을 함께 살았지요.

파리 고등 사범학교를 졸업한 사르트르는 교사로 일했고 1938년에는 《구토》라는 소설을 써서 명성을 얻었습니다. 그는 교사라는 직업 활동을 두 번 중단했는데, 한 번은 1년 동안 독일에 가서 독일 철학을 공부하기 위해서였고 다른 한 번은 군대에 징집되었기 때문이었습니다. 독일과의 전쟁 때문에 1939년 징집된 사르트르는 1940년 독일군에게 포로로 잡혔다가 1년 뒤 풀려났습니다. 전쟁에 패한 프랑스는 독일에 점령되었지요. 파리로 돌아온 사르트르는 다시 교사로 활동하면서 비밀리에 대독일 저항 운동(레지스탕스 운동)에 참여했습니다.

제2차 세계 대전이 끝난 1945년 사르트르는 잠시 신문사의 미국 특파원으로 파견되었습니다. 그리고 귀국 후에 〈현대〉라는 잡지를 창간했는데, 이 잡지에는 무엇보다 실존주의적 작가나 사상가들이 많은 글을 실었습니다. 이 잡지가 프랑스 실존주의 운동의 중심이 되었던 것입니다. 실존주의 운동을 주도한 사르트르는 수많은 문학 작품과 철학책을 써서 자신의 실존주의 사상을 알렸습니다. 그의 문학 작품으로는 《구토》 외에 《자유에의 길》 《파리떼》 《닫힌 방》 《더러운 손》 등이 유명하고, 철학적 산문으로는 《존재와 무》 《실존주의는 휴머니즘이다》 등이 있습니다.

사르트르는 탁월한 문학 작품들을 쓴 공로를 인정받아 1964년 노벨 문학상 수상자로 결정되었습니다. 하지만 그는 이 상을 받는 것을 거절했지요. 사르트르 자신은 노벨상에 큰 의미를 부여하지 않았던 것입니다. 사르트르는 나이가 들어서도 집필 활동을 쉬지 않았고 영화 제작 등의 활동에도 열심이었습니다. 하지만 말년에는 눈이 멀었고 폐암에도 걸렸습니다. 1980년 사르트르는 평생의 동반자였던 보부아르 여사 곁에서 눈을 감았습니다. 장례식에는 2만 5천 명의 시민들이 참석해서 위대한 지성인의 죽음을 애도했다고 합니다.

어휘 다지기

징집
나라에서 일정한 나이의 국민들을 일정 기간 동안 군인으로 복무하게 하는 것

레지스탕스
'저항' 이라는 뜻의 불어로 제2차 세계 대전 당시 독일에 점령당한 프랑스인들이 침략군에 대해 벌인 저항 운동을 뜻하며 그 운동에서 활동한 사람을 뜻하기도 함

① 실존주의 문학과 철학

그렇다면 사르트르와 그에게 동조하는 많은 지식인들이 자신들의 글과 책에서 주장한 '실존주의' 란 도대체 어떤 사상일까요? 《사르트르가 들려주

는 실존 이야기》에는 다음과 같은 설명이 나옵니다.

실존주의 문학은 1940~1950년대에 프랑스를 중심으로 전개된, 실존주의 사상이 짙게 반영된 문학을 말합니다.

20세기 들어 세계 역사는 큰 변화를 겪습니다. 러시아 혁명, 대공황, 나치즘의 광풍, 에스파냐 내란, 두 번의 세계 대전, 미국과 소련의 냉전, 엄청난 과학의 힘, 약소국가들의 대두 등은 이성과 자유의 승리를 믿어 온 낙관주의적이며 서유럽 중심적인 사상에 치명상을 입히고 기존 가치 체계의 붕괴를 가져왔습니다.

특히 제2차 대전 초반 프랑스의 패전은 프랑스 작가들로 하여금 역사와 사회로부터 격리된 자신들만의 공간인 서재에 머물 수 없게 만들었습니다. 그래서 많은 작가들이 작품으로 또는 행동으로 전쟁에 참여하여 레지스탕스 운동의 주축이 되었지요. 나치에 의해 프랑스가 점령되었던 기간에는 시가 그 역할을 대신했습니다. 전쟁이 끝난 후 작가들은 이 같은 전쟁 체험을 바탕으로 글을 썼는데, 이것이 실존주의 문학이 프랑스에서 꽃을 피운 계기가 되었습니다.

전쟁 전에는 말로, 생텍쥐페리, 베르나노스 등이 활약했으며, 전쟁 후에는 사르트르, 보부아르, 카뮈에 의해 이 경향이 한층 심화되어 나타났습니다. 실존주의 작가들은 세상을 부조리하고 괴로운 것으로 인식하며 나와 세상의 실존적인 관계를 파악하고 이러한 부조리함이 어디에서 비롯되었는지 고민했습니다. 전쟁의 경험은 작가들로 하여금 인간이란 존재가 역사와 사회 현실 앞에서 얼마나 무력한가를 깨닫게 해 주었지요. 그래서 신이 본질을 만든다는 종래의 사고방식을 거부하고 본질에 선행하는 존재를 중심 명제로 한 무신론적 실존주의가 각광을 받게 되었습니다.

실존주의 문학을 말할 때 가장 먼저 언급되는 사람은 사르트르입니다. 그는 행동하는 지성인이자 뛰어난 작가로서, 평생을 글과 행동으로 자신의 철학과 삶의 간격을 좁히기 위해 부단히 노력했습니다. 제2차 세계 대전 중에는 레지스탕스로서 나치에 대항했고, 종전 후에는 대부분의 지식인과 같이 공산주의 운동에 가담했으나, 소련의 부다페스트 침공 이후 공산주의와 멀어졌습니다. 1964년 노벨 문학상 수상자로 지명됐지만 수상을 거절해서 화제가 되기도 했지요.

후설과 하이데거의 현상학을 독자적으로 수용한 저서 《존재와 무》에서 그는 '인간은 자유로운 선택과 자발적인 결단에 의해 스스로를 만들어 가야 하는 존재'라고 말했습니다. 실존이 모든 것에 앞선다는 그의 철학적 사유는 소설 《구토》와 《자유에의 길》《벽》 등 뛰어난 문학 작품으로도 옮겨졌습니다. 특히 실존주의 문학은 그의 일기체 소설 《구토》와 더불어 탄생했다고 볼 수 있습니다.

-《사르트르가 들려주는 실존 이야기》 중에서

이 설명에서도 알 수 있듯이, 유럽에서 실존주의 사상이 큰 흐름을 이루며 나타나기 시작한 것은 제1차 세계 대전이 이미 끝나고 제2차 세계 대전이 발발한 무렵, 즉 1930~1940년대입니다. 물론 실존주의는 어느 날 갑자기 튀어 나온 사상은 아닙니다. 그 전에도 실존주의의 내용을 어느 정도 포함한 사상이 이미 있었고, 사르트르 등의 지식인들은 그런 사상의 영향을 받고 독자적으로도 생각을 많이 해서 본격적인 실존주의 사상을 만들어 낸 것입니다.

그런데 이 사상은 왜 하필이면 20세기에 일어난 두 차례의 큰 전쟁을 전후해서 나타난 것일까요? 예전의 유럽인들, 그러니까 17세기나 18세기의 유럽인들은 인간이 어떤 절대적 힘에 의해서 창조되며 그 힘에 의해 어떤 목적을 부여 받고 태어난다고 생각했습니다. 다시 말해 기독교의 하나님이나 어떤 절대적인 정신이 인간을 태어나게 한 것으로, 이런 신이나 정신은 우주의 질서를 창조한 존재이기도 하다고 생각했던 것입니다. 그리고 인간은 그런 절대적 존재의 뜻을 헤아리고 그 뜻에 충실히 따르면서 살아야 한다고 생각했지요. 이런 생각을 받아들이면, 인간의 어떤 일이 잘 되는 경우는 신이나 정신으로부터 축복을 받은 것이고, 뭔가 잘못되는 경우는 신이나 정신에 의해 벌을 받는 것이라고 생각하게 됩니다. 그래서 당시 유럽인들은, 살아가는 동안 우리에게 일어나는 모든 일이 신이나 절대적인 정신의 뜻이므로, 늘 자신의 운명을 받아들이고 좋은 일이 생기면 감사하고 나쁜 일이 생기면 뉘우쳐야 한다고 생각했던 것입니다.

하지만 19세기가 되면서 사람들의 생각은 조금 달라집니다. 이것은 과학 기술 문명의 발달과 연관이 있습니다. 19세기에 유럽인들은 과거 그 어느 때보다 과학 기술 문명을 발전시키게 됩니다. 과학 기술 문명을 발전시킨다

함은 신의 뜻 같은 것을 생각하기보다는 자연을 관찰하거나 실험을 거듭하고 그로부터 얻은 앎을 응용해서 인간에 유용한 많은 물건을 만드는 것이지요. 그런데 이런 과정에서 많은 성과를 얻은 유럽인들은 차츰차츰 신의 뜻 같은 것은 없을지도 모른다고 의심하게 되었습니다. 자연 세계는 물질로 이루어져 있고, 세계의 질서란 그 물질들 사이의 관계에 불과하다고 생각하게 된 것입니다. 물론 그렇다고 해서 유럽인들 모두가 이때부터 신이나 절대자의 존재를 완전히 부정했다는 뜻은 아닙니다. 다만 당시 사람들에게서는 신과 같은 존재에 대한 생각이나 믿음이 예전보다 한층 약해졌다는 뜻이지요.

그런데 20세기 초에 이르자, 유럽인들 사이에서 엄청난 규모의 전쟁이 일어났고 이 전쟁에는 세계의 거의 모든 민족들이 직접적으로든 간접적으로든 휘말려들었습니다. 그래서 이 전쟁을 세계 대전이라 부릅니다. 그리고 몇 년 후에는 이보다 더 큰 규모의 전쟁이 유럽에서 일어났죠. 그래서 앞서의 전쟁을 제1차 세계 대전이라 하고 두 번째 큰 전쟁을 제2차 세계 대전이라 합니다. 현대적인 무기를 사용한 이 두 차례의 세계 대전에서는 유럽 거의 모든 지역이 폐허로 변했고 8,000만 명이나 목숨을 잃었습니다. 우리나라 인구의 두 배 가까운 사람들이 몇 년간의 전쟁 동안 죽음을 당했던 것입니다.

이런 전쟁 동안 많은 사람들은 신이나 절대자의 뜻이나 목적이란 없다는 생각을 굳히게 되었습니다. 비참한 전쟁은 그저 인간 사이의 다툼이었을 뿐, 그 전쟁에 신의 뜻 같은 게 있었을 리 만무하다고 여기게 된 것이지요. 그리고 이런 생각을 품은 사람들은 누군가 이런 전쟁을 일으킨 것 역시 신의 뜻이라고 주장하면, 그런 신은 악마와 다름없으니 믿을 필요가 없다고 응수했습니다. 이 사람들은 인간이란 어떤 목적이나 의도에 의해서 태어나는 존재, 다시 말해 어떤 절대자의 뜻에 따라 태어나서 사는 존재가 아니라 아주 우연하게 세상에 태어나는 존재라고 믿었습니다. 그리고 그렇게 태어나는 인간이란 모든 것을 혼자 결정하고 선택해야 하는 존재라고 생각했습니다. 인간에 관해 이렇게 생각했던 사람들을 '무신론적 실존주의자'라 부릅니다.

20세기 전반에 프랑스에서는 이런 생각을 가진 사람들이 많이 나타났고, 개중 사르트르가 대표적인 인물이었습니다. 그리고 사르트르를 비롯한 많은 실존주의자들은 문학 작품과 철학적 사상, 예술 작품 등에서 자신의 생각을 표현했습니다. 그래서 실존주의 문학이나 실존주의 철학, 실존주의 예술이 등장했던 것이지요. 그리고 신학에서조차 실존주의 경향이 나타났습니다. 물론 실존주의 신학자들은 실존주의 사상을 많이 받아들이면서도 신의 존재

어휘 다지기

부조리
사람들이 이치나 도리라 생각하는 것에서 벗어나는 것

무신론
신이 있다는 것을 인정하지 않은 사상이나 견해

신학
기독교의 가르침이나 그에 대한 믿음에 관해 연구하는 학문

는 믿었던 사람들입니다. 이들은 '유신론적 실존주의자' 들이었던 셈이죠.

② 실존의 의미

실존주의라는 명칭은 '인간의 삶에서 실존을 가장 중요하고 본질적인 요소라고 생각하는 입장' 을 뜻할 것입니다. 그렇다면 실존주의자들이 가장 중요하게 여기는 '실존' 이란 개념은 대체 어떤 의미를 지니고 있을까요? 《사르트르가 들려주는 실존 이야기》의 한 대목을 읽어 봅시다.

사르트르는 인간은 정해진 의도나 계획에 의해서 태어나는 것이 아니라고 생각했습니다. 즉 인간은 어떤 이유나 원인이 없이 그저 우연하게 이 세상에 태어난다는 것입니다. 예를 들면 어떤 특정한 집안을 선택한다거나 아니면 부모를 고른다거나 또는 나라나 계절을 선택해서 태어날 수는 없다는 것이지요. 개개인의 의사나 바람과는 상관없이 이유를 알지 못한 채, 인간은 그저 우연하게 이 세상에 '내던져지듯이' 태어날 뿐입니다. 이렇게 세상에 우연히 태어나는 것을 사르트르는 '부조리한' 일일 뿐이라고 했습니다.

그러나 이러한 인간의 부조리한 출생이 결코 불행한 일만은 아닙니다. 왜냐하면 인간은 자기 고유의 삶, 곧 실존적인 삶을 살 수 있기 때문입니다. 인간은 신의 의지를 실현하기 위해서 태어나는 것이 아니라 우연한 출생과 주어진 상황이 있을 뿐입니다. 이러한 사르트르의 사상은 실존 철학의 갈래 중에서도 무신론적인 입장에 속하지요.

사르트르는 존재와 실존을 구분합니다. 그리고 인간은 존재하는 것이 아니라 실존한다고 주장합니다. 좀 더 구체적으로 말하면 자신의 본질을 스스로 발견하고 채워 나가면서 스스로 자신을 창조하는 운명이라는 것입니다.

실존은 끊임없이 자신의 삶을 돌아보면서 새로운 자신의 모습을 만들어 갑니다. 스스로 삶의 주체가 되어서 이끌어 나가는 변화야말로 실존의 본질인 것이지요. 그래서 사르트르는 "현 상태에 머물지 않는 것이 인간이며, 현 상태로 있을 때 그는 가치가 없다"라고 말했습니다. 실존이란 다름 아닌 끊임없는 자기 발전, 자기 창조와 자기완성입니다. 이러한 과정은 죽음에 이르는 순간까지 계속되며, 인간은 자신의 삶과 역사를 스스로 결정해야 할 책임이 있습니다.

-《사르트르가 들려주는 실존 이야기》 중에서

사르트르에 따르면, 인간은 어떤 절대자의 계획과 의도 아래 태어나는 존재가 아닙니다. 오히려 아주 우연히 생겨나는 존재라고 할 수 있습니다. 태어나겠다고 결정한 적도 없고 결정할 수 없는 상황에서 태어나 버린 그 상황은 어찌 보면 황당하게 여겨집니다. 사르트르는 그것을 '부조리'라는 말로 표현하지요. 한 개인이 태어남에 있어서는 어떤 조리, 그러니까 논리나 이치가 전혀 없다는 것입니다. 이때의 논리나 이치는 물론 앞서 말한 계획과 의도를 뜻하는 것입니다.

그리고 이렇게 태어난 인간은 철저히 혼자입니다. 물론 태어났을 때는 보살피는 부모도 있고 또 사회에는 다른 많은 인간들이 있습니다. 하지만 그 어느 누가 내 삶을 처음부터 끝까지 정해 주는 것은 아닙니다. 그저 일정한 영향만 미칠 수 있을 뿐이지요. 모든 인간은 우연히 있게 된 이 세상에서 자신의 삶을 홀로 결정하며 살아가야 합니다. 그리고 이런 인간의 삶을 사르트르는 실존이라고 말합니다. 실존이란 그러니까 존재, 즉 단순히 '있음' 이 아니라 각자가 자신의 선택과 결정과 행동에 의해 자신의 '있음에 어떤 내용을 채워 가는 것' 을 뜻하는 말일 것입니다. 그리고 이렇게 내용을 채워 가는 것은 인간인 이상 어쩔 수 없는 일입니다. 이는 다른 누가 내 삶을 대신 살아 주는 것이 아니라는 뜻입니다.

어휘 다지기

본질
어떤 사물이나 존재가 바로 그 사물이나 존재이게끔 만드는 핵심적 성질

③ 인간의 운명은 자유

그런데 사르트르에 의하면, 이렇게 실존하는 인간은 '자유로운 인간' 이기도 합니다. 이 말이 무슨 의미인지 한번 알아봅시다.

자유는 인간의 운명이다

사르트르는 주체성과 자유 의지는 인간에게 주어진 필연적인 것이라고 했습니다. 그래서 그는 인간 자체가 자유라고 했지요. 인간과 자유는 분리할 수 없는 것입니다. 따라

서 자유는 인간의 숙명이며, 아무도 자유를 피하거나 거부할 수 없습니다. 자신이 행하는 어떤 선택과 행위는 자신의 의지에 의한 것이기 때문입니다.

인간에게는 미리 정해진 목적이나 방향도 없습니다. 또한 자신을 대신해서 어떤 일을 선택하거나 결정해 주는 사람도 없습니다. 자신의 삶은 오직 자신에게 주어졌기 때문이지요. 자신의 자유 의지에 따라 선택한 것이 곧 삶의 내용이 되며, 삶의 의미가 됩니다.

인간은 싫든 좋든 자신의 삶에 대해서 스스로 책임질 수밖에 없습니다. 사르트르는 이러한 인간의 조건을 일컬어 "인간은 자유라는 형벌에 처해져 있다"고 말했습니다.

자유는 인간이 짊어지고 가야 하는 형벌과 같은 것으로 아무도 자신의 삶과 행위의 결과에 대해서 변명할 수 없음을 말하는 것입니다.

요약하면 사르트르의 실존 철학은 인간의 주체적인 자유와 선택에 관한 것이며, 그 결과에 대한 책임을 핵심으로 하고 있습니다.

-《사르트르가 들려주는 실존 이야기》 중에서

인간이 어떤 의도나 계획에 의해 태어난 것이라면 엄격한 의미에서 인간은 자유로운 것이 아닐 것입니다. 인간이 자신의 의지대로 산다고 믿어도 그 의지 뒤에는 더 큰 의지가 작용하고 있는 것이 될 테니까요. 하지만 사르트르에 따르면, 그런 더 큰 의지와 그 의지의 계획 같은 것은 없습니다. 인간은 우연히 태어나서 사실상 모든 것을 홀로 결정하고 선택하며 살아야 합니다. 인간은 모두 개별적 존재로 태어나기 때문에 그렇게 살 도리밖에 없습니다.

그런데 이것은 인간이 태어났을 때부터 자유롭다는 것을 뜻하기도 합니다. 누가 한 개인이 살아가는 삶의 내용이나 방향을 철두철미 책임지고 대신 결정해 주는 것은 아니라는 뜻에서 그렇습니다. 물론 우리는 '누가 나 대신 결정해 주면 좋을 텐데' 라고 생각할 때도 많고 또 누가 나 대신 정해 준 대로 행동하고 결정할 때도 많이 있습니다. 하지만 내가 태어난 첫 날부터 내가 죽는 그 날까지 모든 문제에서 그런 결정을 내려 줄 수 있는 사람은 없습니다. 본질적으로 모든 인간은 서로 분리된 개인이며 각자의 삶은 각자의 몫입니다. 달리 말해서 모두가 어쩔 수 없이 자유로운 존재들입니다.

그리고 이런 자유에는 책임이 따릅니다. 달리 말해, 내가 어떤 결정을 내리고 선택을 하면 어떤 결과가 생길 수밖에 없으며, 또 그 결과가 나의 선택과 결정에 의한 것임을 인정할 수밖에 없다는 것입니다. 앞서 말했듯, 내 삶을 누가 대신 살아 줄 수는 없기 때문입니다. 그래서 자유는 그저 편하고 좋게만 생각될 수 있는 게 아니라 두려움을 느끼게 하는 것이기도 합니다. 이런 의미에서 사르트르는 인간의 자유는 '형벌' 과 같은 것이라고 말하는 것입니다.

어휘 다지기

주체성
어떤 일이나 문제가 있을 때 자기 자신이 주인이라는 생각을 갖고서 스스로 판단하고 해결하려는 자세

숙명
인간이 피하려 해도 피할 수 없는 필연적인 힘

④ 실존과 불안

이처럼 인간은 본질적으로 자유롭기 때문에 스스로 선택해야 하고 그 선택에 책임을 져야 합니다. 그런데 바로 이런 이유에서 인간은 늘 불안하고 두렵습니다. 자신의 선택이 잘못되어 좋지 않은 결과가 생길 수도 있음을 생각하기 때문입니다. 그래서 인간은 자꾸만 타인이나 어떤 절대적 존재자에게 자신의 삶을 내맡기고 싶은 유혹에 시달립니다. 그래서 좀 나이가 들어서도 모든 것을 어른들이 해 주기를 바라기도 하고 독재자에게 삶을 맡기고 싶어 하기도 하며 또 신과 같은 절대적 존재를 찾기도 합니다. 그러면 최소한 불안을 떨쳐 버릴 수 있을 것 같기 때문입니다. 하지만 사르트르에 따르면, 이런 행동은 인간이 본래부터 갖고 있는 자유를 없애 버리는 것도 아니며 따라서 인간의 본질적 자유에 따르기 마련인 불안을 해소시켜 줄 수 있는 것도 아닙니다. 단순히 불안을 잊고 무감각해지고 싶어서 자유에서 도피하려는 시도에 불과하다는 것이지요. 그리고 이런 태도는 자신에게 주어진 자유를 적극적으로 활용해서 삶의 내용을 채워 가는 태도, 즉 실존적 태도가 전혀 아닙니다. 다시 말해, 그런 삶은 인간답지 못한 삶이

어휘 다지기

자유의지
그 누구의 구속이나 명령을 받지 않고 스스로 선택하고 결정하고 행동하려는 의지

반성
자신의 행동이나 결심, 생각 등에서 혹시 잘못이 없는지 곰곰이 생각하는 것

라는 것이 사르트르의 생각입니다.

그리고 인간은 언젠가는 죽으리란 것을 알기 때문에도 사는 동안 불안합니다. 자신의 뜻과 상관없이 우연히 태어나서 참된 삶을 살려 노력에 노력을 거듭하고 있는데, 어느 날엔가는 간단히 죽어 없어질 거라 생각하면 몹시 불안할 뿐 아니라 허망한 마음을 금하기 어렵습니다. 하지만 사르트르는 그 불안과 허무감 때문에 아무렇게나 살아가서는 안 된다고 말합니다. 살아 있는 동안은, 살아서 자유를 누리고 있는 동안은, 책임 있게 결정을 내리고 살아야 한다는 것입니다.

모든 사람이 예외 없이 자신의 자유의지에 따라서 선택하고 실천하는 실존적 삶을 살아가는 것은 아닙니다. 많은 사람들이 이런저런 이유로 자신의 주체성을 포기하고 단순한 사물과 같은 삶을 살지요. 이것은 아무런 반성 없이 주어진 대로 사는 태도입니다. 그러나 실존적 삶은 끊임없이 자신을 변화시키고 다른 사람 혹은 사회와 더불어 사는 것입니다.

인간은 자신의 죽음을 미리 내다보는 존재입니다. 그리고 자신이 어떻게 살아야 하는지를 고민하면서 스스로 삶의 의미와 가치를 찾으려고 애씁니다. 이러한 과정 속에서 인간은 많은 결함과 부족함을 지닌 나약한 존재로서 아무것도 아니라는 것을 알게 되는 순간 심한 불안을 느낍니다. 왜냐하면 죽음 앞에서 자신이 아무런 힘이 없다는 것을 알게 되기 때문입니다.

인간이 불안을 느끼는 또 다른 중요한 이유는 자신에게 주어진 무한한 자유와 그에 따른 책임감 때문입니다. 인간은 자신의 삶과 세계에 대한 선택과 행동에 대해서 스스로 자유롭게 결정하고 판단을 내릴 수 있습니다. 그러나 이러한 절대적 자유로 인해 오히려 어떤 선택이 옳은 것인지 잘 알 수 없는 상황 속에서 스스로 해결 방법을 찾아야 할 뿐만이 아니라 모든 일에 대하여 혼자서 책임을 져야 하지요.

따라서 모든 자유로운 선택과 행동에는 늘 불안이 함께합니다. 이러한 뜻에서 사르트르는 불안을 통해서 인간은 자신의 본질을 알게 되며, 불안은 인간의 본질을 드러내는 것이라고 말했습니다.

하지만 모든 사람들이 불안을 직시하고 자신의 자유와 책임을 인식하는 것은 아닙니다. 많은 사람들은 불안으로부터 회피하고 싶어 합니다. 불안을 벗어나기 위하여 자유로부터 도피하고 싶어 합니다. 이는 의식과 사유가 없는 사물과도 같은 존재로 전락하는 행위입니다. 불안은 사르트르의 실존 철학에서 인간의 가장 근원적이고 내면적인 것을 드러내는 거울이고 실존의 뿌리입니다.

-《사르트르가 들려주는 실존 이야기》 중에서

⑤ 본질에 앞서는 실존

지금까지 설명한 실존주의 사상의 핵심 내용을 사르트르는 '실존이 본질에 우선한다'는 말로 요약합니다. 이 말은 무슨 뜻일까요? 《사르트르가 들려주는 실존 이야기》의 한 대목을 읽어 봅시다.

"실존이 본질에 우선한다."

사르트르의 이 말은 실존 철학의 가장 핵심적인 내용을 담고 있으며, 실존 개념을 간단하지만 분명하게 설명합니다. 실존은 단순히 실제로 존재하는 것을 의미하지 않습니다. 따라서 사르트르의 실존이라는 개념은 실제로 존재함을 거부하는 것이며, '있음'을 뜻하는 일반적인 실존과 사르트르가 자신의 철학을 통해서 말하는 실존은 의미와 내용에 있어서 큰 차이를 가지고 있습니다.

실존에 대한 이해는 자신의 삶의 의미에 대한 질문과 삶의 방향을 고민하는 것에서 시작합니다. 다시 말하면 인간은 누구나 자기 스스로에게 "나는 누구인가?", "어떻게 살아야 할 것인가?" 또는 "어떤 선택을 하는 것이 더 좋은가?" 하는 질문을 하면서 살아가는데, 이 질문에는 이미 사르트르가 말하는 실존적 태도가 나타나 있습니다. 왜냐하면 인간은 자신이 원하든 그렇지 않든 자신이 누구인가를 묻고 자신의 삶의 방향과 목적에 대하여 늘 고민하면서 살아갈 수밖에 없으며, 다른 사람들의 삶과는 구별되는 자신만의 삶을 살도록 되어 있는 존재이기 때문입니다.

인간은 누군가 미리 정해 놓은 목적을 실현하기 위해서 태어나는 것이 아니라 한순간의 우연에 의해서 태어납니다. 그래서 자신의 출생과 현재의 상황에 대해서 항의하거나 되물릴 수 없지요. 설령 어떤 사람들의 계획과 의도에 의하여 한 인간이 태어난다고 해도 미리 계획한 대로의 삶을 산다는 것은 불가능한 일입니다.

인간은 이렇게 정해진 목적이나 이유 없이 태어나므로 개인의 본질은 우선 그 개인이 이 세상에 태어나서, 자신의 삶을 통해서 발견해 나갈 수밖에 없습니다. 이러한 의미에서 사르트르는 실존이 본질에 앞선다고 주장한 것이지요. 먼저 이 세상에 태어나서 자신의 삶을 살아가는 실존이 있고 그 다음에야 비로소 한 인간의 본질이 드러나거나 말해질 수 있다는 것입니다.

-《사르트르가 들려주는 실존 이야기》 중에서

사르트르의 말에서 '본질'은 결국 개개인의 삶이 가진 독특한 내용을 뜻한다고 보아도 좋을 것입니다. 그런데 이런 내용은 개개인이 자유롭게 선택하고 책임 있게 결정하기에 따라서 달라진다는 것이지요. 즉 개개의 인간은 이 세상에 우연히 태어나서 자신의 삶을 자유롭게 꾸려가며, 이러는 가운데 자신의 독특한 성격이나 삶의 방식 등을 형성한다는 뜻입니다. 누군가에 의해 미리 주어진 성격이나 삶의 방식이 있는 것이 아니고요. 바로 이런 의미에서 '실존이 본질에 앞서는 것'이지요.

실전 논술

case 1 아래 글 (가), (나), (다)를 읽고 사르트르가 말하는 '실존적 삶'이 어떤 것인지 설명해 보세요.

가 돼지 불고기를 좋아하긴 하지만 지금까지 먹어 본 것 중에서 가장 맛있었다고 머리가 기억하는 정도에 지나지 않아요. 앞으로 먹어 볼 음식 중에서 더 맛있는 음식이 있을지도 모르잖아요. 책은 별로 읽은 게 없어서 생각이 안 나고, 게임도 좋아하지만 남들과 겨루어 항상 이길 만큼 잘 하는 것도 아니에요. 딱히 친구 관계가 나쁜 건 아니지만 믿고 마음을 줄 만한 단짝 친구는 없고요.

아무리 생각해도 내가 어떤 인간인지, 진짜 내 모습은 어떤 건지 자신 있게 말할 수 있는 게 없어요.

자신에 대해 모든 걸 아는 사람이 있을까요? 안다고 해도 정말 그게 자신이 원하는 걸까요? 돈을 많이 버니까, 남들이 부러워하니까, 엄마 아빠가 하라니까 하는 게 아니고요?

마음속에서 우러나와 진심으로 원하게 된 게 아니라 주변 상황에 떠밀린 건 아닌가요? 그게 뭔지도 모르면서 남들이 가니까 가는 건 아닌가요? 의사나 선생님이 된다고 해도 그건 내 직업일 뿐 나 자신은 아니잖아요.

정말 모르겠어요. 내 코가 석 자인데 남 걱정하게 생겼나, 뭐. 지금 내 문제만으로도 머릿속이 사탕 주변으로 바글바글 모여드는 개미 떼처럼 복잡하니까, 자기 자신에 대해서는 알아서 고민하라지요.

다만 한 가지는 확실해요. 어쨌거나 나는 자유로운 존재이기는 한 것 같아요. 아아, 세상에 홀로 내던져진 자유로운 존재여, 그 이름은 한온조! 나는 자유로운 존재이니 나의 행동을 가로막으려는 세력은 가만두지 않겠다. 아마 그 세력은 형이나 엄마이겠지? 하하하.

-《사르트르가 들려주는 실존 이야기》 중에서

나 그런데 형은 엄마 앞에 무릎을 꿇더니 잘못했다고 싹싹 빌기는커녕 폭탄선언을 하여 엄마와 나를 놀라게 만들었어요. 언젠가는 사실을 자백할 거라 생각했지만, 이렇게 예기치 않게 직격탄을 날릴 줄은 몰랐어요. 정말 대단한 형이에요.

형은 당당하게 대학을 안 가고 밴드를 하겠다고 했어요. 형의 폭탄선언에 놀란 엄마는 눈이 동그래지고 입이 쩍 벌어졌어요. 나는 태어나서 엄마가 눈을 그렇게 크게 뜬 것은 처음 보았어요. 엄마는 한참 동안 그런 자세로 꼼짝도 하지 않았어요. 엄마가 얼마나 놀랐을지 짐작이 가죠?

형은 내친김에 그동안 하고 싶었던 말을 한여름 논에서 개구리 울듯 쏟아 내기 시작했는데, 한번 들어 보실래요?

1년 전부터 음악을 하고 있었어요, 겉멋이 든 게 아니에요. 인생을 걸고 진지하게 하고 있어요. 젊은 날 객기로 밴드를 하는 게 아니라고요.

음악으로 큰돈 벌거나 유명해지려는 것도 아니에요. 내 노래가 세상을 바꿀 수 있다고 생각하지도 않아요. 그냥 노래가, 음악이 좋아요.

오직 노래 부르는 순간만이 내가 살아 있다고 느껴요. 이제 음악 없는 내 인생은 생각할 수도 없어요. 음악을 하지 말라고 하는 건 나보고 죽으라고 하는 거예요.

엄마가 허락을 하든 그렇지 않든 상관없어요. 허락을 받기 위해서 말하는 게 아니라 내가 정말 하고 싶은 게 뭔지 알려 드리고 싶었던 거예요.

지금까지 말을 하지 않은 건 엄마를 속이려고 해서가 아니에요. 스스로 확신이 설 때까지 시간이 필요했어요.

내가 나로 살 수 있는 다양한 상황이 있을 수 있겠지만 나는 오직 한 가지만을 선택하기로 했어요. 음악이 아닌 다른 것은 내게 의미가 없어요.

-《사르트르가 들려주는 실존 이야기》 중에서

다 형은 언제 자신이 하고 싶은 것을 찾았을까요? 자신에 대해 얼마만큼이나 고민을 한 걸까요? 음악에 재능이 있어서 하려는 걸까요? 재능과 상관없이 하고 싶어서 하는 걸까요?

요즘 들어 생각이라는 것을 하면서 느끼는 건데요, 자기 자신에 대해 진지하게 생각하는 것만큼 중요한 문제가 또 있을까 싶어요. 그러고 보면 나는 나 자신에 대해 모르는 게 너무 많은 거 있죠. 왜 지금까지 이렇게 중요한 문제를 잊고 살아왔는지 알다가도 모르겠습니다.

말해 보세요, 나를 아는 것보다 더 중요한 게 있나요? 영어? 수학? 그것도 물론 재미있고 필요한 건지도 모르죠. 하지만 아무리 영어를 잘 해도 나를 모르면요? 아무리 어려운 수학 문제를 척척 풀어도 내가 어떤 인간인지 모르면요?

세상에서 아무리 높고 훌륭한 성을 쌓는다고 해도, 우주의 끝까지 갈 수 있다고 해도, 바다의 신비를 모두 알게 되었다고 해도 인간은 역시 인간일 뿐이잖아요. 어느 날 갑자기 바다거북이나 가시 선인장이 되는 건 아니잖아요.

어쩌다 이렇게 복잡한 인간이 되었는지 내 자신이 원망스럽습니다. 아무 생각 없이 살 때가 좋았는데. 하지만 생각이라는 것을 하게 된 이상, 앞으로 더 나아가 보기로 했어요. 죽을 때까지 내가 어떤 인간인지 알 수 없다고 해도 생각하며 살아 보기로 했어요.

-《사르트르가 들려주는 실존 이야기》 중에서

생각 쓰기

case 2 아래 글을 참조해서 인간의 자유에는 왜 책임이 따를 수밖에 없는지에 대해 설명하세요.

"사르트르는 실존 철학을 말한 사람이야. 인간의 조건에 대해 고민한 철학자라고나 할까."

"인간의 조건요?"

전 귀가 솔깃해졌습니다. 요 며칠 동안 내가 고민했던 거랑 어딘지 통할 것 같다는 느낌이 팍팍 왔거든요.

"온조는 세상에서 가장 중요한 문제가 뭐라고 생각하니?"

"나 자신을 아는 거요."

하마터면 '오늘 저녁 반찬이요' 라고 말할 뻔 했지 뭐예요. 습관이란 이렇게 무섭다니까요.

내 대답이 의외였는지 베이스 형이 한 쪽 눈썹을 꿈틀하더니 나를 빤히 바라보았어요. 그냥 저녁 반찬이라고 할 걸 그랬나라는 생각이 들었지요.

"오, 이제 보니 대단한데. 그럼 사르트르의 실존에 대해서 이야기해 줄까?"

며칠 동안 나를 괴롭혔던 문제에 대한 해답을 알 기회가 왔어요. 나는 미친 듯 고개를 끄덕였지요. 베이스 형의 마음이 변하면 안 되니까요.

"그럼 어디서부터 시작할까. 아이스크림에서부터 시작할까. 아까 아이스크림 고를 때 어떤 것을 골라야 할지 어려웠지? 무엇을 고르든 네 자유였는데 말이야."

"네. 정말 고문도 그런 고문이 없었어요. 무시무시한 형벌 자체였다고요."

베이스 형은 킥킥 웃더니 아이스크림을 하나 더 사다 주었어요. 아까랑은 다른 세 가지 맛으로요. 나는 정말 지금 이 순간 죽어도 여한이 없다고 생각했지요. 한온조, 앞으로 착하게 살자. 정말 착하게 살자.

"자유는 언제나 중요한 문제이지. 우리는 자유로운 존재이기 때문에 늘 선택의 순간에 놓이고 자신의 선택에 책임을 져야 하기 때문에 고독하고 불안해. 사르트르는 인간을 자유 그 자체라고 보았단다."

두 번째 아이스크림이 바닥을 보이기 시작할 무렵 베이스 형은 나지막한 목소리로 이야기를 시작했습니다.

"인간인 이상 자유를 피하거나 거부할 수는 없지. 자신이 선택한 것은 결국 자신의 의지로 한 거니까. 자신의 선택이 자신의 곧 삶의 내용이 의미가 된단다. 결국 자유, 선택, 책임은 떼려야 뗄 수 없는 관계가 되는 거야. 자유는 인간의 운명이면서 동시에 형벌이라고 할 수 있지."

나는 자유가 운명이면서 형벌일 수도 있다는 걸 알 것도 같았어요. 어떤 아이스크림을 고를지는 내 자유지만 그 중에서 골라야 하는 건 엄청 힘들거든요. 이럴 때 누군가가 "이것 먹어!"라고 골라 준다면 차라리 마음이 편할 것도 같아요.

내 눈 앞의 모든 것 중 단 하나만 먹을 수 있다면 말이죠.

- 《사르트르가 들려주는 실존 이야기》 중에서

생각 쓰기

case 3 **사르트르는 '실존은 본질에 앞선다'고 말합니다. 아래 글을 참고해서 이 말의 의미를 설명해 보세요.**

"그럼 실존 철학에서 가장 중요한 건 자유인가요?"

"실존 철학의 첫 번째 명제는 존재가 본질에 앞선다는 거야."

"예?"

베이스 형이 아이스크림을 고르는 것에 비유하여 사르트르의 자유에 대해 설명해 줄 때는 매우 쉽다고 생각했는데 이제는 무슨 말인지 도통 모르겠습니다.

존재가 본질에 앞선다는 것은 어떤 의미일까?

"하하하, 어렵게 생각할 것 없어. 존재가 본질보다 앞선다는 건 사람이 먼저 이 세상에 태어나서 자신의 삶을 사는 실존이 있고, 그 다음에 그 인간이 어떤 인간인지 본질이 나중에 드러난다는 것이란다."

“형은 어렵게 생각할 것 없다고 했지만 점점 더 무슨 말인지 모르겠어요.”

베이스 형은 천천히 설명해 주었어요. 사람은 먼저 사람으로 존재한 후에 자신이 만들어 내는 무엇이 되는 것이기 때문에 스스로 만들어 가는 어떤 것이지, 정해진 무언가가 아니라고요. 한 사람은 모든 사람들에게 적용되는 정해진 목적과 가치를 위해 태어나는 것은 아니라고 말이지요.

“연필은 글씨를 쓰기 위해 만들어지고 의자는 앉기 위해 만들어지잖니? 연필과 의자는 자신들이 왜 그렇게 만들어졌고 미래에 무엇이 될지 고민하지 않을 거야. 하지만 인간은 다르지. 미리 정해진 목적을 실현하기 위해 태어나는 존재가 아니니까. 인간은 그냥 우연이야. 생의 한가운데에 어느 날 갑자기 내던져진 거라고. 자신의 출생도 현재의 모습도 되돌릴 수는 없지. 인간은 오직 ‘나 자신’이라는 한 개인으로 태어나서 ‘나 자신’으로 살아가도록 되어 있으니까.”

“그럼 전 제가 생각하는 대로 원하는 대로 될 수가 있나요?”

“온조는 뭐가 되고 싶은데?”

“…….”

나는 장사 끝나고 닫힌 슈퍼 셔터 문처럼 말문이 막히고 말았어요. 내가 무슨 꿈이 있었던가요? 되고 싶은 게 있었던가요? 하루하루 아무 일 없이 넘어가면 그걸로 만족이라니까요.

“정해진 내가 있는 것이 아니라 만들어지고 있는 내가 있는 거란다. 온조도 정말 하고 싶은 게 생길 거야. 앞으로 열심히 찾아보렴.”

갑자기 형이 생각났어요. 형은 언제 그걸 찾은 걸까요? 형도 그럼 무언가 되어 가고 있는 중일까요? 자신이 바라는 대로? 자신이 원하는 대로?

"그런데 어떻게 그렇게 할 수 있나요?"

"우리는 행동을 할 때 비로소 자신의 존재에 본질을 부여할 수 있단다. 결국 행동이란 일관된 선택이라고 할 수 있지. 물론 선택은 상황 안에서의 선택일 수밖에 없지만."

나는 다시 아이스크림이 생각났어요. 정말이지 커서 뭐가 되려고 이렇게 중요한 이야기를 듣는 순간에도 오직 먹을 것만 생각나는 걸까요. 베이스 형은 이런 내 마음을 아는지 모르는지 아이스크림 숟가락을 오른쪽 왼쪽으로 움직이고만 있었어요.

(……)

"이것이 될까 저것이 될까를 선택한다는 것은 동시에 우리가 선택하는 것의 가치를 강조하는 걸 거야. 예를 들면 네가 아이스크림을 하나 산다고 하자. 그럼 단순히 아이스크림을 먹는 것이 아니라 아이스크림을 생산하고 유통하고 소비하는 사회 문화에 참여함으로써 그것을 긍정한다는 뜻이 되지. 그래서 개인의 선택은 개인의 선택으로 끝나는 것이 아니라 인류의 선택이 되는 것이고 우리는 거기에 책임이 있는 것이란다. 그래서 자유와 선택은 철저히 개인의 문제이지만 동시에 개인의 문제만은 아니란다."

-《사르트르가 들려주는 실존 이야기》 중에서

생각 쓰기

case 4 사르트르에 따르면, 인간은 자유롭기 때문에 불안할 수밖에 없다고 합니다. 아래 글을 참고해서 불안은 인간에게 어떤 가치와 의미가 있는 것인지 설명해 보세요.

그래도 여전히 의문은 남습니다. 세상 모든 사람이 자신의 의지대로 사는 걸까요? 아까도 말했지만 우리 엄마요, 정말 지금의 엄마 모습이 엄마의 뜻이었을까요? 아무리 생각해도 엄마는 우리 형제를 위해서 사는 거지, 엄마 자신만을 위해 사는 것은 아닌 것 같거든요. 돼지 불고기를 해도 나랑 형한테만 자꾸 주고 엄마는 고기 냄새 많이 맡아서 싫다고 하시고요. 엄마도 고기 좋아하는 줄 뻔히 아는데.

솔직히 말하면 작년까지만 해도 엄마가 고기를 진짜 싫어하는 줄 알았어요. 엄마 생신 때 형이랑 선물 고민하다가 형이 엄마가 요즘 부쩍 힘들어하시니까 고기를 사는 게 어떻겠냐고 하더군요. 그래서 내가 한마디 했죠.

"엄마는 고기 싫어하는데."

그날 나는 형한테 엄청 맞았습니다.

그 때는 왜 맞는지 이유도 모르고 서럽게 울었는데, 생신 날 엄마가 맛있게 고기를 드시는 걸 보고 깊이깊이 반성했습니다. 세상에 고기 싫어하는 사람은 없구나, 나에게 맛있는 건 다른 사람에게도 맛있는 거구나 깨달았답니다.

사르트르는 인간은 모두 자신의 뜻대로 무언가 되어 가는 존재라고 했지만, 꼭 그런 것만은 아닌 것 같습니다. 살다 보면 어쩔 수 없는 상황이라는 게 있으니까요.

엄마는 자신은 정말 공부가 하고 싶었지만 할아버지가 학교도 잘 안 보내 주었다고, 그러니 우리 형제가 공부만 열심히 하면 온몸이 부서져라 일을 해서 할 수 있는 건 다 해 주고, 원하면 유학도 보내 주겠다고 늘 입버릇처럼 말씀하십니다.

하지만 그게 어디 마음먹은 대로 되나요? 형은 대학 갈 생각은 없는 것 같으니 엄마의 기대는 반쯤 무너진 거나 다름없습니다. 나요? 솔직하게 말해서 나는 형보다 더 잘하는 게 없습니다.

"형은 자신의 뜻에 따라 음악을 하는 거지요?"

"그렇지. 사르트르처럼 생각하는 대로 살고 싶으니까."

"그럼 자신의 선택에 대해서 한 번도 불안한 적은 없었어요?"

"한 번도 없었다면 거짓말이지. 사실은 지금도 불안한 걸. 이걸로 밥은 먹고 살 수 있을까, 아무도 우리 음악을 들어 주지 않으면 어떻게 하나, 창조의 샘이 말라 버려서 어느 날 갑자기 아무것도 생각나지 않으면 어떻게 하나, 불안은 끝이 없단다."

"그런데도 계속 음악을 하고 싶어요?"

"음악을 안 하면? 그럼 더 불안하지 않을까?"

나는 잠시 생각에 잠겼어요. 하긴 음악을 안 한다고 해도 불안하긴 마찬가지일 거라는 생각이 들었어요.

비류 형은 내가 쓸데없는 생각을 많이 한다고 엄청 구박한답니다. 하늘이 무너지지는 않을까, 일본처럼 지진이 일어나지는 않을까, 내가 학교에 간 사이 식구들이 다른 동네로 이사 가 버리지는 않을까, 잠자는 사이에 형광등이 떨어지지는 않을까, 별별 걱정이 다 들어요.

"어쨌든 인간인 이상 우리는 영원히 불안한 존재일 수밖에 없을 거야. 책상이 불안해하지는 않잖니? 불안해하는 젓가락이 있다는 소리 들어 봤어?"

나는 고개를 설레설레 저었습니다. 불안해하는 젓가락이라니, 동화나 애니메이션 영화에 나올 법한 이야기 같았습니다. 밥을 먹으려고 밥상 앞에 앉았는데 젓가락이 파르르 떨면서, '나 지금 떨고 있니?' 라고 물어 본다고 생각해 보세요. 왠지 으스스하지 않나요?

"인간이 불안을 느끼는 이유는 자신의 죽음을 바라보기 때문이기도 하지만, 자신에게 주어진 무한한 자유와 책임감 때문이야. 인간은 자신의 삶과 세계에 대한 선택과 행동에 대해서 스스로 자유롭게 결정하고 판단할 수 있기 때문에 오히려 불안해하지."

인간에게는 절대 자유가 주어졌기 때문에 스스로 해결 방법을 찾아야 합니다. 하지만 어떤 선택이 옳은지 잘 알 수 없는 상황 속에서 모든 일에 대하여 혼자서 책임을 져야 하잖아요. 깜깜한 산길을 손전등도 없이 혼자 가야 한다고요.

"그러니까 선택은 곧 삶이야. 불안은 인간이 살아 있는 동안 피할 수 없는 것이지. 하지만 거꾸로 생각해 볼 수도 있어. 불안을 통해 인간은 자신이 자유로운 존재임을 깨달을 수 있으니까. 그래서 사르트르는 불안을 통해서 인간은 자신의 본질을 알게 되며, 불안은 인간의 본질을 드러내는 것이라고 말했단다."

사르트르에 의하면 불안은 실존에 있어서 필연적인 것이래요. 왜냐하면 불안을 통해서 자신의 참된 본질을 깨닫게 될 뿐만이 아니라 나아가 인간은 오직 자신만이 자신의 한계와 결함을 극복할 수 있음도 알게 되니까요.

"불안을 경험하며, 불안을 통해서 인간은 자신에게로 돌아가는 셈이지."

"하지만 전 불안하게 살고 싶지 않아요."

"하하하, 그건 나도 마찬가지야. 다른 사람도 아마 그럴 걸."

"후유, 다행이다. 깜짝 놀랐네. 전 저만 엄청난 겁쟁이인 줄 알았잖아요."

"하지만 불안에서 벗어나기 위해 자유로부터 도피하면 안 되는 거란다."

"자유로부터의 도피?"

"그래. 자유에서 도피하면 책임에서도 도피하려고 하니까. 그러면 결국 자유와 책임보다는 스스로를 속이게 되고, 이런 삶은 생각 없는 나무토막과 같은 것이니까. 불안은 자신의 본질을 비추는 거울 같은 거란다."

-《사르트르가 들려주는 실존 이야기》 중에서

생각 쓰기

생각 쓰기

아비투어 철학 논술

case 1 사르트르에 의하면 '실존적 삶' 은 인간이란 어떤 존재인가에 대한 고민과 그에 대한 깨달음에서 시작됩니다. 사르트르는 인간이 우연히 이 세상에 던져진 존재이며 미리 정해진 목적이나 계획에 따라 태어나는 것은 아니라고 말합니다. 그리고 이렇게 태어나기에 인간은 원래부터 자유롭습니다. 위의 글에서 온조는 어리기 때문이었겠지만 자신이 어떤 존재인지에 관해 별다른 생각이 없었습니다. 그런데 어떤 기회가 닿자, 도대체 나는 누구이며 어떤 존재인가라는 고민을 하게 됩니다. 그리고 자신이 자유로운 존재라는 생각을 하게 됩니다. 다시 말해 '실존적 깨달음' 을 얻은 것이지요. 이런 깨달음은 나 자신의 삶은 자신의 소망과 의지에 따라 방향이 잡혀지고 또 자신의 의지와 행동에 따라서 내용이 채워지는 것이라는 생각으로 발전하게 됩니다. 온조의 형인 비류는 일찌감치 실존적 깨달음을 얻은 것 같습니다. 그래서 좋은 대학과 좋은 직장이란 것은 사회가 정해 놓은 규범일 뿐 자신이 진정 원하는 삶과 거리가 있다고 생각하게 되었습니다. 비류는 자신이 진정 원하는 것은 음악가가 되는 것임을 알게 되었습니다. 그리고 자유로운 존재로서 자신은 자신이 진정 원하는 대로 삶을 채워 나가겠다고 결심합니다. 그리고 그것을 실천에 옮깁니다. 이런 것이 바로 '실존적 삶' 입니다.

case 2 인간은 자유로운 존재이며 삶의 방향과 내용을 스스로 잡아 나가야 합니다. 이는 삶에 있어서 늘 스스로 선택을 해야 한다는 것을 뜻합니다. 그런데 잘 생각해 보면, 선택이라는 여러 가지 가능성 중에서 하나를 취하기로 결정하는 행위입니다. 이는 하나를 제외한 나머지는 포기하거나 단념하는 것을 뜻합니다. 그리고 인간의 삶에서 한 번 선택한 것은 되돌릴 수 없습니다. 인간은 두 번 살 수 없기 때문입니다. 한 번 선택한 것은 취소할 수 없으며 그 선택에 따른 결과를 받아들여야만 합니다. 윗글의 내용을 예로 들어 다시 설명해 보겠습니다. 온조는 여러 종류의 아이스크림 중 하나를 택일합니다. 그런데 경우에 따라서는 한입 먹어 보니 자신이 원하는 맛이 아닐 수도 있습니다. 하지만 이미 떠먹은 아이스크림을 다른 것으로 교환할 수는 없습니다. 이는 자신이 선택한 것에 대해 끝까지 책임을 질 수밖에 없다는 것을 뜻합니다. 여기서 알 수 있듯이 우리는 삶에서 어떤 절대적 존재의 뜻에 따라 선택하는 것이 아니라 자신의 결정에 따라 선택합니다. 이런 선택이 나중에 썩 만족스런 결과를 낳지 못해도 되돌릴 수 없고 우리는 끝까지 책임을 져야 합니다.

case 3 "실존은 본질에 앞선다"는 말에서 본질은 개개 인간의 삶이 지닌 내용의 특성, 방향 등을 가리키는 말입니다. 예전에는 대부분의 사람들이 인간이 이런 본질을 미리 갖고서 태어난다고 생각했습니다. 예를 들어 신이 어떤 본질을 결정해 준다고 생각했습니다. 하지만 사르트르는 그런 신과 같은 존재는 없다고 말합니다. 인간은 어떤 절대적 존재의 의도나 계획에 의해서가 아니라 아주 우연하게 이 세상에 태어납니다. 그렇게 이 세상에서 실제 존재하게 되는 것이지요. 이것이 '실존' 입니다. 그리고 개인의 삶이 가지는 특성이나 내용, 방향 등은 그 개인이 실존하면서 스스로 채우고 결정하게 됩니다. 이런 의미에서 사르트르는 "실존이 본질에 앞선다" 고 말하는 것입니다. 이 말은 실존주의의 주장을 한마디로 표현한 핵심 문장입니다. 이 말에는 신의 존재를 부인하는 입장, 즉 무신론적 입장이 함축되어 있습니다. 그리고 이 말은 인간이 철저히 자유로운 존재임을 말하고 있기도 합니다.

case 4 인간은 본질적으로 자유롭게 태어나며 자신의 선택에 따라 살 수밖에 없는 존재입니다. 그런데 이처럼 삶의 매순간 혼자 선택하고 결정해야 하기 때문에 인간은 늘 불안할 수밖에 없습니다. 자신의 선택이 최선의 선택인지 확신하기 어렵기 때문입니다. 선택이 잘못되어 좋지 않은 결과가 생길 가능성이 언제나 있고 또 그럴 경우 모든 것을 감내해야 하기 때문에 두려움을 느낀다는 것입니다. 이렇게 보면, 인간이 자유롭다는 것은 반드시 좋은 것이 아니라고 생각될 수도 있습니다. 사르트르의 말처럼 마치 자유가 형벌처럼 생각될 수도 있습니다. 그리고 차라리 인간을 대신해서 모든 것을 결정해 주는 존재가 있다면 불안에 떨지 않아도 되기 때문에 더 나을 것만 같습니다. 하지만 사르트르에 따르면, 인간은 그런 존재를 절대로 만날 수 없습니다. 세상에 그런 존재란 없기 때문입니다.

하지만 동물들처럼 본능에 따라서만 살지 않고 늘 새로운 가능성을 누릴 수 있다는 것, 자기 삶의 내용을 스스로 채워 나갈 수 있다는 것은 인간만이 누리는 특권임이 분명합니다. 그리고 바로 이것이야말로 인간을 이 세상의 다른 존재와 구별시켜 주는 특성입니다. 그렇기 때문에 인간은 자신이 누리는 자유를 소중하게 생각할 필요가 있습니다. 그리고 불안은 바로 그 자유 때문에 우리에게서 나타나는 현상입니다. 자유가 없다면 불안이 없을 테니까요. 이런 의미에서 인간의 불안은 인간이 자유롭다는 증거이기도 합니다. 즉 우리는 살아가면서 불안을 느낄 때면, 이는 모두 우리가 자유롭기 때문이라고 생각하고 그 불안 자체가 내가 인간임을 말해 주는 증거라고 생각해 볼 수 있습니다.

Abitur

철학자가 들려주는 철학이야기 047

베이컨이 들려주는 우상 이야기

저자_**최지윤**
고려대학교 철학과 박사 과정을 수료하였고, 어린이철학연구소 강사로 교재 집필을 했으며, 현재 대진대학교에 출강하고 있다. 저서로는 《아비투어 철학 논술: 쇼펜하우어가 들려주는 의지 이야기》《아비투어 철학 논술: 벤담이 들려주는 최대 다수의 최대 행복 이야기》《아비투어 철학 논술: 홉스가 들려주는 리바이어던 이야기》 등이 있다.

배 경 지 식 넓 히 기

프랜시스 베이컨을 만나다

고전 펼치기

일상에서 만나는 베이컨의 우상론

Francis Bacon

프랜시스 베이컨을 만나다

1. 베이컨은 어떤 인물일까?

베이컨(Francis Bacon, 1561~1626)은 영국 경험론의 아버지로 평가되는 인물이다. 베이컨은 정치가, 법률가, 철학자로서 낡은 영국 사회를 개혁하려고 평생을 다해 노력했다. 17세기 서양은 여러 면에서 큰 변화가 일어났던 시기이다. 우선 자본주의가 자리 잡기 시작했으며 다음으로 왕권 정치가 확립되고 시민사회가 형성되기 시작했다. 철학에서는 오랜 중세의 암흑시대가 지나가고 르네상스를 거치면서 인간을 중심으로 하는 사상이 발전을 이룬다. 이 시기에는 인간의 앎의 문제에 대해 탐구하고 그 정당성을 밝히려고 노력했다.

17세기 근대 철학의 특징을 인식론이라고 부른다. 인식론은 앎의 문제를 논의하는 것으로서 앎의 확실한 근거는 무엇일까, 어떻게 알게 될까, 진리란 무엇일까 등을 주로 탐구한다. 17세기 인식론을 대표하는 두 흐름은 베이컨, 홉스, 로크, 흄 등의 영국 경험론, 그리고 데카르트, 스피노자, 라이프니츠 등의 대륙 합리론이다. 경험론에서는 감각 경험에 의해서 인간은 확실한 앎을 얻는다고 말한다. 대륙 합리론에서는 변하지 않는 이성 능력을 통해 바깥 대상을 확실하게 안다고 주장한다. 경험론을 기반으로 하는 흐름은 자연과학이 발달할 수 있는 이론적 근거를 마련해 준다. 그런가 하면 합리론을 기반으로 하는 신학, 교육학, 철학, 문학 등 인문학의 발달을 도왔다.

이 시기 베이컨은 '아는 것이 힘이다(Knowledge is power)' 라고 주장함으로써 중세의 신 중심의 철학을 인간 중심주의의 철학으로 바꾸어 놓았다. 자연을 알고 지배함으로써 보다 더 윤택한 인간 사회의 삶을 이룩하고자 한 것이 베이컨의 목적이었다. 베이컨은 경험론적 전통의 창시자라기보다는 선구자라고 불릴 수 있다. 왜냐하면 그는 이 입장을 충분히 발전시키는 데 성공하지 못했으며, 경험론의 바탕에 깔린 의미와 나중에 드러난 경험론의 난점들을 분명히 이해한 것 같지는 않기 때문이다. 그러나 베이컨이 그동안의 연역적 사고에 대한 선입견을 버리고 관찰할 수 있는 세계의 여러 가지 사실에 관한 생생한 고찰로 시선을 돌리도록 했다는 것은 분명하다.

2. 베이컨의 사상은 어떤 배경에서 나왔나?

베이컨의 대표 저술은 《대부흥》이다. 이 책의 부제목은 '인간의 지배에 관하여' 이다. '대부흥' 은 학문과 자연과학의 대부흥을 뜻한다. 그리고 '인간의 지배에 관하여' 는 인간이 자연을 제대로 알고 얻을 수 있다는 뜻을 포함하고 있다. 사실《대부흥》안에는 베이컨 과학철학의 모든 것이 들어 있다고 해도 과언이 아니다.

《대부흥》에서는 여섯 가지 중요한 점들이 제시되는데, 이것들은 영국 경험론과 더불어 그 이후의 자연과학 및 과학철학의 방법론에 있어 중요한 기초를 제공한다.

베이컨에 의하면 당시 인간은 자연에 관한 지배를 상실했는데, 그 원인은 자연에 대한 올바른 탐구 방법을 갖고 있지 않기 때문이고, 그러한 지배를 회복하는 것이 바로 자연을 알고 지배할 수 있는 방법인 것이다. 여기서 말하는 방법이란 현재 있는 과학을 완전히 분류하고 자연을 해석하는 새로운 방식의 원리를 제시하자는 것과 새로운 과학과 과학적인 방법을 발명하기 위해서 새로운 귀납 논리를 사용하자는 것이다. 그리고 경험 재료들을 충분히 수집하고 적절한 실험을 행하자는 것, 새로운 과학 방법을 성공시키기 위해서 설명의 일관성 있는 예들을 만들자는 것, 자연의 역사를 연구하여 귀납적으로 도출될 수 있는 일반화의 목록을 만들자는 것이었다. 또한 자연에 관한 완전한 학문으로서 새로운 철학을 전개하자는 의견도 있었다. 이러한 의도는 학문과 지식에 관해서 베이컨이 이상적으로 가졌던 참신한 아이디어였고 계획이었다. 물론 베이컨은 자신의 아이디어를 실현시키기 위해서 연구소 설립과 재정 지원을 수차례 제임스 1세에게 건의했지만 제임스 1

세는 별 관심이 없었다고 한다.

베이컨의 사상은 중세 철학과 르네상스 철학을 배경으로 삼아 탄생한 것이지만, 그는 중세 철학자들과 르네상스 인문주의 철학자들에 대해서는 반대했다. 르네상스 철학자들은 새롭고 참다운 지식은 멀리한 채 자질구레한 것만 계속해서 따지는 등의 무의미한 논쟁만 하기 때문이다. 베이컨이 보기에 르네상스 철학자들은 근본적인 문제에 몰두하지 않고 화려한 말솜씨만 자랑하며 단지 단어 사냥에만 열중하는 무익한 학자들이었다.

3. 베이컨이 미친 영향

베이컨의 과학 철학은 경험에 의한 철저한 귀납적 탐구였고 후에 현대 자연과학의 토대가 되었다. 베이컨이 제시한 '네 가지 우상의 배제' 그리고 '세 가지 탐구의 목록' 이야말로 귀납법의 구체적인 방법이었고 이것은 베이컨 이후 영국 경험론과 현대 자연과학에 큰 영향을 미쳤다.

특히 베이컨은 제임스 1세에게 실험과학을 후원하고 장려할 것을, 그리고 옥스퍼드 대학교와 케임브리지 대학교에 과학 교수를 많이 뽑고 연구소에 체계를 세워 재정적인 지원을 할 것을 요구했다. 비록 왕에게 받아들여지지는 않았지만 오늘날 과학 연구소들의 활발한 운영에 대한 기초적 아이디어가 벌써 베이컨에 의해서 제안되었던 것이다.

베이컨은 관념론과 신학을 자연과학에서 과감히 배제하고 외부 세계의 객관적인 대상을 참답게 아는 과학으로서 실험, 관찰 중심의 자연과학을 제시했다. 그리고 자연을 알고 지배함으로써 자신과 타인의 이익을 가져오는 것이 참다운 지식이라고 주장했다. 이러한 베이컨의 윤리학은 이후 공리주의 및 미국의 실용주의의 기초가 되었다고 볼 수 있다.

4. 베이컨의 한계

베이컨의 자연과학 철학에도 한두 가지 중대한 문제점은 있다. 우선 귀납 논증의 결과로서 보편적인 개념을 찾을 때 참다운 지식을 곧 보편개념이라고 한다면, 이런 입장은 플라톤의 관념론이나 합리론이 말하는 보편개념과는 다르다는 것이다. 또 한 가지 아주 중요한 문제는 베이컨이 수학을 무용지물로 본 것이다. 물론 베이컨의 입장에서 보자면 수학은 각각 경험과 아무런 상관도 없다. 그러니까 경험과학에서 수학은 당연히 배제될 수밖에 없다. 그런데 베이컨이 잘못 본 것은 생각의 체계와 질서를 부여하는 수학이 인문학뿐만 아니라 자연과학에서도 가장 기초가 된다는 것이다. 만일 베이컨이 자연과학의 기초로 수학을 인정하고 그 이유를 명백히 제시할 수 있었다면 그의 과학 철학은 한층 더 철저한 것이 되었을 것이다.

베이컨은 실험도 하지 않았고 그렇다고 구체적인 현실 문제에 대해서 탐구하지도 않았지만 당시의 학문과 사회를 개혁하기 위해서 그리고 진리와 인류의 행복을 위해서 자연과학 철학의 참신하고 혁명적인 아이디어들을 제시했다. 역사가들은 근대 경험론의 예고를 베이컨에게서 발견하고 있다. 그런데 베이컨의 경험론은 적극적이기보다는 다소 소극적인 경향을 띠고 있다. 사실 과학자들은 경험론을 주장하는 철학자들에 의해 지도를 받는 일이 별로 없었다. 진심으로 과학을 인정한 철학자들은 과학자들이 제시한 견해를 일반적으로 받아들이는 것에 대한 장애물들을 제거하는 데 도움을 주었다. 그러나 베이컨이 그동안 합리론의 전통 아래 강조되었던 연역적 사고에 대한 선입견을 버리고 우리가 관찰할 수 있는 세계의 여러 가지 사실에 관한 생생한 고찰, 즉 우리의 경험에 입각한 귀납적 사고로 시선을 돌리는 데 도움을 주었다는 것은 분명하다.

고전 펼치기

1. 베이컨의 주요 사상

베이컨은 전문적인 과학자나 철학자는 아니다. 어떻게 보면 창의적인 철학자라고 할 수 있다. 왜냐하면 그는 학문의 방법론과 학문의 목적에 대한 참신한 아이디어를 냄으로써 이후의 학문 및 자연과학에 새로운 방향을 제시했기 때문이다.

베이컨은 발명이나 발견을 중요하다고 보지는 않았다. 그는 "아는 것이 힘이다"라고 확신했다. 베이컨은 《자연의 해석》 머리말에서 '자연의 빛'을 밝게 빛나게 해야 한다고 주장한다. 자연의 빛이란 바로 자연에 관한 지식을 뜻한다. 그리고 자연에 관한 지식은 다름 아닌 자연과학이다. 자연의 빛을 빛낼 수 있는 사람은 우주의 감추어진 비밀을 드러냄으로써 인류의 행복한 삶에 공헌할 수 있다는 것이 베이컨의 믿음이었다. 베이컨 자신은 자연의 빛, 곧 진리에 대해서 자기만큼 친숙한 사람이 없다고 생각했다. 그는 탐구욕이 강했고 깊이 있게 생각했다. 또한 문제를 거듭해서 고찰했고 신중하게 단언했으며 조심스럽게 탐구 문제를 정리했다.

우리는 "아는 것이 힘이다"라는 베이컨이 남긴 명언을 통해 베이컨의 사상을 좀 더 깊이 들여다볼 수 있다. 이 말에는 단순히 지식을 많이 쌓자는 것만이 아니라 남보다 더 많이 아는 사람이 사회적인 권력을 잡게 된다는 뜻이 담겨 있다. 그리고 그 속에는 당시 교회의 권위에 대한 비판과 인간의 능력에 대한 믿음까지 들어 있다.

또한 베이컨은 감각 경험과 구체적인 실천을 중요시했다. 베이컨은 대부분의 저술에서 자연철학 내지 자연과학은 고대로부터 현재까지 전혀 발달하지 못했을 뿐만 아니라 현재의 철학자들은 자연에 관해서 오히려 고대 그리스의 철학자들보다도 아는 것이 적다고 주장한다.

베이컨은 원래 총명한데다가 법률가 및 정치가로서 많은 사람들을 만났고 당시 영국의 정치, 법, 학문, 과학 등의 수준에 대해서 잘 알았기 때문에 실제적인 현실을 직시하고 특히 자연과학의 개혁으로 참다운 행복과 진리를 얻을 수 있다고 믿었다. 그래서 베이컨은 마르코 폴로의 지리적 탐험, 화약과 인쇄술의 발명, 코페르니쿠스와 갈릴레이의 천문학 등에 지대한 관심을 보였다.

결국 '자연에 눈을 돌리자'는 것이 베이컨의 주된 생각이었다. 순수한 정신이나 신이 세계 만물의 근원이라고 주장하고 그로부터 우주 만물의 생성소멸을 주장하는 전통 형이상학이야말로 베이컨이 보기에는 인간에게 아무런 새로운 것도 주지 못할 뿐만 아니라 지식의 발전에도 기여하는 것이 없다고 본 것이다. 그래서 베이컨은 새로운 세계와 사회를 만들기 위해서는 새로운 과학이 절실히 필요하다고 주장하였다.

2. 베이컨의 우상론

베이컨은 사물을 경험에 의해서 살펴야 한다고 주장하는 경험론자이다. 베이컨이 말한 "아는 것이 힘이다"의 '아는 것' 이란 자연현상의 법칙을 아는 것을 말한다. 즉 자연의 법칙을 알고 그것을 따를 때 비로소 자연을 이용할 수 있다는 것이다. 학문은 실용적이어야 하고 인간의 후생 복지에 이용되어야 한다는 생각이 그 바탕에 깔려 있다. 이는 영국 학문 기풍이 쌓이는데 크게 기여했다. 베이컨은 학문이 이제까지 알고 있었던 것, 그것으로 인해 관찰하고 실험했던 것에서 출발하여 인간의 지성을 얽매고 잘못되게 한 것을 제거해야 한다고 주장한다. 그런데 인간을 편견에 쌓이게 하는 것이 있다. 바로 경험에 입각하지 않은, 실험과 검증을 거치지 않은 편견은 인간의 지성을 얽매고 잘못되게 하는 우상이다. 외부 세계를 객관적으로 보기 위해서는 인간이 가지고 있는 주관적 편견을 없애야만 참다운 지식을 얻을 수 있다는 것이다. 인간은 자신이 처한 조건이나 배경, 사상 등에 따라 각자 세계를 바라보는 눈을 가지고 있다. 이러한 인간의 눈은 보편타당한 객관적인 지식을 얻는 데 방해가 되기도 한다. 그래서 베이컨은 주관적인 편견, 곧 참다운 지식을 얻기 위해서 꼭 제거하지 않으면 안 되는 선입견을 일컬어 우상이라고 정의한다. 베이컨은 대표적 우상을 네 가지로 분류하고 있다. 이는 '종족의 우상' '동굴의 우상' '시장의 우상' '극장의 우상' 이다.

① 종족의 우상

'종족의 우상' 은 인간의 본성상 가질 수밖에 없는 편견, 즉 인간이기 때문에 가질 수밖에 없는 편견을 말한다. 이는 인간 이외의 모든 것들에 대해 인간 중심적인 관점에서 생각하고 판단하는 편견을 말한다. 예를 들어 사람들은 자신들이 목적을 추구하고 있다는 사실에서 미루어 자연 역시 어떠한 궁극적인 목적을 추구하고 있다고 믿는다. 또한 인간의 상상력은 냉철한 판단을 내리기 어렵게 한다. 사람들은 자신이 소원하는 것에 대해 기도를 하고 그것이 효과를 얻어 그에 대한 대답을 얻을 것이라고 믿는다. 이처럼 '종족의 우상' 은 우리가 인간이기 때문에 가질 수밖에 없는 오류들을 말한다.

② 동굴의 우상

'동굴의 우상' 은 각각의 개인이 가지고 있는 편견을 말한다. 개개인마다 가진 서로 다른 성격, 기질, 교육, 관점, 처지 때문에 생기는 편견으로, 개인은 자기만의 독특한 동굴에 갇혀 있는 것과 같은 상태이기 때문에 편견을 갖게 된다. 베이컨은 플라톤의 《국가론》에 나오는 '동굴의 비유' 에서 힌트를 얻어서 동굴의 우상을 생각해 냈다고 한다. 각 개인은 성장 과정이나 성격에 따라서 똑같은 대상이라도 서로 다르게 판단하는 경향이 있다. 어떤 사람은 돈을 삶에서 가장 고귀하고 중요한 것으로 여기는 데 비해 또 다른 사람은 돈을 가장 쓸모없는 것으로 생각한다. 심지어는 돈이 인간을 버린다고 생각하는 사람도 있다. 이것은 모두 개인적인 동굴의 우상이다.

③ 시장의 우상

'시장의 우상' 은 언어가 생각에 영향을 미쳐서 생기는 편견을 말한다. 예를 들어 '왕은 한 국가의 지배자이다. 따라서 백성은 누구나 왕에게 절대적으로 복종하여야 한다' , '왕 역시 한 인간이다. 비록 왕이 통치권자라고 해도 그가 잘못을 범하면 백성은 왕을 심판하여야 한다. 왜냐하면 한 국가의 진정한 주인은 백성이기 때문이다' 라는 두 가지 주장이 있다고 하자. 이 두 가지 말은 듣는 이들에게 영향을 미쳐서 옳지 못한 생각과 판단을 낳게 할 수 있고 따라서 편견을 생기게 하는 원인이 될 수 있다. 이와 같은 상황을 뜻하는 것이 시장의 우상이다. 사람들은 시장에 가서 물건을 사고팔기만 하는 것이 아니라, 이야기를 주고받고 잡담을 일삼기도 한다. 이런 과정에서 사람이란 모든 언어와 일치하는 실재가 있다고 믿기 쉽다. 언어는 존재하지 않는 것을 존재하는 것으로 묘사하기도 하고 다양한 의미를 갖기도 한다.

따라서 정확하게 규정하지 않으면 그 의미를 제대로 파악할 수 없다. 베이컨은 언어를 애당초 무지와 성급함에 의해서 만들어졌다고 보고 따라서 주의해야 한다고 말했다.

④ 극장의 우상

'극장의 우상'은 권위에 호소하거나 과거의 전통을 고집하는 태도 등과 같은 편견을 말한다. 즉, 지난날의 지식을 반성 없이 무조건 고집하는 것을 뜻한다. 예를 들면 공자님이나 맹자님이 이렇게 말씀하셨으니까 그분들의 말씀은 무조건 옳다고 우기는 것이 극장의 우상에 속하는 것이다. 베이컨은 "일반인이 승인하고 있는 체계들은 모두 무대 연극에 불과하며, 사실과는 관계없이 연극적으로 꾸며진 작가 자신들의 창작 세계에 해당하는 것들이다"라고 서술하였다. 학문은 여러 시대 속에서 생긴 것이므로 단편적 지식에 불과하다. 이러한 단편적 지식을 무조건 고집하는 것은 사물을 객관적으로 볼 수 없게 하는 장애물이다.

3. 과학 탐구 방법-귀납적 방법

베이컨은 아리스토텔레스의 연역적 삼단논법은 지식을 넓히는 데에 도움이 되지 않는다고 생각한다. 그래서 관찰과 실험을 기본으로 하는 귀납적 방법을 중요시하였다. 즉, 그것만이 다수의 사례를 모아서 표나 목록을 만들어 사물의 본질을 파악하는 방법이라고 주장하였다. 예를 들어 '모든 사람은 죽는다. 소크라테스는 사람이다. 그러므로 소크라테스는 죽는다'와 같은 논증은 연역 논증이다. 연역 논증은 전제를 참이라고 받아들이면, 그 결론이 반드시 참이 되는 추론 방법으로, 사실 결론의 내용을 잘 살펴보면 이미 전제에 포함되어 있다는 것을 발견할 수 있다. 그렇기 때문에 연역 논증은 새로운 지식을 알려 주는 것은 아니다. 다만 이끌어 낸 결론의 확실성, 필연성을 보장하는 추론 방법이다. 반면에 '소크라테스는 죽었다. 플라톤도 죽었다. 그러므로 인간은 모두 죽는다'와 같은 추론은 개별 사례들을 열거하고 이로부터 일반 법칙을 이끌어 내는 귀납 논증이다. 이런 귀납 논증은 아무리 개별 사례들이 늘어난다고 하더라도 결론의 확실성이 필연적으로 보장되지는 않는다. 그러나 귀납 논증을 통해 도출한 일반 법칙은 경험하지 않거나 관찰하지 않은 대상들에 대해 알려 주고, 이로써 지식의 확장을 가져온다.

베이컨은 이러한 귀납법에 ①자기가 구하는 법칙과 관계있는 사례를 모으는 절차와 ②모든 것을 비교하고 검토해서 자연에 관한 진리가 드러나는 법칙을 찾는 절차가 필요하다고 주장한다. 그리고 첫 번째 절차와 관련해서는 세 가지 일람표를 제시한다. 존재표는 원하는 성질을 현재 갖고 있는 것,

부재표는 원하는 성질을 갖고 있지만 보이지 않는 것, 마지막으로 정도표는 사상이 여러 가지로 나타나는 것을 말한다. 베이컨은 이러한 세 가지 일람표로 정리하는 절차의 필요성을 역설한다. 법칙을 찾는 절차는 비교를 통해 우연적이고 비본질적인 요소를 제거하는 절차로, 이는 관계적이고 계속적으로 일어나야 함을 요구하는 절차이다.

일상에서 만나는 베이컨의 우상론

1. 우상론의 사례들

① **'종족의 우상' 사례** '얼굴을 잔뜩 찌푸리고 있는 먹구름' '봄을 찬양하며 즐겁게 노래하는 꾀꼬리' '저 새는 나의 마음을 알기라도 하는 듯이 구슬프게 운다' '도살장에 끌려가는 소가 두려움에 눈물을 흘린다' 등과 같이 인간이기 때문에 사물에 대해 가질 수 있는 선입견 혹은 편견을 말한다.

② **'동굴의 우상' 사례** '귀신을 본 적이 있으므로 귀신은 세상에 존재한다' '지금껏 맛있게 먹은 사과는 모두 붉은 사과였으므로 빨간 사과가 푸른 사과보다 맛있다' '장님들이 코끼리의 전체 모습은 알지 못한 채 자기가 만진 일부분을 코끼리의 전부라고 생각한다'는 우화 등 인간이 개별적으로 각자의 조건, 환경 등에 따라 가지는 편견을 예로 들 수 있다.

③ **'시장의 우상' 사례** '인어라는 말이 있으니, 바다에는 인어가 살고 있

다' 라는 말처럼 '귀신' '도깨비' '용' '봉황' '마녀' 등 우리의 언어로 자주 표현되고 사용됨으로써 마치 이들이 현실에 존재하는 것처럼 생각하는 것을 말한다. 이는 우리의 잘못된 언어 사용에 따른 편견이다. 관찰과 경험을 통해 확인되지 않았음에도 불구하고 잘못된 언어 사용으로 인해 마치 그 말에 해당하는 대상이 있다고 믿는 편견이다.

④ **'극장의 우상' 사례** '아리스토텔레스 혹은 성서에 따르면 태양이 지구의 주위를 돈다고 하였다' 라는 말처럼 자신의 경험이나 생각에 의하여 판단하지 않고 권위나 전통을 지닌 어떤 사람의 학설이나 주장을 그대로 받아들이게 되는 잘못된 편견을 예로 들 수 있다.

2. 생각거리

- 베이컨의 '네 가지 우상론' 외에 올바른 사고를 가로막는 또 다른 우상이 있다면 어떤 것일까?
- 경험하지 않고도 알 수 있는 지식은 어떤 것일까?
- "아는 것이 힘이다" 라는 베이컨의 주장에서 알 수 있는 자연관은 무엇인가?

- 과연 과학 연구의 본질을 드러내는 방법이 귀납적 탐구 방법이라고 할 수 있을까?

실전 논술
천하대장군
지하여장군

1강_ 동굴의 우상, 시장의 우상

case 1-1 아래 제시문을 읽고 물음에 따라 생각해 봅시다.

가 "안 된다는 사회적인 편견 때문에 홀로서기가 쉽지 않아요."

영화 〈말아톤〉은 자폐아 초원이의 힘겨운 홀로서기와 사회의 고정관념에 맞선 부모의 눈물겨운 헌신으로 많은 감동을 줬다. 그런데 최근 한 방송사에서 '영화 그 후'를 다뤄 새롭게 주목받고 있다. 초원이가 직장에 취업을 한 것이다. 이제 더 이상 장애아가 아니라 장애를 가진 사회인으로 첫발을 내디딘 초원이는 또다시 '긴 달리기'를 준비하고 있었다.

초원이의 경우처럼 장애아를 둔 부모들은 자식이 '독립'하는 것을 목표로 삼고 있다. 어엿한 사회인으로서 제 몫을 다하기를 바라는 것이다. 그러기 위해서는 취업이 선행 조건인데 현실은 그리 녹록치 않다. 권혁미(42 · 여) 경주 경희학교 교사는 이런 편견을 깨기 위해 뛰고 있는 공립 특수학교 교사 중 한 명이다. 권 교사는 교내 진로직업부장을 맡고 있다.

"1, 2주 일을 시켜 보고 '안 된다'고 판단해 버리는 분들이 많아요. 조금만 인내심을 갖고 일을 가르쳐 주시면 우리 아이들에게도 소질이 충분하다는 것을 아실 텐데요."

권 교사는 특수교육에 18년간 몸담아 왔다. 대구대 특수교육과를 졸업한 그는 일반 중학교 특수학급 교사로 교직에 발을 들인 후 경상북도 도내 공립 특수학교인 상주 상희학교를 거쳐 현재 경주 경희학교에 몸담고 있다. 경희학교는 취업 준비반 격인 '전공과' 를 운영해 신체장애 및 정신장애 학생들의 취업을 돕고 있다. 고교를 졸업한 학생들은 이 전공과에서 2년간 취업 실습과 준비 교육을 받게 된다.

권 교사는 "예전에는 작업 능률도 떨어지고 대인 관계도 잘 이뤄지지 않는다며 장애 학생들의 취업을 꺼리는 업체들이 많았지만 요즘에는 꾀부리지 않고 생각보다 솜씨가 좋다며 방학 중에도 추가로 학생을 보내 달라고 요청할 정도로 인식이 많이 바뀌었다" 고 했다.

-〈매일신문〉 2006 · 08 · 22일자

나 삼총사는 귀를 틀어막았습니다. 그 소리는 마치 오래된 대문에서 들려오는 쇳소리 같기도 했고, 맹수가 죽어갈 때 마지막으로 지르는 비명 같기도 했고, 기차가 철로에 억지로 설 때 나는 마찰음 같기도 했습니다. 적막 속에서 들려오는 정체 모를 그 소리조차 너무 무서웠습니다. 그때 갑자기 하얀 불빛이 동그랗게 여기저기 떠다녔습니다. 여기저기 어른대는 불빛과 이어서 작아졌다 커졌다, 웃었다 울었다 하는 귀신 소리……. 삼총사는 다리를 달달 떨며 제자리에 멈춰 섰습니다. 그때 갑자기 눈앞에 머리를 풀어헤치고 소복을 입은 여자 귀신의 얼굴이 거꾸로 툭 떨어졌습니다.

"으아아악!"

삼총사는 겁에 질려, '걸음아 나 살려라!' 하고 뛰기 시작했습니다.

출구를 찾아 무작정 뛰는 동안 소복 입은 여자 귀신들이 후다닥 앞을 가로질러 가기도 하고 도깨비들이 손을 끌어당기기도 했습니다. 해골바가지가 와르르 무너지기도 했고, 박쥐들이 퍼드덕 날아오르기도 했습니다. 날카로운 여자 귀신의 목소리, 낮게 울리는 할아버지의 울음소리, 끼익끽대는 소리, 무언가 깨지는 소리 등 여러 가지 소리들이 마구 섞여 도망치는 삼총사 뒤를 따라왔습니다. 정신없이 뛰면서 넘어지고 비명을 지르며 겨우겨우 출구로 나왔습니다.

갑자기 만나게 된 환한 빛 속에서 삼총사는 멍하니 서 있었습니다. 어둠 속에서 단련된 눈으로 갑자기 환한 빛을 보게 되니 어리둥절했습니다. 동굴 속에서 생각했던 모든 것들이 산산이 부서지는 느낌이 들었습니다.

-《베이컨이 들려주는 우상 이야기》 중에서

① 제시문 (가)를 통해 장애아들이 취업을 하는 데 어려움을 겪는 근본적인 이유가 무엇일지 생각해 봅시다.

② 제시문 (나)에서 삼총사들의 동굴 안과 동굴 밖의 경험의 차이가 무엇 때문인지 생각해 봅시다.

③ 제시문 (나)에서 동굴의 비유를 통해 알 수 있는 것이 무엇인지 말해 보고, 제시문 (가)에서의 문제를 극복할 수 있는 방안을 제시문 (나)에 비추어 서술해 봅시다.

case 1-2 아래 제시문을 읽고 물음에 따라 생각을 넓혀 보도록 합시다.

가 "절대 빠지지 않는 붙이는 못이라니! 붙였는데 어떻게 절대 빠지지 않겠어. 흥! 붙이는 못이니까 절대 빠지지는 않겠다. 떨어지긴 하겠지. 나중에 못 떨어졌다고 하면서 항의하면 왜 그런 말을 나한테 하느냐고 할걸. 빠지지 않는다고 했지 떨어지지 않는다는 말은 안 했으니까."

여전히 종회는 마음에 들지 않은 모양이었습니다.

"왜 그래. 어쨌든 샀으니까 저 아저씨 말을 믿어 볼 수밖에."

호철이가 종회에게 말했습니다.

"장사꾼의 말에 놀아나는 진형이가 한심해서 그래. 물건을 파는 모든 사람들이 다 좋다고 말하지 나쁘다고 말하냐? 저 한심한 녀석. 이렇게 물건을 팔면서 적합하지 못한 단어나 이름을 붙이면 사람들이 헷갈리지 않겠어? 잘못된 언어를 사용하면 언어와 실재 물건에 대한 혼돈이 생기잖아. 언어가 있다고 해서 실재로 있는 건 아니니까. 이런 물건들을 살 때는 자세히 요모조모 뜯어보고 관찰해야 해. 그래야 이런 말도 안 되는 일들을 방지하지."

종회의 말에 진형이는 화가 났습니다.

"네가 산 것도 아니면서 왜 그래? 내가 좋아서 사겠다는데!"

진형이는 조금 화가 난 것 같았습니다.

"우리 엄마도 예전에 전철에서 아빠 드린다고 전기면도기를 산 적이 있는데 뭐, 날을 교체하지 않아도 되고 충전도 오래된다고 그러더니 웬걸? 충전한 지 얼마 되지 않아 금방 전지가 닳아 버리고 날이 금방 무뎌져서 교체하려고 했는데 대리점도 없어서 A/S도 받지 못했다고! 모두 장사꾼들의 입심에 속은 거지 뭐."

종회의 말에 호철이는 저도 모르게 고개를 끄덕이다가 진형이의 눈치를 보았습니다.

"그래도 아까 저 아저씨가 타일에 붙였을 때 단단히 붙었잖아?"

진형이는 종회의 생각과는 달랐습니다. 아저씨를 믿고 싶었지요.

"잠깐이야 붙어 있겠지. 절대 빠지지 않나 두고 보라고!"

"너 왜 자꾸 그래? 내가 좋아서 샀는데……."

"좀 객관적으로 판단하라는 거야. 그냥 남의 말에 넘어가지 말고. 너희, 모순이라는 말 알지? '모든 방패도 뚫을 수 있는 창'과 '모든 창도 막을 수 있는 방패' 이야기! 세상에 그런 말도 안 되는 게 어디 있어? 그러니 그걸 모순이라고 하는 거야. 저런 잘못된 말 때문에 사람들이 사실을 오해하게 되는 거라고!"

-《베이컨이 들려주는 우상 이야기》 중에서

① 제시문에서 종회가 친구들을 비판하는 이유는 무엇인가요?

② '말(언어)'에 의해서 올바른 사고나 판단을 내리는 데 어려움을 겪었던 경험이 있나요? 각자의 경험을 떠올려 봅시다.

③ 올바로 말하는 것과 올바로 사고하는 것은 어떤 관련이 있을까요? 베이컨이 말하는 '시장의 우상' 이 경계하는 것이 무엇인지 서술해 봅시다.

2강_ 종족의 우상, 극장의 우상

case 2-1 아래 제시문을 읽고 물음에 따라 생각해 봅시다.

가 이틀이나 비가 왔습니다. 비가 온 후 그 집 앞 능소화는 모두 져 버리고 바람이 불었습니다. 제법 가을다웠습니다. 삼총사는 한참이나 말을 하지 않았습니다. 서로 말은 하지 않았지만 마음속으로는 모두 그 집 마당에 세워져 있던 긴 장대 끝의 새를 떠올리고 있었을 것입니다.

"그런 걸 왜 만들어 놨을까?"

종회가 푸, 하고 한숨을 내쉬었습니다. 도무지 뭔지 모르겠다는 뜻이겠지요.

(중략)

"그 새가…… 왠지 슬퍼 보이지 않니?"

호철이의 말에 종회와 진형이는 에이, 하며 실망했습니다.

"슬퍼 보여서 어쨌는데?"

종회는 괜히 짜증이 났습니다.

"나무로 깎아 만든 새가 어떻게 슬퍼 보이고 기뻐 보이고 그러겠냐? 그냥 나무는 나무지, 뭐!"

진형이도 호철이가 한심스러웠습니다.

"그게 아니지, 너희들 조각 공원에서 조각 작품들 안 봤어? 그 조각들은 그냥 나무거나 쇠붙이지만 작가의 정신이 깃들어져 있는 것 아니야? 작가가 어떤 의도로 그 작품을 만들었느냐에 따라서 작품의 제목이 정해지고 또…… 그래! 그것을 보는 사람이 감동을 하고."

호철이가 장황하게 설명을 했습니다.

"그래서? 그게 어쨌다는 건데?"

종회는 호철이의 말이 끝내 이해되지 않았습니다.

"그래서 그게 무슨 뜻이냐고?"

진형이도 호철이의 말이 이해되지 않기는 마찬가지였습니다.

"그거야…… 나도 모르지. 그냥 내가 보기에 그 장대 끝에 홀로 앉아 있는 새가 왠지 슬퍼 보인다는 거지, 뭐. 그러니까…… 그것을 만든 사람이 슬픈 마음에 그것을 만들어 놓고 감상하는 게 아닐까? 조각 작품을 만드는 작가들처럼!"

호철이는 다시 한 번 자신의 생각을 말했습니다. 종회와 진형이도 이번에는 아무 말도 하지 않았습니다. 어쩌면 호철이의 말이 맞는 것도 같았기 때문이었습니다.

"날고 싶어도 날지 못하고 장대 끝에 매달려 먼 하늘을 바라보는 모습이 마치 자신의 운명을 슬퍼하는 것 같단 말이야."

호철이는 으쓱해져서 이젠 아주 시를 읊듯이 중얼거렸습니다.

"야, 그렇다고 그렇게 많이 만들어 놓냐? 하나만 만들어 놓으면 되지? 할 일 없이 같은 걸 그렇게 많이 만들어 놨을까?"

종회는 호철이의 말이 이해는 됐지만 사실과는 다르다고 생각했습니다.

"내가 볼 땐 그냥 아무 뜻 없이 만들어 놓은 것 같아. 그냥 한번 만들어 봤는데 재미있어서 한 개 만들고 또 만들고 해서 그렇게 많아진 거지."

-《베이컨이 들려주는 우상 이야기》 중에서

① 솟대나 조각들을 통해 자신의 감정을 이입하는 진형이의 태도가 잘못된 것일까요? 진형이의 태도가 갖는 긍정적인 면과 부정적인 면을 각각 서술해 봅시다.

② 베이컨이 말하는 '종족의 우상'과 진형이의 주장을 연관하여 사물에 대해 올바른 앎을 갖기 위해서는 어떠해야 하는지 서술해 봅시다.

case 2-2 아래 제시문을 읽고 물음에 따라 생각해 봅시다.

가 "나는 대학에서 철학을 공부했어. 그래서 많은 철학자들의 삶과 사상을 통해 변하기 위해 열심히 공부했지. 어떻게 사는 것이 참다운 삶인가? 어떤 삶이 의미 있는 삶인가에 대해서……."

“우아! 멋져요!”

호철이가 환호했습니다.

“아니야.”

아저씨의 말에 호철이는 의아했습니다.

“왜요? 그렇게 훌륭하신 분들의 삶과 사상을 공부하면 그분들만큼은 아니더라도 훌륭하게 살 수 있을 것 같은데?”

“그게 바로 나의 또 다른 편견이었고, 극장 우상이었지.”

“극장 우상이요?”

종회가 물었습니다.

“그래, 나는 현재의 나의 삶을 과거 철학자의 권위 있는 사상으로 바꿀 수 있다는 착각을 했던 거야. 어떤 전통이나 권위에 의지하여 나타나는 지식이나 학문을 아무런 비판 없이 받아들이는 것을 극장 우상이라고 해. 나는 그렇게 내가 공부했던 철학자의 지식을 그대로 받아들이려고만 했지. 우리가 극장에 가서 영화를 볼 때, 그것이 만들어진 것임에도 불구하고 마치 사실인 것처럼 착각하는 것과 마찬가지지.”

“맞아요! 종종 저도 그래요. 영화에서 나오는 곳은 모두 멋있다고 느끼고 영화배우가 하는 말은 모두 옳은 것처럼 느껴지거든요.”

종회가 헤헤거리며 웃었습니다.

“그래, 그게 바로 극장 우상이라는 거야. 그런데 그건 잘못된 편견이야. 그런 편견에서 벗어나지 못하면 참다운 나의 삶은 찾지 못하지.”

“그래서 아저씨는 어떻게 변하시려고 하는데요?”

“아직 그 방법을 찾는 중이야. 일단 내가 스스로 편견으로부터 벗어나지 못하면 세상의 편견을 그대로 받을 수밖에 없다고 생각해. 사실 내가 밖으로 나가지 못하는 것은 불편해서야. 세상이 많이 편리해졌다고는 하지만 장애인이 활동하기엔 몹시 불편하거든. 그렇지만 이제 너희를 만난 것을 계기로 다른 사람들과도 만나 볼 생각이야. 이렇게 한 사람 한 사람 만나면 나의 모습을 객관적으로 볼 수 있지 않을까?”

“그래요. 저희가 보기에도 아저씨는 몹시 친절하고 좋은 분 같아요. 저희도 아저씨를 만나니 뭔가 새로운 걸 많이 배울 것 같다는 생각도 들고요.”

-《베이컨이 들려주는 우상 이야기》 중에서

① 전통이나 학문 이론이 갖는 권위가 문제가 된다면 그 경우는 어떠한 경우일까요?

② '극장의 우상'을 버려야 하는 이유를 세계와 사물에 대한 올바른 인식(앎)과 관련하여 서술해 봅시다.

3강_ 참다운 앎

case 3 아래 제시문을 읽고 물음에 따라 생각해 봅시다.

가 "플라톤이 동굴에 비유해서 우리의 참다운 앎에 대해 설명한 적이 있거든."

"참다운 앎?"

"그래, 우리가 여기 서서 이 집에 대해 추측만 하는 건 플라톤이 말한 것처럼 동굴 안에 갇혀 있는 것 같을 뿐이야."

"그래서 동굴이 어쨌는데?"

"죄수들은 이 캄캄한 것을 '참다운 앎' 으로 여기는 거지."

"헤헤, 참 어리석다."

호철이가 어이가 없다고 웃었습니다.

"그런데 상황이 바뀌어서 우연히 묶였던 끈이 풀리고 죄수들이 몸을 돌려서 동굴 입구를 향해서 걸어 나온다고 가정해 봐. 바로 동굴 벽 여기저기에 횃불이 있어서 사람이나 바위의 그림자들이 너울거리고 있어. 죄수들은 이제 캄캄한 것은 참답지 못하고 너울거리는 그림자가 참다운 앎이라고 믿겠지? 이 단계는 '신념의 단계' 보다는 수준이 높은 '추측의 단계' 래."

"그것도 어리석기는 마찬가지인데? 아직 환한 세상을 본 것도 아니잖아."

종회가 말하자 호철이가 고개를 끄덕였습니다.

"그래, 다음으로 죄수들이 동굴 입구 쪽으로 다가갈수록 사물들의 윤곽이 보다 더 뚜렷하게 보이기 시작하겠지? 사물들이 완전하게 똑똑히 드러나지는 않을지언정 사물들은 질서와 체계를 지닌 것으로 보이는 거야. 이 단계가 바로 수학적 앎의 단계래."

진형이는 마치 선생님처럼 설명했습니다. 신념의 단계, 추측의 단계, 수학적 앎의 단계와 같은 단어를 써 가면서 말을 하니 오늘따라 진형이가 똑똑해 보이기까지 합니다.

"이 정도 되면 어느 정도 안다고 할 수 있는 것 아니야?"

"아니지, 완전히 동굴을 벗어나야 하는 거지."

종회의 물음에 진형이 대신 호철이가 대답했습니다.

"그래, 죄수가 이제 막 동굴을 벗어났어. 그리고 환한 빛을 보게 된 거지."

"근데요, 진형아! 깜깜한 곳에 있다가 갑자기 밝은 곳에 나오면 오히려 아무것도 안 보이는데?"

호철이가 진형이의 말을 끊고 말했습니다.

"맞아."

종회도 맞장구를 쳤습니다.

"그래, 처음엔 눈이 부셔서 아무것도 볼 수가 없지만, 빛에 익숙해지면 점점 사물이 똑똑히 보이겠지? 그러면, 이윽고 모든 것을 참답게 보면서 '세상이란 이런 것이구나!' 하고 감탄사를 연발하겠지? 이것이 곧 참다운 앎이야."

-《베이컨이 들려주는 우상 이야기》 중에서

나 '아는 것이 힘이다' 라는 말은 베이컨이 남긴 명언이다. 우리는 이 명언에 담긴 뜻을 통해 베이컨의 사상을 좀 더 깊이 들여다볼 수 있다. 이 말에는 단순히 지식을 많이 쌓자는 것만이 아니라, 남보다 더 많이 아는 사람이 사회적인 권력을 잡게 된다는 뜻이 담겨 있다. 그리고 그 속에는 당시 교회의 권위에 대한 비판과 인간의 능력에 대한 믿음까지 들어 있다.

번개가 신의 노여움의 표현이라고 생각하는 사회에서는 신과 가장 가까운 인간이나 집단이 권력을 행사한다. 그러나 번개가 수증기를 머금은 구름에서 생기는 전기적 현상이라는 사실을 알게 되면, 사람들은 더 이상 번개가 쳐도 신이 노여워하고 있다고 생각하지 않게 된다. 이와 같이 전에는 알 수 없었던 자연현상이 일어나는 원리를 하나씩 알아 가게 되면, 교회는 더 이상 사회를 지배할 수 없으며, 자연 또한 두렵거나 신비로운 대상이 아니게 된다. 이제 교회 대신 아는 것이 많은 사람이 힘을 가진 지배자로 등장하게 되는 것이다. 물론 여기서 앎이란 경험으로 얻어진 지식을 말한다. 우상을 벗어나 관찰과 실험에 기초하여 귀납법적으로 지식을 탐구하지 않으면 안 된다.

① 앎을 '참다운 앎' 과 '그릇된 앎' 으로 나눈다면, 여기서 말하는 '참다운 앎' 이란 어떤 식의 앎인가요? '참다운 앎' 의 성격이 무엇인지 정리해 봅시다.

----

② 참다운 앎에 도달하기 위해서 어떤 탐구 방식을 선택해야 한다고 말하고 있나요? 또 이에 동의하는지 자신의 생각을 서술해 봅시다.

아비투어
철학 논술

case 1-1 ❶ 장애아들이 취업을 하는 데 어려움을 겪는 근본적인 이유는 장애인에 대한 사회적 편견 때문이다. 비장애인들과의 차이점들이 단점으로 인식되면서 그들에 대해 올바르지 못한 판단을 하고 있다.

❷ 삼총사들은 동굴 안의 어둠 속에서 각자가 만들어 낸 허상들과 싸운다. 각자가 가지고 있는 경험의 기반 위에 만들어진 두려움이 어둠 속에서 어떤 물리적인 실체로 여겨져 공포감이 극대화되고 있다. 이들은 동굴 밖 환한 빛으로 나왔을 때 비로소 그러한 공포로부터 해방된다.

❸ 동굴 안과 밖은 사물에 대한 인식에 있어서 그름과 올바름을 나타내고 있다. 동굴 안의 어둠 속에서 각자 자신이 만든 편견들로 인해 사물에 대한 올바른 인식을 갖지 못하던 아이들이 동굴 밖의 환한 빛을 통해 올바로 사물에 대한 인식을 갖게 되는 과정은, 베이컨이 지적한 '동굴의 우상' 을 떠올리게 한다. 사람들은 각자의 경험 기반에 따른 편견들을 갖고 있다. 자라난 환경, 기질, 각자가 처한 조건들에 따라 선입견들이 생긴다. 그런데 이러한 선입견은 사물에 대한 이해력을 높일 수도 있지만, 부정적인 경우 사물에 대한 올바른 인식을 가로막는 장애물이 되기도 한다. 제시문 (가)에서 말하는 사회적 편견은 비장애인들이 자신이 처한 조건 하에서 판단을 하기 때문에 자신들과 차이가 있는 장애인들에 대해 마련된 선입견이다. 나와 다르다는 이유가 차별의 근거가 되어서는 안 된다. 이를 위해서는 '나' 의 조건을 넘어서 사물, 타인에 대해

객관적인 평가를 내리도록 해야 한다.

case 1-2 ❶ 종회는 친구들이 남의 말에 쉽게 속아 넘어가고 잘못된 판단을 내리고 있다고 생각한다. 쉽게 남의 말을 믿어 버리는 것은 올바른 사고가 아니라고 생각하는 것이다. 상대방의 말이 정말 옳은지 그른지의 여부는 반성적인 판단을 통해 스스로 따져보고 평가해 보아야 하는데, 그러한 노력을 기울이지 않은 채 남의 말을 무비판적으로 받아들이는 것은 문제가 있다고 보는 것이다.

❷ 언어와 사고는 떼려야 뗄 수 없는 관계에 있다. 언어를 통해 사고를 전개하고, 자신의 사고를 언어로 표현하는 것은 잘 알려진 사실이다. 그런데 애매하거나 모호한 말과 표현들을 통해 사고의 혼란을 가져온 경험들이 있다. 예를 들어 '해가 뜬다' 라는 표현은 이미 지동설에 대한 과학적 지식을 갖고 있는 우리에게 수사적인 의미 이상은 아닐지라도, 예전 사람들이 이것을 근거로 "봐라, 태양이 움직이는 것이다" 라고 말했다면, 이는 언어 사용의 혼동 때문에 생긴 사고의 혼란이라고 할 수 있다. 또 '인어라는 말이 있으니, 바다에는 인어가 살고 있다' 처럼 '귀신', '도깨비', '용', '봉황', '마녀' 등과 같이 우리의 언어로 자주 표현되고 사용됨으로써 마치 실재로 존재하는 것처럼 여겨지는 것은 우리의 잘못된 언어 사용에 따른 편견이다. 각자의 경험들을 떠올려 보도록 한다.

❸ 베이컨이 말하는 '시장의 우상' 은 관찰과 경험을 통해 확인되지 않은 채 잘못된 언어 사용으로 인해 마치 그 말에 대응하는 대상이 있다고 믿는 편견들을 말한다. 사람들이 많이 모이는 시장에서는 수많은 말들이 오가면서 소문과 과장이 끊일 날이 없다. 언어를 사용함으로써 사고를 전개할 수밖에 없지만, 이러한 언어의 잘못된 사용은 세계에 대한 올바른 인식을 가로막기도 한다. 따라서 우리가 사용하는 '말' 이 무엇을 뜻하는지, 그 지시 대상은 무엇인지, 그와 관련된 경험 기반은 무엇인지에 대한 반성적 사고 없이 무비판적으로 남의 말을 따르거나 자신의 생각을 그러한 용어를 사용해서 표현해서는 안 될 것이다. 사고의 혼란은 사물에 대한 올바른 인식을 가로막는 장애물로 작용한다. 외부 세계에 대한 객관적인 지식을 갖추기 위해서는 이러한 언어 사용으로 인해 발생하는 사고의 혼란을 피해야 할 것이다.

case 2-1

❶ 어린아이들의 그림을 보면 태양에도 눈, 코, 입이 있고, 심지어는 성별도 표시한다. 구석기나 신석기인들이 남긴 역사적 유물, 유적들을 살펴보면 이러한 애니미즘이나 토테미즘이 잘 나타나 있다. 사물에 자신의 감정을 이입시키는 것은 문학작품이나 표현의 참신성에서는 긍정적인 의미가 있다고 할 수 있다. 그러나 이것이 사물에 대한 앎과 관련해서는 문제로 지적될 수 있다. 즉 세계의 모습이 어떠한지를 객관적인 접근법을 통해 알고 있고, 이에 더해 표현의 참신성이나 효과 면에서 수사적인 표현들을 쓸 수는 있지만, 그 자체가 세계에 대한 모습이라고 착각해서는 안 된다는 것이다. 이는 인간의 마음 밖에 존재하는 외부의 객관적인 세계의 배열

에 대한 올바른 인식을 가로막을 수 있기 때문이다.

❷ 베이컨의 '종족의 우상'은 사람들이 자기의 의지나 감정에 의하여 생각이 흐려진다거나 또한 감각 기관에 의해 착각이 일어나는 것처럼, 모든 인간이 본능적으로 쉽사리 이끌려 들어가는 여러 가지 착각을 말한다. 우리는 흔히 '저 새는 나의 마음을 알기라도 하는 듯이 구슬프게 운다' 또는 '도살장에 끌려가는 소가 두려움에 눈물을 흘린다'라는 말을 한다. 과연 새가 슬퍼서 울고 소가 두려움 때문에 눈물을 흘릴까? 이런 해석에는 우리의 생각이 끼어든 것일 뿐, 사실은 그렇지 않다. 다만 우리가 인간이기 때문에 언제나 세상을 인간적인 눈으로 바라보고 있는 것이다. 이처럼 세계의 모든 현상을 인간의 관점에서만 보려는 것을 종족의 우상이라고 한다. 이는 인간 밖에, 혹은 우리의 마음 밖에 객관적으로 존재하는 외부 세계가 존재한다는 것을 가정하고 있다. 이러한 가정 하에, 외부 세계에 대한 참된 앎을 갖기 위해서 인간은 인간이란 종족의 조건상 가질 수밖에 없는 편견들로부터 벗어나야 한다. 사물에 대한 올바른 인식은 인간이 자신이 처한 조건, 인간이라는 종족이기 때문에 가질 수밖에 없는 편견에서 벗어났을 때에서야 비로소 가능하다.

case 2-2

❶ 모든 권위가 다 부정되어야 하는 나쁜 것은 아닐 것이다. 왜냐하면 적절한 권위는 자신의 주장의 설득력을 높이기 위해 이용될 수도 있고, 검증된 권위에 대한 순응은 필요하기 때문이다. 그러나 무조건적인, 무비판적인 권위에 대한

순응은 사물에 대한 참된 인식을 가로막는 장애물일 수 있다. '누구, 누구에 따르면' 이라고 시작하는 권위가 상대방으로 하여금, 혹은 자신 스스로 어떠한 반성 작용도 하지 말라는 요구로서 인용된다면 이는 부적절한 권위라고 할 수 있다. 권위를 갖는 모든 것들은 철저한 반성을 통해 검증될 때에야 비로소 인정될 수 있다.

❷ 베이컨은 무대 위에 꾸며진 것을 보고 환호하는 관객들처럼, 전통이나 권위를 등에 업고 나타나는 지식이나 학문을 아무런 비판 없이 받아들이는 것을 가리켜 '극장의 우상' 이라고 했다. 사람들은 그럴 듯하게 보이는 말을 그대로 믿어 버리거나, 뭔가 거창해 보이는 것을 의심하지 않으며 생활한다. 극장에서 상영되는 영화나 연극이 과장되고 거짓인 경우가 많다. 베이컨은 이와 같이 경험이나 관찰을 거치지 않고 주어진 권위를 그대로 받아들이는 태도를 극장의 우상이라고 하여 비판했던 것이다. 베이컨은 과거에 나온 이론들을 권위가 있다고 해서 무조건 따르기보다는 그것들을 침착하고 이치에 맞게 비교하고 분석함으로써 보다 발전된 이론을 세워 가는 것이 올바른 일이라고 생각했다.

case 3 ❶ 베이컨이 말하는 사물에 대한 참다운 앎은 경험을 그 기반으로 하고 있다. 관찰과 실험을 통해 철저하게 경험적으로 입증된 앎이야말로 진정한 앎이라는 것이다. 올바르지 않은 앎은 이러한 탐구 방법을 거치지 않은 채 편견들을 통해 우리가 알고 있는 앎들이다. 경험하지 않고 단지 자신이 이전에 가진 편견들을 조합해서 사물에 대한 앎을 갖는다면 이는 우리 밖에 존재하는 외부 세계에 대한 올바른 인식(앎)이라고 할 수 없다. 예를 들어 수학적 지식이나 논리적 지식은 경험을 통해 알 수 있는 것들이 아니다. '남자는 결혼하지 않은 남성이다', '삼각형의 내각의 합은 180도이다' 라고 할 때 이 문장이 참인지 거짓인지를 알기 위해 경험해 볼 필요가 없다. 경험하지 않고도 이 문장이 참인지 알 수 있는 이유는 문장의 분석을 통해 그 참을 알 수 있기 때문이다. 이러한 지식들을 우리는 선험적 지식이라고 부르는데, 이는 경험하지 않고서도 참 · 거짓을 알 수 있는 지식들을 말한다. 그런데 베이컨은 이러한 앎은 사물에 대한 참다운 앎이라고 보지 않는다. 왜냐하면 이는 경험을 기반으로 하고 있지 않기 때문이다.

❷ 베이컨은 '노붐 오르가눔' 제2부에서 대상에 대한 인식에서 걸림돌로 작용했던 감각의 한계를 넘어 객관적으로 실재하는 열의 본질을 규명할 수 있는 방법을 제시하고 있다. 그 방법이 바로 귀납법이다. 우리는 자신의 감각에 사로잡혀 주관적으로 판단할 것이 아니라 대상 자체의 질적 공통성을 찾아낼 수 있어야 한다는 것을 말한다. 베이컨은 관찰과 실험을 바탕으로 한 귀납적 탐구 방법이야말로, 사물에 대한 올바른 인식을 가져오는 탐구 방법이라고 보았다. 그런데 문제는 경험에 입각한 귀납적 탐구 방법이 과연 확실성을 가질 수 있는가이다. 귀납적 일반화가 안고 있는 문제점들을 생각해 볼 때, 의심할 수 없는 확실한 지식의 토대가 경험이라고 말할 수 있는가에 대해 비판해 볼 수 있을 것이다. 데카르트와 같은 철학자는 방법적 회의를 통해 의심할

수 없는 확고한 토대로서 형이상학적인 원리들을 제시하고 그로부터 외부 세계에 대한 지식들을 연역해 낸다. 데카르트에게 있어 경험은 그 확실성이 의심되고, 확고한 지식의 토대로 작용하기 어렵다. 감각 기관을 통해 들어온 우리의 경험이 우리를 속이는 경우들을 발견할 수 있고, 또한 우리의 감각 기관 자체도 과연 객관적이라고 할 수 있는가가 의심스럽기 때문이다. 그러나 베이컨은 이러한 탐구 방법을 통해 외부 세계에 대한 참된 앎을 가질 수 없다고 생각한다. 사물에 대한 지식을 쌓기 위해서는 그 사물에 대한 경험 기반이 필요하다고 보기 때문이다. 그리고 그러한 경험이 편견이 되어 올바른 인식을 가로막지 않기 위해서 우리는 특정한 탐구 방법을 따라야 하는데, 그것이 바로 귀납법이다. 베이컨은 과학 법칙의 필연적 지식은 귀납적 탐구 방법에 의해 알려지고, 자연의 과정에 대한 모든 해석이 우연적이며, 새롭게 발견되는 경험적 증거에 의해 수정될 수 있다고 믿었다. 그리고 이러한 과정을 통해 얻게 되는 지식이야말로 사물에 대한 참된 지식이라고 보았다.

Abitur

철학자가 들려주는 철학이야기 048

신채호가 들려주는 자강론 이야기

저자_**박현정**
전남대학교 국어국문학과를 졸업하고 조선대학교 교육대학원에서 석사 학위를 받았다. 일산에 있는 대화중학교 교사로 재직하고 있으며, 저서로는《중학 교과서 속 논술》이 있다.

배경 지식 넓히기

단재 신채호를 만나다

申采浩

단재 신채호를 만나다

1. 단재를 만나다

① 단재의 삶과 시대

단재 신채호(丹齋 申采浩, 1880~1936)는 일제시대에 식민지 조국을 되찾고자 투쟁했던 독립 운동가, 민족주의를 사상적 기반으로 하는 역사학자, 현실을 직시하고 바른 소리를 펼쳤던 언론인, 역사 전기 소설을 쓴 문학가로 잘 알려져 있다.

그가 살았던 시대는 우리 역사의 가장 불운했던 시기인 일제 강점기이다. 망해 가는 조선에서 태어나 합방이라는 치욕을 겪어야 했던 단재의 삶. 그러나 단재는 시대를 비관하는 데 그치지 않았다. 단재의 일생은 투철한 민족주의 철학으로 무장되어 있었고 식민지 조국의 해방을 위해 온몸을 바쳐 투쟁했다. 단재의 일생은 부조리한 시대, 불합리한 시대를 바로잡아 보려는 노력으로 가득 차 있었다.

단재의 민족주의 철학의 시작은 한학이었다. 명문가의 후손답게 그는 성균관에 입교하여 한학을 수학했다. 그리고 시대의 흐름에 발 맞춰 서양 문물을 익히는 데에도 소홀히 하지 않았다. 고향에 있는 문동 학교에서 시대의 변혁과 한문 무용론을 전개한 사실은 단재의 사상이 이미 진보의 대열에 들어섰음을 단적으로 보여 준다.

단재는 언론인으로 명성을 높였다. 〈황성신문〉 〈대한매일신보〉의 주필로 활동하면서 많은 논설을 통해 자신의 투철한 현실 인식과 독특한 역사의식을 보여 주었다. 단재는 언론 활동을 통해 일제의 식민지 조국의 비통함을 역설하고 조국 독립의 의지를 고취시키며 애국 계몽을 통한 독립 운동에 적극 가담하였다.

그 후 안창호 등과 중국으로 망명하여 독립 투쟁을 계속 전개하였고 상해 임시 정부에서도 활동하였으며 신간회의 발기인으로 참여하였다. 단재의

어휘 다지기

대한매일신보

을사조약 이후 가장 영향력이 강한 신문이었다. 양기탁 등의 애국지사들에 의해 운영되었으나 영국인인 베델이 발행인으로 되어 있어 일제의 검열을 피할 수 있었다. 따라서 민족운동을 전개하는 데 제약이 없었다. 순한글과 국한문, 영문 등 세 종류로 발행하였으며 국채 보상 운동에 힘썼다. 단재는 〈대한매일신보〉에 논설을 실어 애국심을 고취시키고 조국 독립에의 의지를 굳건히 하였다.

일생이 바로 우리 독립 운동의 역사와 일치한다 해도 과언이 아니다.

단재는 언론인과 역사학자로서 또 문학인으로서 수많은 저작을 남겼다. 단재의 역사 연구는 《조선상고사》와 《조선사연구초》 등을 통해 민족의 역사를 바로 알고 올바른 역사 인식을 통해 백성들이 조국 독립을 위해 투쟁하기를 희망하였다. 또한 《꿈하늘》 《을지문덕전》 《연개소문전》 《이태리건국삼걸전》 등 나라가 어려울 때 구국을 위해 목숨을 바쳤던 영웅들의 전기와 문학 작품을 통해 애국심을 고취시켰다.

평생을 조국의 독립을 위해 헌신했던 단재는 일본에 체포되어 10년 형을 받고 수감 생활을 하던 중 1936년 여순 감옥에서 병으로 순국하였다. 수감 생활 중 친일파의 보증을 통해 병보석으로 풀려날 수 있었으나, 단재는 친일과 타협을 끝내 거부하였다. 평소 '나 죽거든 시체가 왜놈의 발길에 차이지 않도록 화장해 재를 바다에 띄워 달라' 고 말했던 단재는 유언 한마디 없이 고달픈 삶의 최후

어휘 다지기

신간회

1920년대 민족주의 계열과 사회주의 계열의 민족 운동가들이 모두 참여한 최대의 항일 단체로 조선 민족의 정치적, 경제적 해방과 조선의 독립을 목적으로 활동하였다. 일제의 탄압에 밀려 독립이 아닌 자치를 주장하는 기회주의적 움직임을 저지하였고 광주 학생 항일 운동에서 일제의 부당한 대우에 항의하고 독립운동을 전국으로 확산시키려 노력하기도 하였다.

를 마쳤다.

평생을 조국의 독립만을 생각했고 역사와 문학, 철학 등 모든 학문 연구의 목적을 민족에 두었던 단재의 유해는 고향 땅에 묻혔다. 그러나 단재는 지금도 대한민국 국민으로서의 국적을 회복하지 못한 채 무국적자로 남아 있다. 평생을 조국에 바쳤음에도 불구하고 대한민국 국민이라는 이름 하나를 얻지 못하고 있는 단재. 과연 우리에게 그의 철학을 논하고 그의 문학을 평할 자격이 있을까.

② 역사 연구의 목적

단재는 조국 독립의 발판으로 역사 연구의 중요성을 역설하였다. 단재가 역사의 중요성을 인식한 독특한 역사 철학은 우리 민족의 과거와 역사를 바로 알아야 민족정신을 굳건히 할 수 있으리라는 믿음에서 출발하였다. 당시 일본의 제국주의는 식민 사관에 따라 우리의 역사를 왜곡하였다. 만주까지 이르는 우리의 거대한 역사를 한반도에 국한하여 축소시켰으며 우리의 우수한 문화와 민족성을 지배하기 편리한 대로 낮게 평가하였다. 뿐만 아니라 일본의 언어와 문화를 가르치면서 마치 일본이 우리나라를 도와주려는 것처럼 행동하였다.

그러나 단재는 일본의 식민 사관에 따른 역사 왜곡을 부정하고 실증을 바탕으로 한 역사 연구에 주력하였다. 단재는 특히 고대사 연구에 주력하여 부여를 정통으로 하는 역사 발전의 단계를 설정하였다. 그렇게 함으로써 단재는 우리의 역사가 본래 한반도뿐만 아니라 광활한 만주 벌판을 호령하던 거대한 민족이었음을 우리 민족의 가슴에 아로새겨 주었다.

이것은 단지 일본이 우리 역사를 왜곡하려는 의도를 저지하는 데에서 더 나아가, 우리 민족의 역사의 지평을 만주까지 확대하면서 중국과 독립된 우리 민족의 웅혼한 역사를 전개한 것으로 민족자존의 힘이 되었다.

〈동아일보〉에 게재한 글을 엮어 만든 《조선사연구초》는 그간의 역사를 단번에 뒤집는 획기적인 저작이었다. 《조선사연구초》에서 눈에 띄는 부분은 신라의 삼국 통일을 부정하고 신라와 발해의 2국으로 설명하는 부분이다. 부여 정통론과 전삼한과 후삼한의 역사 구분 역시 다른 사서에서는 찾아볼 수 없는 독특한 해석이다.

> 서경 전역을 역대의 사가들이, 다만 왕의 군사가 역적을 친 전역으로 알았을 뿐이었으나, 이는 근시안의 관찰이다. 그 실상은 이 전역이 낭불(郎佛) 양가 대 유가(儒家)의 싸움이고 국풍파 대 한학파, 독립당 대 사대당, 진취 사상 대 보수 사상의 싸움이니, 묘청은 곧 전자의 대표이고 김부식은 곧 후자의 대표였던 것이다. 이 전역에 묘청 등이 패하고 김부식이 이겼으므로, 조선사가 사대적 보수적 속박적 사상 - 유교 사상에 정복되고 말았다.
>
> *- 신채호, 《조선사연구초》*

'조선역사상일천년래제일대사건' 이라는 제목에서 보이는 바와 같이 조선의 역사에서 가장 큰 사건으로 단재가 지목한 것은 묘청의 난이다. 묘청이 가지고 있었던 민족의 자주성과 주체성이 사대사상의 핵심 인물이었던 김부식에 의해 패배하게 되면서 민족의 역사는 사대주의와 보수주의로 전락하기 시작했다는 것이다. 그것은 단지 환란의 실패와 관군의 진압이라는 사실에서 더 나아가 중국에 필적하는 우리 사상과 문화가 한순간에 사라져 버리고 그 자리에 외국(중국)의 문화와 사상이 유입되었다는 슬픈 역사의 단면이다. 즉, 단재는 우리 역사는 본질적으로 중국의 역사와 별개인 자주적이고 독립적인 역사였음을 강조한다.

어휘 다지기

묘청의 난
고려 인종 때 고려를 황제국으로 칭하고 독자적 연호를 사용하며 금나라를 정벌할 것을 주장하며 승려 묘청과 문신 정지상 등이 일으킨 반란이며 김부식에 의해 진압되었다.

단재는 역사를 민족과 동일한 개념으로 인식하고 민족의 존폐가 역사의 성패와 그 궤를 같이 한다고 믿었다. 따라서 그는 일제 식민지 조국의 부활을 위해서는 역사 연구가 우선되어야 한다는 주장을 펼쳤다. 실제로 그는 우리나라와 만주 일대를 직접 오가면서 역사의 현장 연구에 몰두하였고 다양한 역사서를 탐독하면서 역사 연구의 기초를 다졌다.

그 결과 그의 역사 철학은 《조선상고사》라는 위대한 업적을 이루게 된다.

《조선상고사》는 〈조선사〉란 이름으로 〈조선일보〉에 연재되어 큰 반향을 일으켰던 논문들을 엮은 책이다. 《조선상고사》에서 가장 주목 받는 부분은 총론 첫머리에 제시된 '역사의 정의와 조선 역사의 범위' 라는 글에서 볼 수 있는 '아' 와 '비아' 의 투쟁이다.

단재는 역사를 '아(我)' 와 '비아(非我)' 의 투쟁으로 정의하였다. 여기서 '아' 란 주관적 위치에 선 자이다. 그 외의 것들은 모두 '비아' 이다. 조선인의 입장에서 조선이 '아' 이며 다른 나라는 '비아' 이다. 무산 계급의 입장에서는 무산 계급이 '아' 이며 지주나 자본가가 '비아' 이다. 어떤 부분에도 반드시 본위인 '아' 가 있으며 그에 대치되는 '비아' 가 있다. '아' 내부에도 '아' 와 '비아' 가 있다. 이 둘의 접촉이 빈번하면 투쟁도 맹렬하며 역사는 이 둘의 투쟁의 기록이다. 우리 민족인 '아' 를 지키기 위해 '비아' 인 일본의 제국주의와 싸워야 했던 현실에 대한 인식이 그의 독특한 역사 철학을 만들어 내었다.

③ 자강론과 애국 계몽 운동

자강론이란 사회 진화론에서 그 논거를 찾는다. 사회 진화론이란 다윈의 진화론에서 그 뿌리를 찾을 수 있다. 다윈의 진화론이란 본래 생물학적 용어로 생물이 환경에 적응해 가며 변화하는 모습을 말한 것이다. 그런데 환경에 적응하지 못한 생물은 죽거나 사라지고 환경에 적절하게 적응한 생물만이 살아남는다. 그것을 적자생존이라 한다. 또 우등한 생물과 열등한 생물이 서로 경쟁할 때에는 우등한 생물이 살아남고 열등한 생물은 사라지며 약한 생물이 강한 생물의 먹이가 되는 것을 약육강식이라 한다.

이런 생물학적 관계를 사회 구조에 적용한 것이 사회 진화론이다. 이는 종족이나 민족, 사회 집단이 생물처럼 서로 경쟁하며 진화한다고 본다. 따라서 강한 나라는 약한 나라를 지배하는 논리에 정당성을 부여한다.

그런 사상적 경향이 조선 사회에는 자강론으로 영향을 미친다. 강한 나라와 사회가 살아남는다면 우리도 강해져야 한다는 논리이다. 그래야 식민지 조국을 되찾을 수 있다고 믿었다. 자강론의 구체적인 모습은 애국 계몽 운동으로 나타난다. 보안회는 일본의 황무지 개간권 요구의 부당함을 알려 그에 반대하는 여론을 조성하여 결국 일본이 포기하게 만들었다. 헌정 연구회는 근대적 입헌 의회 제도를 중심으로 한 개혁을 주장하였고 그 후신인 대한 자강회는 고종의 강제 퇴위를 반대하는 운동을 적극적으로 펴 나갔다. 신민회는 문화적 경제적 실력을 양성하자는 운동을 전개하였다. 이런 단체의 활동은 모두 조선이 자주적으로 힘을 길러 제국주의 일본에 맞서 싸우자는 공통된 목적을 가지고 있었다.

단재의 민족주의 사학 역시 애국 계몽 운동 시기에 성립되었다. 그는 이순신과 을지문덕, 동국거걸 최도통이라는 구국 위인들의 전기를 통해 민족의식과 애국심을 고취시켰다. 식민 상태에서 우리 민족을 구할 수 있는 역사의 주체를 민중으로 규정하고 민중에 의한 항일 독립 운동을 주장하였다. 민중이 힘을 길러 자강을 통해 나라를 되찾고자 했던 것이다.

어휘 다지기

제국주의

나라의 정치적 경제적 지배권을 다른 나라로 확대시키려는 것을 제국주의라 한다. 나폴레옹이 다른 나라를 침략하며 과거 로마 제국의 재현을 시도한 것에서 유래되었다. 19세기 산업 혁명을 겪으면서 자본주의 사회가 발달한 유럽의 여러 나라들이 아프리카, 아시아, 태평양의 다른 나라들을 침략하여 식민지로 만들었다. 일본이 조선을 침략하여 식민지로 만들었던 것도 제국주의의 확산이었다.

대한 자강회 월보

무릇 우리나라의 독립은 오직 자강의 여하에 있을 따름이다. 우리 대한이 종전에 자강의 방법을 강구하지 않아 인민이 스스로 우매함에 묶여 있고 국력이 쇠퇴하여 마침내 오늘의 위기에 다다라, 결국 외국인의 보호를 당하게 되었으니, 이는 모두 자강의 도에 뜻을 다하지 않았던 까닭이다. …… 자강의 방법을 생각해 보면 다름 아니라 교육을 진작함과 식산흥업에 있다. 무릇 교육이 일어나지 못하면 백성의 지혜가 열리지 못하고, 산업이 늘지 못하면 국부가 증가하지 못한다.

- 교육인적자원부, 고등학교 《국사》 교과서

2. 교과서에서 만난 단재

① 초등학교《사회》

민족의 힘을 기르기 위한 노력은 어떤 모습으로 전개되었는지 조사해 보자.

> 우리 민족의 전통 문화를 이어 가고 자주 정신을 일깨우기 위해 우리 역사에 대한 연구가 활발하게 진행되었다. 박은식, 신채호, 황현 등은 역사책을 발행하여 나라 사랑의 마음을 기르고자 하였다.
>
> *- 교육인적자원부, 초등학교《사회》6-1*

나라를 되찾기 위한 노력은 직접 총칼을 들고 싸우는 의병이나 무장 독립 투쟁, 민족의 힘을 기르기 위해 노력하는 애국 계몽 운동 등 다양하게 전개되었다. 애국 계몽 운동은 일제의 침략에 대항하여 교육과 산업을 일으켜 부강한 나라를 만들기 위해 교육, 언론, 학문 등의 다양한 분야에서 전개되었다.

안창호와 이승훈은 각각 대성 학교와 오산 학교를 세워 교육을 통해 국가의 힘을 기르고자 하였다. 일본에 진 빚을 갚기 위해 펼쳐진 국채 보상 운동은 〈황성신문〉과 〈대한매일신보〉를 통해 전국으로 확산되었다. 그리고 신채호와 박은식은 우리의 전통과 역사에 대한 연구를 통해 나라 사랑의 마음을 고취시켰다. 주시경의 우리말 연구는 우리의 얼과 혼을 지키기 위한 노력이었다.

② 초등학교 《사회과 탐구》

역사 연구에 힘쓴 박은식과 신채호

신채호는 을사조약이 체결되고 나라가 위기에 처하자 을지문덕, 이순신 등 여러 장군의 영웅전을 써서 우리 민족의 우수성을 깨닫게 하고, 민족혼을 불러일으켜 독립 정신을 키우고자 하였다.

일본에 나라를 완전히 빼앗긴 후에는 중국에서 독립 운동을 하면서 고구려의 옛 땅을 찾아다니는 등 우리나라 역사 연구에 힘써 '조선상고사' 등의 역사책을 썼다. 신채호는 일본군에 체포되어 뤼순 감옥에서 옥사하였다. 신채호의 역사 연구는 우리 민족이 주인 정신과 독립 정신을 잃지 않고 일제에 항거하는 데에 큰 힘이 되었다.

- 교육인적자원부, 초등학교 《사회과 탐구》 6-1

일제 강점기 역사 연구의 목적은 민족주의적 성격을 띠었다. 일제에 항거하고 조국의 독립을 위해서는 우리의 역사를 바로 알고 민족과 국가를 되찾으려는 노력으로 이어져야 한다고 생각했다. 그런 의미에서 단재와 박은식을 민족주의 사학이라고 한다.

단재는 민족주의 역사학자이다. 그가 역사를 연구했던 목적은 조선의 독립과 번영을 위한 것이었다. 단재는 민족과 역사가 같은 것이라 생각하고 역사를 바로 알면 민족의 미래가 밝다고 생각하였다. 그런데 그간의 역사는 왜곡된 역사이다. 그간의 역사는 내부적으로는 중국에 대한 사대사상에 물들고, 외부적으로는 일본의 의도적인 역사 왜곡 때문에 올바로 서지 못하였다. 따라서 단재는 왜곡된 역사를 바로잡기 위해 고대사 연구에 주목하였다.

단재가 말하는 우리의 역사는 중국의 속국이 아니라 자주적이고 고유한 역사이다. 뿐만 아니라 한반도에 국한된 작은 역사가 아니라 만주 땅을 지배하던 커다란 역사이다. 이런 단재의 역사관은 나라를 잃은 슬픔에 빠져 있던 백성들의 마음에 민족의 자긍심과 독립에의 의지를 불태워 주었다.

어휘 다지기

박은식

1910년에 조선을 완전히 지배하게 된 일제는 우리의 모든 신문, 잡지, 언론 기관을 없애고, 우리나라 역사책의 판매를 금지시켰다.

일본의 탄압이 심해지자, 박은식은

"비록 나라는 망하더라도 혼이 사라지지 않으면 다시 일어설 수 있는데, 우리의 혼인 역사마저 불태워 없애니 매우 안타깝고 한스럽지 않을 수 없다."

하며 괴로워하였다.

그리하여 중국으로 건너간 박은식은 일제 침략의 내력과 함께 우리나라 역사에 관한 책들을 썼다. 그가 지은 '한국독립운동지혈사' 등의 역사책은 일본의 방해에도 불구하고 나라 안팎에 비밀리에 퍼져, 우리 민족이 일제에 반드시 승리할 것이라는 자신감을 심어 주었다.

- 교육인적자원부, 고등학교 《국사》 교과서

박은식은 《한국통사》에서 조선이 4300년의 역사를 가진 군자의 나라로서 일본에 문화를 파급시켰으며 일본의 음식, 의복 궁실과 종교, 학술이 모두 한국에서 간 것으로 일본이 일찍이 스승의 나라로 섬겼으나 현재는 종으로 삼았다 하여 망국의 설움을 토로하였다.

또한 《한국통사》 서문에는 나라는 멸할 수 있으나 민족을 멸할 수 없다고 주장하였다. 나라를 형(形)으로 민족을 신(神)으로 하여 식민 상황을 형은 훼손되고 파괴되었으나 신은 홀로 존재할 수 있다고 역설, 국권 회복의 가능성을 환기시켜 주었다.

3. 기출 문제에서 만난 단재

① 인간에 대한 평가

2006년 건국대 수시 논술에서는 일본의 침략 세력과 독일의 전체주의에 순응하거나 동조한 사람들의 차이를 설명하고 각 개인들을 평가하라는 문제가 나왔다.

크게 세 가지로 제시된다. 그 하나는 일제에 동조했던 식민지 지식인들이다. 일본의 세력이 너무 강성해서 나라의 독립을 얻을 수 없다고 단정한 뒤, 그들에게 대항해서 피를 흘리기보다는 실리를 위해 그들에게 동조하고 우리의 자리를 지키자고 변명한다.

또 한 부류는 독일의 전체주의 나치즘에 숭배도 동조도 반발도 아무것도 하지 않고 방관하는 사람들이다. 나머지 한 부류는 독일의 나치당이 전 국가와 동일한 개념으로 자라나 결국 그 당에 반대하는 것이 국가를 배신하는 행위이므로 나치 이데올로기에 열광적으로 따랐던 국민들이다.

일제에 동조했던 지식인들을 단재는 어떻게 평가할까? 신채호는 단연 그들을 부정하였다. 미국의 위임 통치를 요구했던 이승만까지 부정할 만큼 그는 철저하게 우리 민족 고유의 권리와 민족의 독자적 삶을 원했다.

어휘 다지기

단재와 이승만

이승만은 임시 정부 수립 과정에서 미국의 위임 통치를 주장하였다. 그러나 단재는 이에 크게 반대하였다. 미국에 위임 통치를 청원한 이승만은 이완용이나 송병준보다 더 큰 역적이며, 이완용은 있는 나라를 팔아먹었지만, 이승만은 아직 나라를 찾기도 전에 팔아먹으려 하는 처사라며 민족적 대의가 용납할 수 없는 일이라고 주장하였다.

실전 논술

1강_ 역사를 배우는 목적

case 1 다음 제시문을 통해 신채호가 역사를 연구한 목적과 조선어 학회 학자들의 국어를 연구한 목적의 공통점을 설명하시오. (600자 내외)

가 중·일 전쟁을 일으켜 중국 대륙을 침략한 일제는 그 후 미국의 진주만을 기습 공격함으로써 태평양 전쟁을 일으켰다(1941). 나아가, 일본군은 필리핀을 비롯한 동남아시아 일대까지 침략하였다. 이 전쟁을 수행하기 위해 일제는 전시 동원 체제를 발동하여 우리 민족을 전쟁터에 동원하였다.

그리고 일제는 우리의 민족정신을 뿌리 뽑기 위해 이른바 일선 동조론을 주장하였고, 내선 일체와 황국 신민화 등의 구호를 내걸었다. 또 우리말 사용을 금하고 일본어만 쓰도록 하였으며, 우리 역사의 교육도 금하였다. 한글로 간행되던 신문도 폐간시키고, 우리말과 역사에 대한 연구도 금지시켰다.

나아가 일제는 우리의 이름까지도 일본식 성과 이름으로 바꾸어 사용하도록 강요하였고, 각지에 일본 신사를 세워 참배하도록 하였으며, 어린 학생들까지도 황국 신민 서사를 외도록 강요하였다. 이러한 일제의 만행은 세계사에 유례가 없는 일이었다.

- 교육인적자원부, 중학교 《국사》 교과서

나 일본은 우리 민족을 억압하면서도 자신들이 어리석은 민족을 잘 살게 해 주기 위해서 애를 쓰는 것처럼 행동했습니다. 민족의식을 없애기 위해 우리말을 사용하지 못하게 했고 생활방식 또한 일본의 것을 따르도록 했지요. 일본이 말했던 것처럼 우리를 잘 살게 만들어 주기 위해서가 아니라 우리를 마음껏 부려먹고 지배하기 위해서였다는 것을 힘없는 우리 민족은 알면서도 굴복할 수밖에 없었던 것이지요.

힘없는 어린 후배들이 옳지 않다는 것을 알면서도 그렇게 하지 않아야 한다는 것을 알면서도 승기의 앞에서 무릎을 꿇고 기합을 받을 수밖에 없으며, 당치도 않는 예의를 운운하며 승기 마음대로 아이들을 부리려는 모습에 나는 가슴 한 구석이 아프고 또 부끄러웠습니다.

우리가 역사를 잘 알고 있지 못하므로 우리는 역사가 주는 교훈을 마음속에 잘 새겨 넣지 못했다는 생각이 들었기 때문입니다. 신채호 선생은 약육강식의 논리로 한국을 침략하여 식민지로 지배하는 것을 정당화하려는 일본의 잘못된 역사관을 알리고, 우리 민족의 정신을 올바르게 알게 하여 스스로 독립을 위해 투쟁할 용기를 주기 위해 노력을 했습니다. 결국 일본을 이기기 위해 역사를 바로 알아야 한다는 것이 그의 철학이었습니다. 바로 그런 역사를 통해 민족의 자주권을 주장한 신채호 선생의 교훈이 생각난 것은 그나마 내게 용기를 주었습니다.

-《신채호가 들려주는 자강론 이야기》 중에서

다 민족정신을 계승하고 민족 문화의 전통을 지키기 위해서는 국어의 연구와 보급이 필요하였다. 이에 국어 학자들은 조선어 연구회와 그 뒤를 이은 조선어 학회를 중심으로 한글의 연구와 보급에 힘을 기울였다.

주시경의 제자인 이희승, 최현배 등을 중심으로 한 조선어 학회는 한글 보급에 노력하면서 한글 맞춤법 통일안과 표준어를 제정하였다. 또 《우리말 큰사전》을 펴내고자 하였으나, 일제의 방해로 성공하지 못하였다.

조선어 학회의 국어 연구와 한글 보급 활동은 일본어를 강요하던 일제에 대항하여 민족정신을 고취하고 민족 문화의 전통을 계승하려는 민족 운동의 성격을 띠고 전개되었다. 일제는 민족 말살 정책을 실시하면서, 조선어 학회가 독립 운동을 한다는 구실로 회원들을 체포하고 강제로 해산시켰다. 이 때, 심한 고문으로 목숨을 잃은 회원도 있었다.

- 교육인적자원부, 중학교 《국사》 교과서

생각 쓰기

2강_ 큰 나와 작은 나

case 2 (가)에 나타난 '큰 나'와 '작은 나'를 설명하고, (나)와 (다)의 밑줄 친 부분의 의미를 설명하시오. (600자 내외)

가 "신채호 선생은 '나'를 '큰 나'와 '작은 나'로 보았어. 작은 나는 육체를 말해. 바람이나 물거품과 같이 잠시 존재하다 없어지는 것이지. 사람의 육체는 유한하니까. 이것은 물질적인 나이며 정신적인 내가 아니야. 이러한 육체적인 작은 나를 실제의 나로 오해하면 반드시 죽고 마는 나라고 신채호 선생은 말했어. 많이 살아도 백 년을 넘지 못하는 게 사람이니까. '개인적, 경험적인 나는 작은 나로서 이것은 잠시 있는 것이고 영원한 것이 되지 못합니다'라고 말한 신채호 선생은 사람들이 물질적이며 육체적인 나를 기준 삼아 부귀공명을 추구하는 것을 비난했단다."

"그럼, 큰 나는 정신을 말하겠네요?"

"우와, 우리 이선우 제법 똑똑한데?"

엄마는 내 머리를 쓰다듬어 주셨습니다.

"뭘, 그 정도는 다 아는 상식이지요. 보통 육체와 정신을 대비시키잖아요."

"그래, 신채호 선생은 '큰 나란 나의 정신이며 나의 사상이며 나의 목적이며 나의 주의이다'

라고 말했어. 무한히 자유자재한 나로서 이것은 동서고금 우주 간에 어디에나 존재하여 누구에게도 구속되지 않고 무엇으로써도 없앨 수 없는 것이라고 말이야. 그리고 신채호 선생은 '나라를 위하여 눈물을 흘리며 사회를 위하여 피를 흘리며 원수를 향하여 칼을 들고 일어나는 것이나 모욕자를 향하여 대포를 끌고 모여드는 자들, 이 모든 것이 결국은 다 나이며 나의 발현이다' 라고 했어."

-《신채호가 들려주는 자강론 이야기》 중에서

나 이 후에 이육사가 의열단원으로서 어떤 일을 했는지는 알려져 있지 않다. 의열단은 철저한 비밀 결사로, 자료를 남기지 않았기 때문이다. 새 동지를 받아들일 때에도 정식 서류나 대화를 통해서 취해진 것이 아니라, 그 동지가 의식하지 못하게 술을 마시고 노는 가운데 철저한 검증을 하였다. 이름이나 고향, 출신 학교도 서로 묻지 않았으며, 대답하지도 않았다. 체포되어 고문당할 경우에 다른 동지들의 신변을 보호하기 위해서였다. 의열단의 이와 같은 수칙을 이육사는 철저하게 지켰다. 일본 헌병이 모진 고문을 할 때에 육사는 "너희들이 나를 고문해서 나의 육체를 으스러뜨릴 수 있을지라도 내 정신만은 어쩌지 못할 것이다" 라고 외쳤다.

- 교육인적자원부, 중학교 《국어》 3-1

다 3년여의 영어 생활(囹圄生活)에서 풀려 나온 뒤에도 만해 선생은 독립 운동의 고삐를 늦추지 않았다. 이때부터는 주로 강연(講演)과 사회 활동을 통해서 청소년들을 계몽하는 데 주력하였다. 선생이 이르는 곳마다 우국지사와 열혈 청년들이 구름처럼 모여들었다. 만해 선생은 항상 강연의 마지막에는 "개성 송악산에서 흐르는 물이 만월대의 티끌은 씻어 가도 선죽교의 피는 못 씻으며, 진주 남강의 흐르는 물이 촉석루의 먼지는 쓸어 가도 의암(義巖)에 서려 있는 논개의 혼은 못 씻는다"라고 끝맺곤 했다. (중략)

정처 없이 떠도는 선생을 보다 못해, 뜻있는 동지 몇 사람이, 변두리이던 성북동 산비탈에 작은 집을 지어 주기로 했다. 이 때, 목수들이 여름에는 시원하고 겨울에는 따뜻한 남향으로 지으려 하자, "그건 안 되지, 남향으로 하면 돌집(조선 총독부 건물)을 바라보게 될 터이니, 차라리 여름에 덥고 겨울에 춥더라도 북향으로 해야지" 하고 우겨서 북향으로 '심우장(尋牛莊)' 을 지었다 한다. 그러나 설날이 되어도 갈아입을 새 옷이 없고, 불을 때지 못해 얼음장 같은 냉돌 위에서 비참한 생활을 할 수밖에 없었다. 그러면서도 "나는 조선 사람이다. 왜놈이 통치하는 호적(戶籍)에 내 이름을 올릴 수 없다" 고 단호히 입적(入籍)을 거부하여, 모든 식량 배급(配給)은 물론, 법적인 보호를 받지 못하였다. 이 때, 창씨개명(創氏改名)을 하는 등 변절한 옛 친구들이 선생의 딱한 사정을 돕고자 찾아왔으나, "내가 알던 그 친구는 죽은 지 오래다" 하며 쳐다보지도 않았다 한다.

- 교육인적자원부, 중학교 《국어》 3-2

생각 쓰기

3강_ 부조리한 시대

case 3 (가)를 통해 (나)에 제시된 상황의 문제점을 지적하시오. 그리고 (다)에 나타난 철민이의 태도에 대한 자신의 생각을 설명하시오. (600자 내외)

가 처음 나폴레옹 전기를 읽었을 때는 나폴레옹이 자기의 어려운 처지를 이겨 내고 꿈을 이룬 위대한 영웅이라고 생각하였다. 그러나 이번 그의 전기를 다시 읽으면서 나는 나폴레옹이 과연 영웅인지에 대한 의문을 품게 되었다.

내가 그런 의문을 가지게 된 까닭은, 첫째, 나폴레옹이 세계를 지배하려는 자기의 야심을 실현하기 위해 많은 나라의 국민들에게 전쟁의 고통을 안겨 주었기 때문이다. 옛날에 자신의 조국 코르시카의 국민들이 프랑스의 지배를 받으면서 고통을 당했던 것처럼 나폴레옹의 지배를 받은 나라의 국민들도 많은 고통을 받았을 것이다. 나폴레옹은 식민지 국민들이 당하는 아픔을 이미 겪어서 알고 있으면서도 계속 다른 여러 나라들을 침략하였다. 만일, 나폴레옹이 옛날 코르시카 국민으로서 당했던 수모를 조금만 생각했다면, 다른 나라를 침략함으로써 사람들의 마음을 아프게 하지는 않았을 것이다.

둘째, 나폴레옹의 욕심이 지나쳤다고 생각하였기 때문이다. 나폴레옹은 프랑스의 식민지였던 코르시카 국민으로서 자기 나라를 지배하는 프랑스의 황제가 되었다. 하지만, 나폴레옹은 여기에 만족하지 못하였다. 결국, 그는 무리하게 전쟁을 일으키다가 전투에 패배하였고, 쓸쓸하게 죽었다. 나폴레옹의 지나친 욕심이 결국에 불행한 최후를 부른 셈이다.

(중략)

물론, 나폴레옹한테서도 배울 점은 있다. 열렬한 애국심, 뜻을 굽히지 않는 성격, 포기하지 않는 의지력 등은 우리가 본받을 만하다.

그러나 자기의 뜻을 펴기 위하여 남을 불행하게 하는 사람은 진정한 영웅이라고 할 수 없다. 굳은 의지력과 애국심은 높이 살 만하지만, 자신의 야심을 실현하기 위하여 다른 사람들을 희생시키고 그들을 고통스럽게 하는 사람은 진정한 영웅이라고 할 수 없다. 이 때문에 나는 그가 영웅이라기보다는 싸움을 좋아했던 침략자라고 생각한다.

- 교육인적자원부, 초등학교 《국어 읽기》 6-1

승 기 차렷 열중 쉬어 차렷! 하나 둘 셋 넷! 너희들 이 길을 지나가려면 먼저 나에게 신고를 해야 한다는 걸 아직 모르고 있나 본데, 내가 오늘 친절히 가르쳐 줄 테니 잘 배우도록 해라. 알겠니? 너희들은 두 가지 죄가 있다. 선배에게 인사하지 않은 죄, 나에게 신고를 하지도 않고 이 길로 나를 앞질러 간 죄!

아이들 잘못했습니다!

승 기 아니, 아니야. 너희들이 그렇게 자꾸 잘못했다고 하면 내가 너무 나쁜 놈 같잖아. 난 너희들이 예의 바른 아이들이 되도록 도와주려고 하는 거니까 그렇게 겁먹을 필요는 없어. 자, 이제 얼른 일어나라. 내가 누구인지는 알지?

철 민 에헴, 얘로 말할 것 같으면…… 아니, 이 분으로 말씀드릴 것 같으면…… 바로 싸움 짱 승기 짱이시다!

승 기 됐어, 됐어. 뭐 다 알고 있겠지. 그럼 다 알고 있으니까 본론으로 들어가서……. 너희들의 잘못을 바로잡고 예의 바른 아이들이 되도록 하기 위해 내가 이 시간을 마련했으니까 너희들이 내 뜻을 잘 이해하고 따르리라고 본다. 첫째, 너희들은 이제부터 나를 형님이라고 부른다!

아이들 네, 형님.

승 기 둘째, 여기 있는 이 작은 형님들은 승기파이시니 잘 받들어 모신다. 어떻게? 바로 이 작은 형님들을 만나면 가방을 들어드리도록 해라.

아이들 네.

승 기 셋째, 오늘의 일을 기념해서 너희들의 작은 정성을 받도록 하겠다. 내일까지 너희들이 나에게 선물을 한 가지씩 하면 되는 거다. 뭐, 학용품이나 시계도 좋겠고 초콜릿이나 과자 같은 것도 괜찮고, 그것도 아니면 좀 성의는 없어 보이지만 현금을 줘도 상관없으니까 어쨌든 너희들이 정성을 다해 선배에게 선물을 한다고 생각하고 가져오면 된다. 알겠나?

아이들 네…….

승 기 알겠나?

아이들 네!

-《신채호가 들려주는 자강론 이야기》 중에서

다

나 넌 승기의 행동이 옳다고 생각하는 거야?

철 민 꼭…… 그렇다는 것은 아니지만…….

석 호 사실 너는 승기 편이니까 그렇지?

철 민 아니야. 승기 편은 아니야. 그냥 승기와 같이 다니는 것이 편해서 그래. 만약 내가 승기와 함께 다니지 않았다면 나도 언제 승기에게 맞거나 심부름을 해야 할지도 몰라. 그렇지만 내가 승기의 말을 잘 들어주니까 승기 덕에 무거운 가방을 들고 다닐 필요가 없게 됐고, 또 종종 승기가 맛있는 것도 사 주고 그러거든. 괜히 승기에게 잘못 보였다가는…….

나 그게 잘못된 행동이라는 걸 알면서 그런단 말이지? 승기의 잘못을 바로잡기 전에 나는 철민이 너의 행동부터 바뀌어야 한다고 생각해. 너 역시 잘못된 것을 알면서도 사실을 말하지 않는 것은 승기와 별반 다를 게 없어. 사실대로 말하고 옳다고 생각하는 것을 행동하는 것이 당연하지 않아?

철 민 넌 왜 그걸 당연하다고 강요하는 거니? 그러고 싶어도 하지 못하는 상황도 있는 거잖아. 사실 난 내가 바뀌어야 하는 것, 그리고 승기 편에 서는 것이 불편하지도 힘들지도 않아. 오히려 이게 더 마음이 편해. 네 말대로라면 난 예전처럼 승기 앞에서 불안하고 두려울 거야. 그냥 내버려 둬, 상관 말라고!

-《신채호가 들려주는 자강론 이야기》 중에서

생각 쓰기

4강_ 애국심

case 4 다음의 제시문에 나타난 인물의 공통점을 설명하고 그들에게 배울 점을 설명하시오. (600자 내외)

가 나는 노를 바삐 저어 앞으로 돌진해 가며 각종 총을 마구 쏘아 댔다. 탄환이 폭풍우같이 쏟아졌다. 나를 따라서 군관들이 배 위에 총총 들어서서 화살을 쏘아 대니, 적의 무리가 감히 대들지 못하고, 나왔다 물러갔다 하며 머뭇거렸다.

그러나 여러 겹으로 둘러싸여서 형세가 어떻게 되어 갈지 모르는 터라, 배에 탄 군사들이 서로 돌아다보며 질린 얼굴빛을 띠었다. 나는 그들을 향해 "왜선이 비록 많다 해도 우리 배를 바로 침범하지는 못할 것이니, 조금도 동요하지 말고, 힘을 다해서 적을 쏘아라."라고 타일렀다.

여러 장수의 배들을 돌아보니 모두들 멀리 물러나 있었다. 배를 돌려서 군령을 내리려 해도 적들이 더 대들 것이기 때문에, 나아가지도 돌아서지도 못할 진퇴양난의 형편이 되고 말았다.

내가 배 위에 서서 안위를 부른 뒤 "네가 군법에 죽고 싶으냐? 도망간다고 해서 살 것 같으냐?"라고 호령하였더니, 안위가 깨닫고 황급히 왜선들을 향해 돌진해 갔다. (중략) 적선 세 척이 거의 다 부서졌을 때, 녹도 만호 송여종과 평산포 대장 정응두의 배가 달려왔다. 모두 합세하여 쏘아 대니까 적은 움직이지를 못하였다.

우리 배들은 왜적이 다시 침범하지 못할 것을 알고, 한꺼번에 북을 울리고 함성을 지르면서 달려 들어가 지자총통과 현자총통을 마구 쏘아 댔다. 그 소리가 산천을 뒤흔들었다. 또, 화살을 빗발처럼 쏘아 왜선 서른한 척을 깨뜨리니, 왜선이 물러나 다시는 우리 수군 가까이 오지 못하였다.

- 교육인적자원부, 초등학교 《국어 읽기》 6-1

"나는 절대 머리를 굽히지 않겠다. 머리 숙여 저들에게 조아리지 않겠다."

겨울밤은 길었다. 촛불을 아껴 책을 읽는 동안 어슴푸레 날이 밝아왔다. 쫓겨 다닐지언정 게으름을 좇지 않았다. 날이 밝아오자 제일 먼저 몸을 단정히 하기 위해 세숫물을 떴다. 제자가 쾅쾅 언 얼음을 깨고 담아 온 물에 손을 담그자 손바닥이 쩍쩍 갈라질 듯 고통스런 냉기가 온몸으로 전해졌다. 그는 세숫물을 손으로 모아 얼굴에 갖다 대었다. 물이 주르륵 흘러내려 얼굴에 닿지 않았다. 얼굴에 닿기 전에 물은 주르륵 흘러 소맷부리를 먼저 적셨다. 몇 번을 반복하고 나서야 얼굴에 금세 살얼음이 생겼다. 손바닥으로 얼굴을 비볐다. 얼굴을 씻는 동안 소맷부리엔 작은 고드름이 매달렸다. 물은 소맷부리로 가슴으로 흘러내렸다.

"신채호 선생님, 옷이 다 젖습니다."

머리를 꼿꼿이 세운 채 세수를 하는 선생을 보다 못한 제자가 말했다. 그는 아랑곳 않고 세수를 마쳤다.

"비록 물이 소매를 적신다고 해도 나는 이렇듯 머리를 꼿꼿이 세우고 세수를 할 것이다. 어떤 식으로든 나는 절대 일제 침략자 앞에 머리를 굽힐 수 없다."

그는 결연히 말했다.

"선생님의 뜻은 알겠지만……."

"내 소매가 젖었느냐? 내 가슴이 젖었느냐?"

"예."

"내 소매만 젖은 것이 아니다. 내 가슴만 젖은 것이 아니다. 내 민족 내 조국이 일제의 침략에 통곡하여 마음을 적시고 대지를 적시고 비통해하고 있다. 그러므로 나는 굽힐 수 없다. 이대로 굽힐 수 없다."

그의 손과 얼굴은 차가운 겨울바람에 벌겋게 얼고 있었다. 아니, 뜨거운 의지로 불타고 있었다.

-《신채호가 들려주는 자강론 이야기》 중에서

생각 쓰기

아비투어 철학 논술

case 1 일제는 우리의 국권을 강제로 빼앗았다. 일제는 국토를 마음대로 짓밟고 모든 것을 수탈해 가는 것도 모자라 아예 우리 민족을 말살하려는 정책을 펴 나갔다. 민족정신의 핵심인 역사를 마음대로 왜곡하고 우리 국어를 쓰지 못하게 하였다. 민족의 정신이 깃들어 있는 언어와 역사를 마음대로 훼손함으로써 일본은 우리 민족 자체를 말살시키려고 했다.

그런 일제의 역사 왜곡에 항거하여 단재는 우리 역사를 바로 알아야 민족의 자주성을 지켜 나갈 수 있다고 생각했다. 단재는 일제 식민지 조국을 구할 수 있는 방법으로 역사를 꼽았다. 과거 찬란했던 우리의 역사를 백성들에게 알림으로써 희망을 잃고 패배감에 빠진 백성들이 민족의 자부심과 긍지를 되찾기를 바랐다. 그리고 국권 회복의 용기와 의지를 북돋워 주었다.

주시경과 최현배를 중심으로 한 조선어 학회는 민족정신을 지키기 위해 국어를 연구하고 보급해야 한다고 생각했다. 비록 나라를 빼앗겼더라도 민족정신이 올바로 살아 있으면 나라를 되찾을 수 있다는 믿음 때문이었다.

단재가 역사를 연구한 목적과 조선어 학회가 한글을 연구한 목적의 공통점은 우리 민족정신의 회복을 중요하게 여겼다는 점이다. 의병 활동이나 무장 독립 투쟁도 민족의 독립을 위해 중요하지만 우리 문화를 지키고 민족의 자긍심을 되찾는 것도 중요하다. 민족의 흥망은 정부나 경제력에 따라 결정되는 것이 아니라 바로 수준 높은 문화를 지켜 나가는 데 있기 때문이다. 일제가 무력이 아닌 민족 문화 말살 정책을 통해 민족의 뿌리를 뽑으려 했던 것도 그런 이유에서이다. 하지만 우리 민족은 그에 굴하지 않고 우리의 역사를 연구하고 국어를 보급하면서 일제에 저항했다.

case 2 '큰 나'는 보다 본질적인 것을, '작은 나'는 일시적인 것을 말한다. 작은 나는 육체나 물질, 개인적인 것, 경험적인 것이다. 반면에 큰 나는 그와 반대로 무한한 것, 정신적인 것, 영원한 것이다. 따라서 단재는 작은 나이기보다는 큰 나이길 주장했다. 개인적이고 물질적인 것에 얽매이지 말고 정신적이고 영원한 존재의 가치를 더 높이 평가했던 것이다.

(나)의 이육사는 일제의 고문에도 그의 정신을 굽히지 않았다. 그의 육체는 고문에 상하고 으스러져도 그의 민족과 독립을 향한 의지는 변하지 않는다. 일제에 투항하여 육신의 안일을 추구하는 것이 작은 나라면 민족의 독립을 위해 투쟁하는 것은 큰 나이다.

만해의 행동도 큰 나를 추구하는 단재의 정신과 비슷하다. 선죽교의 피와 논개의 혼이 바로 큰 나이다. 고려의 충신이었던 정몽주는 고려의 신하이면서 나라를 배신하고 새로운 나라를 세우려는 무리들에게 끝까지 동조하지 않았다. 마찬가지로 논개 역시 임진왜란 당시 일본의 적장을 안고 물속으로 뛰어들어 작은 나에 불과한 목숨을 초개와 같이 버렸다. 만해가 강연 끝에 이런 말을 전한 것은 백성들이 큰 나를 추구하기를 바라는 마음이다.

만해 역시 큰 나를 추구하였다. 집을 따뜻하게 하여 육체의 편안함을 추구하는 것은 작은 나이다. 일제가 배부하는 호적을 받아 식량을 구걸하는 것은 작은 나이다. 그러나 만해는 국권을 강제로 침탈한 일제와는 어떤 것도 타협하지 않는 민족자존을 지킴으로써 큰 나를 추구하였다. 친구와의 우정보다는 민족을 배신하지 않고 의리를 지키는 것도 큰 나를 추구하는 의지의 표현이다.

case 3 나폴레옹은 프랑스의 지배를 받았던 작은 섬나라 코르시카에서 태어나 프랑스의 군인이 되었다. 그리고 프랑스 대혁명의 진압군으로 참여하면서 명성을 얻어 종신 집정관의 자리에까지 오르게 된다. 그는 나라가 강해야만 다른 나라의 침략을 받지 않는다는 이유로 이탈리아, 이집트, 네덜란드 등 유럽의 여러 나라들을 침략하였다. 그리고 한 때 전쟁에서 져 엘바 섬으로 귀양을 갔으나 다시 탈출하여 여전히 야심을 버리지 못하고 다른 나라와의 싸움을 계속하였고 결국 세인트헬레나 섬에서 최후를 마쳤다.

나폴레옹이 다른 나라를 침략했던 것은 자신의 야심 때문이었다. 그는 다른 나라의 지배를 받는 백성들의 고통을 생각하지 않고 오직 자기의 욕심을 채우기 위해 다른 사람들을 침략하고 희생시켰다.

(나)에 제시된 상황 역시 그와 유사하다. 승기는 다른 아이들의 입장은 생각하지 않고 자기가 힘이 세다는 이유로 마음대로 대한다. 자기 마음대로 형님이라고 부르게 하고 물건이나 현금을 가져오도록 강요했다. 그리고 가장 큰 문제는 승기 자신의 행동을 예의 바른 학생이 되도록 도와주는 것이라고 스스로를 정당화시켰다. 그것은 일본이 우리 민족을 마음대로 침략했던 것과도 유사하다. 일본은 우리 민족을 억압하면서 어리석은 민족을 잘 살게 해 주는 것처럼 행동했다.

나폴레옹이 침략했던 모든 국가들은 독자적으로 국가를 이끌어 갈 권리가 있다. 마찬가지로 아이들은 승기와 상관없이 자유롭게 학교를 다닐 권리가 있다. 우리 민족은 우리 민족 고유의 삶을 영위할 권리가 있다. 그런데 나폴레옹과 승기와 일본은 제 마음대로 남의 권리를 무시하였다. 그리고 힘이 세다는 이유로 약한 자들을 괴롭히고 마음대로 짓밟았다. 이 세상에 존재하는 각각의 개인과 혹은 각각의 국가, 민족은 다 동등한 위치와 평등한 권리를 가지고 있다. 그 권리를 침해하는 것은 어떤 이유에서도 정당화될 수 없다.

철민이는 승기의 행동이 잘못되었다고 생각한다. 그러나 승기가 무서워서 승기와 같이 아이들을 괴롭히는 행동을 한다. 철민이는 승기의 말을 잘 듣는 것이 학교생활을 편하게 하는 길이라고 생각한다. 그러나 그것은 자기 자신만을 위한 이기적인 행동이다. 자기만 편하다고 다른 학생들을 불편하게 할 수는 없다. 잘못된 것은 잘못되었다고 말할 수 있는 용기가 있어야 한다.

case 4 (가)는 이순신의 《난중일기》이다. 이순신은 임진왜란 때 나라를 구하기 위해 목숨을 바쳤다. (나)의 단재 역시 일제 시대 조국의 독립을 위해 투쟁하였다. 두 인물의 공통점은 나라가 혼란에 빠졌을 때 자신의 목숨을 아끼지 않고 나라를 위해 버릴 수 있는 애국심이다.

(가)의 이순신은 수많은 적선과 맞서 싸워야 하는 불리한 상황에서도 절대 물러서

지 않았다. 왜선이 비록 많다 해도 우리 배를 바로 침범하지는 못할 것이니, 조금도 동요하지 말고, 힘을 다해서 적을 쏘라는 이순신의 말은 그의 조선에 대한 애국심과 용기를 단적으로 보여 준다.

마찬가지로 일제 침략자 앞에 머리를 굽힐 수 없다며 고개를 숙이지 않고 세수를 하는 단재의 모습에서 식민지 조국에 대한 애정과 독립 의지를 엿볼 수 있다. 일제 시대를 살았던 사람들 중 일제의 총칼과 탄압이 무서웠던 사람들은 나라와 민족을 배반하고 일제의 앞잡이가 되기도 하였다. 그래서 우리의 무고한 청년들을 전쟁터로 내몰고 조선의 선량한 처녀들에게 위안부로 나갈 것을 종용하기도 하였다. 그러나 단재는 민족을 배신하지 않고 일제에 항거하여 끝까지 맞서 싸웠다.

우리는 이 두 사람의 민족과 나라에 대한 사랑에서 애국심을 배울 수 있다.

Abitur

철학자가 들려주는 철학이야기 049

콩트가 들려주는 실증주의 이야기

저자_**권상**
서울대학교 정치학과를 졸업하고(법학 부전공), 북한 대학원에서 정치, 통일을 전공하고 있다. 한국법학원과 고려대학교, 국민대학교 등에서 헌법학을 강의했으며, 현재는 강남구청 수능 방송과 종로학원에서 사회탐구 과목을 강의하고 있다. 북한법연구회와 북한학회 그리고 민족공동체포럼에서 활동하고 있다. 저서로는 《백두헌법》《여성과 법률》《윤리와 사상》《전통윤리》《파사쥬 실전 모의고사 윤리》《정치》《파사쥬 실전 모의고사 정치》 등이 있다.

배경 지식 넓히기

오거스트 콩트를 만나다

사회적 혼란이 위대한 사회사상을 낳는다 – 사회학의 배경

콩트가 제시한 역사 발전의 세 단계

콩트는 노동자의 적인가?

콩트는 여성의 적, 마초(macho)인가?

콩트에 대한 평가

Auguste Comte

오거스트 콩트를 만나다

1. 콩트를 만나다

① 콩트의 삶

사회학이라는 학문을 창시한 실증주의자 오거스트 콩트는 프랑스혁명 직후인 1798년 프랑스 몽펠리에에서 출생하였다.

1814년 파리 에콜 폴리테크닉(Ecoles Polytechnique)에 우수한 성적으로 입학한 콩트는 동료들로부터 철학자라는 별명으로 불릴 정도로 지적 능력이 뛰어났다. 그런데 학교 문제로 학생들과 학교 당국이 갈등을 일으키자, 대학은 휴교를 결정하였고 이때 시위 주동자였던 콩트는 학교로부터 처벌을 받게 된다.

학교의 처벌로 집으로 돌아온 콩트는 가정교사 생활을 하게 되었고 경찰의 요주의 인물로 감시를 당하게 되었다. 수학에 뛰어났던 콩트는 대학에 재입학하지 않고 수학책을 번역하는 등의 일에 종사하였다.

그러던 중 1817년 20세 되던 해에 콩트는 자신의 인생에서 가장 중요한 인물 가운데 한 명인 생시몽을 만났다. 위대한 인물들을 보면 자신의 지적 능력이나 통찰력 등이 뛰어나 위인이 된 경우도 있지만, 동반자들을 잘 만나 그 위대함이 더 빛난 인물들이 많다. 콩트가 바로 그런 사람이다. 그러한 도움을 준 인물이 바로 생시몽이었다. 생시몽은 기업가이자 투자자였다. 그러다가 뒤늦게 학자의 길을 걷게 되었다. 콩트를 만날 당시 생시몽은 잡지를 발간하고 있었는데, 콩트는 생시몽으로부터 경제적인 도움을 받으면서 그를 돕게 되었다. 지적 동반자로서 둘은 공동으로 '실증주의'를 연구하기 시작했다.

그러나 곧 둘은 결별을 하게 된다. 결별의 원인은 여러 가지가 있지만, 첫 번째는 생시몽이 콩트의 허락 없이 콩트의 논문을 자신의 책에 실었기 때문이다. 콩트는 일종의 배신감을 느끼고 스승이자 동반자인 생시몽과의 결별을 준비하였다. 두 번째 원인은 생각의 차이 때문이었다. 생시몽은 사회 개혁이 시급하고 이를 위해서 기업가나 은행가들이 주요 역할을 해야 한다고 보았다. 반면 콩트는 행동에 앞서 이론적인 작업, 과학의 이론적 기초를 닦는 일이 중요하다고 보았다. 생시몽은 행동을 강조했고, 콩트는 이론을 강조한 것이다.

생시몽과 결별 후 경제적, 심리적으로 지쳐 있던 콩트는 한 여인을 만나 결혼을 하게 된다. 그리고 콩트는 평소 관심을 가지고 있던 실증주의 철학에 대해 본격적으로 연구를 시작했다. 그러나 콩트는 정교수 자리를 얻지 못해서 생계를 위해 다양한 직업을 전전하였고, 존 스튜어트 밀의 노력으로 후원자들의 재정적인 도움을 받기도 했다. 어쨌든 콩트는 학문에 대한 열정을 버리지 않았다.

그의 성격은 매우 독특하였고 또한 매우 똑똑하였다. 그래서 콩트는 다른 학자들이 지은 책을 거의 읽지 않았다. 이러한 자신감과 오만으로 인해 그는 사람들과 더 멀어지게 되었고 결국 콩트는 학자가 아닌, 일반 대중을 상대로 강연을 하게 되었다. 이 강좌는 18년 동안 지속되었는데, 청중들은 노동자 등 아주 평범한 사람들로 확대되었다고 한다. 그러는 동안 그의 말과 사상은 더욱 추상적인 것으로 변해 갔고 급기야 1849년 콩트는 현실의 무대에서 은퇴하고 자신이 만든 종교인 인류교로 빠져들었다.

콩트는 실증주의 철학과 사회학을 통해 사회를 개혁하고 모든 과학적 지식을 사회학 속에서 종합하고자 하였다. 사회 개혁은 낡은 봉건적 잔재와 사고방식을 초월하여 실증주의적인 태도와 지식을 전파하는 것이다. 이것은 과학적 지식의 진보가 있을 때 가능한 일이었고 그는 궁극적인 해결책을 인류교에서 찾았다. 인류교에는 도덕과 사랑이 자리 잡았다. 이러한 것들은 정신적인 것이고 비합리적이며 비논리적인 것이라 실증적 검증이 어려운 것이긴 하지만 콩트는 이를 그의 학문적 범주에서 제외시키지 않았다. 이렇듯 콩트의 실증주의는 자연과학적인 사고로만 이해할 수 없을 정도로 매우 독특하다.

-《콩트가 들려주는 실증주의 이야기》 중에서

② 콩트가 살았던 시대 _ 콩트의 사명

앙시앵레짐(구체제)이 타파되고 새로운 시대를 맞이한 프랑스는 구체제를 대신할 새로운 사회를 건설하여야 하는 부담을 안게 되었다. 혁명으로 기존의 체제를 타파하는 것보다 더 어려운 것은 새로운 시대를 설계하고 조직하는 것이다.

혁명 이후 다양한 사상들이 백가쟁명했지만 프랑스는 아노미 그 자체였다. 콩트는 당시를 '개탄할 만한 무정부 상태' 로 보았고 사회의 주된 요구나 불만과 직접 관련된 자신의 '사회학' 이론이 혼돈으로부터 질서를 가져오는 데 도움이 될 것이라고 믿었다. 그는 당시의 도덕적, 사회적 무질서 상태가 한편으로는 신학적_형이상학적 철학의 쇠퇴에 기인하며, 다른 한편으로는 자신의 실증주의 철학이 아직은 미성숙하여 새로운 조직에 이론적 기반을 마련해 주지 못한 데 기인한다고 보았다.

그는 질서 속의 진보를 갈구하였고, 진보 속의 질서를 염원하였다. 다양한 사상의 일치와 조화를 통해서만 사회적 일치가 이루어질 수 있기 때문에 진보와 질서라는 대립적 이념의 종합은 반드시 이루어져야 한다고 콩트는 주장하였다. 그는 사상적 무질서 상태를 경멸하였고, 이것이 도덕적 분열의 주된 원인이라고 생각하였다. 콩트는 진정한 도덕적 질서가 유지되기 위해서는 개인의 마음의 방랑자적 자유와 같은 기존의 태도가 없어져야 한다고 주장하였다. 그에게 양심의 자유는 또 다른 독단이었고 사회의 재조직화를

어휘 다지기

실증주의

콩트가 살았던 계몽주의 시대는 과학이 핵심이었다. 과학은 일반적으로 객관적이며 합리적이고 이성적이며 논리적이라고 한다. 만약 비합리적이고 비객관적이라면 과학이 될 수 없을 것이다. 이러한 과학을 발전시킨 중요한 철학이 있는데, 그것이 바로 콩트의 사상의 중심에 놓여 있는 실증주의이다.

실증주의는 관찰, 실험 등을 통해 사실을 밝히고 이론을 세워서, 진리를 입증할 수 있다는 철학이다. 마찬가지로 비논리적이고 비합리적인 것들은 실증주의가 될 수 없다. 결국 계몽주의는 실증주의를 통해 더욱 발전될 수 있었던 것이다. 여기에는 과학자들의 공헌이 컸다. 주요 인물로는 데카르트, 베이컨, 흄, 뉴턴 등을 들 수 있고, 자연과학자가 아닌 사회과학자들로는 몽테스키외, 로크, 루소 등을 들 수 있다. 실증주의가 이성을 신뢰하며 과학적인 방법을 중시하였기 때문에, 실증주의가 계몽주의의 핵심이 되고, 그 한복판에 과학자들이 있었던 것이다.

계몽주의는 이성을 가지고 중세의 시대를 비판하였다. 그리고 새로운 시대를 열망하였다. 이 새로운 시대는 신 중심이 아닌 이성 중심의 세계이고, 이성을 신뢰하는 시대이다. 그렇기 때문에 계몽주의는 인간 중심주의, 이성 중심주의, 과학, 실증주의로 정리될 수 있다.

과학의 힘을 통해 인간의 삶이 윤택해지고 발전한 것처럼, 계몽주의는 이성의 힘을 통해 사회를 변화, 발전시킬 수 있다고 믿었다. 즉 인간의 지혜, 논리, 철학에 의해 더 나은 사회, 바람직한 사회, 유익한 사회로 변화시킬 수 있다고 믿었던 것이다. 콩트도 예외는 아니었다. 콩트는 계몽주의 철학자였고, 실증주의의 전통을 받아들였다. 그래서 콩트의 철학, 사회학에는 자연과학적인 성격이 많이 남아 있다. 이것이 콩트가 사회를 분석할 때도 과학적인 방법을 사용해야 한다고 주장했던 배경이기도 하다.

콩트는 인류의 발전 과정을 설명하고 앞으로 진행될 과정을 예견할 수 있는 과학을 만들고자 했다. 또한 그는 인류가 발전해 온 과정을 법칙을 통해 설명하고자 했다. 이 과학은 자연과학의 영향을 받지만 자연과학과는 다른 새로운 과학이라고 보았다. 즉 사회에 관한 과학을 만들고자 한 것이다. 콩트는 이 학문을 사회물리학이라는 이름으로 불렀으며 후에 이 용어를 사회학이라는 이름으로 바꾸게 된다.

그는 자연과학이 인간을 위해 많은 것들을 가져다 준 것처럼 사회학도 인간에게 유익함을 갖다 주어야 한다고 보았다. 그래서 사회학도 과학이어야 한다는 주장을 한 것이다. 그래서 콩트의 사회학은 실증주의와 아주 밀접한 관계에 있다. 사회학은 계몽주의 전통이 없었다면, 혹은 실증주의가 존재하지 않았다면 출현하지 못했을 것이다.

-《콩트가 들려주는 실증주의 이야기》 중에서

에콜 폴리테크닉(Ecoles Polytechnique)

에콜 폴리테크닉은 200년의 전통과 다양한 학문의 조화를 통해 수많은 인재를 배출해 낸 프랑스 명문 대학이다. '조국, 과학, 영광을 위하여'라는 설립 이념 아래 프랑스혁명 때는 꽃 같은 젊음을 불태우기도 했으며 그 정신은 오늘까지 이어지고 있다. 제1차 세계 대전 때는 약 900명의 폴리테크닉 학생들이 조국 프랑스를 위해 전사했으며, 제2차 세계 대전 때도 많은 학생들이 레지스탕스에 참여하여 목숨을 바쳤다. 노블리스 오블리제를 지킨 셈이다. 에콜 폴리테크닉은 시대 변화를 겪으며 수많은 인재를 배출했다. 그 중 프랑스의 첫 노벨 물리학 수상자인 앙리 베크렐, 수학자 앙리 푸앵카레, 제1차 세계 대전을 승리로 이끈 모누리 외에도 전 프랑스 대통령 지스카르 데스탱 등 헤아릴 수 없을 만큼 많은 인재를 배출했다.

어휘 다지기

사회학

인간의 사회적 공동생활을 연구하는 사회과학으로 19세기 전반 A. 콩트와 H. 스펜서 등에 의해 학문적으로 확립되었다. 사회 전체에 대한 종합적 인식을 목적으로 하는 종합 사회학(일반 사회학)과 특정 부분의 분석적 인식을 목적으로 하는 특수 과학적 사회학(예: 경제 사회학 · 정치 사회학 · 지식 사회학 등)으로 구분된다.

프랑스 대혁명

1789년 프랑스에서 앙시앵레짐(부르봉 왕조)을 무너뜨리고 국민 의회를 열어 공화 제도를 이룩한 시민 혁명을 말한다. 영국의 명예혁명, 미국의 독립혁명과 더불어 3대 시민 혁명이라 일컫는다. 프랑스혁명의 결과물인 인권 선언에서는 자유와 재산권을 비롯한 인간의 기본권을 확인하고 권력 분립을 선언하였다. 자유, 평등, 박애가 프랑스혁명 당시의 구호이다.

생시몽

1760년 프랑스 파리에서 출생한 공상적 사회주의자이다. 그는 인류의 역사를 부단히 진보하는 것으로 보고, 새로운 사회 체제는 선행하는 사회 체제보다 전진하지 않으면 안 된다는 역사의 발전적 전개를 주장하였다. 그래서 비산업 계급인 봉건 영주와 산업적 계급의 투쟁으로 점철된 과거 수세기의 프랑스사(史)를 개선하여, 그 양자가 협력 · 지배하는 계획 생산의 새 사회 제도를 건설하여야 한다고 하였다. 자기의 학설을 '신그리스도교'라고 부르고 새로운 사회는 설득을 통하여 평화적으로 실현되어야 한다고 주장하여, 공상적 사회주의자로 불리게 되었다. 그의 실증적인 사회 연구 태도는 제자인 콩트에 의해 계승되어 실증주의 사회학으로서 결실을 맺었고, 그의 사상은 마르크스와 엥겔스의 사회주의 이념에도 영향을 주었다.

위해서는 결코 유용한 것이 아니었다. 또한 콩트는 당대의 물질적 측면에 대한 강조를 두려워하였고 이는 진보에 치명적이라고 생각하였다.

콩트는 당대의 모순에 대한 어설픈 해결 시도는 상황을 더욱 악화시킬 것이라고 경고하였으며 자신의 실증주의적 원칙이 성숙할 때까지는 새로운 질서를 가져오기 위해서 서둘러서는 안 된다고 주장하였다. 콩트에 따르면 질서와 진보는 사회의 정적이고 동적인 측면이다. 질서는 존재의 다양한 조

어휘 다지기

공산주의

사유 재산제를 없애고 사회의 모든 구성원이 재산을 공동 소유하는 사회 제도를 의미한다. 사유 재산제로부터 발생하는 사회적 타락과 도덕적 부정을 간파하고, 재산의 공동 소유를 기초로 하여 더 합리적이고 정의로운 공동 사회를 실현하고자 한 공산주의의 이상은 멀리 고대 플라톤의 《국가론》, 원시 그리스도교의 교리, 중세 말 T. 모어의 《유토피아 Utopia》, 근세 초 T. 캄파넬라의 《태양의 나라 Civitassolis》(1623) 등에까지 소급된다.

그러나 오늘날 공산주의라고 할 때는 하나의 정치 세력으로서 활동하고 있는 현대 공산주의, 즉 마르크스-레닌주의를 가리킨다. 마르크스는 지금까지의 인류 역사가 원시 공산 사회 · 고대 노예 사회 · 중세 봉건 사회 · 근대 자본주의 사회 등으로 발전하여 왔으며 자본주의 사회에서 생산력과 생산 관계의 모순은 반드시 프롤레타리아 혁명을 유발하고 프롤레타리아 혁명의 승리에 의하여 자본주의적 생산 관계는 파괴되며, 마침내 생산 수단의 공유를 기초로 하는 공산주의 사회에 도달한다고 주장하였다.

건들 사이에 널리 퍼져 있는 조화를 말하는 것이고 이를 연구하는 것이 사회정학(social statics)이며, 진보는 사회가 자연적인 사회 법칙에 따라서 질서정연하게 발전하는 것을 가리키며 이를 탐구하는 것이 사회동학(social dynamics)이다.

사회는 개선 지향성을 가지고 있으므로 변화를 위한 과도한 개입은 불필요하다. 콩트는 또 자발적인 진화의 과정에 내재되어 있는 지혜에서 비롯된 변화가 그 어떤 훌륭한 개혁자의 의도된 개혁보다 우수하다고 보았다. 그러나 자연스런 것이기는 하지만 사회의 존재 자체를 위협하고, 특히 사회의 유대와 일치를 침해하는 발전은 매우 위험하다고 경고하였다. 점차 다가오는 분업이 그러한 예가 된다. 분업은 사회 발전의 불가피한 원리이긴 하지만 동시에 사회를 분화시키고 파편화시키는 이중성을 띠고 있다. 이에 따라 정부는 이념, 감정, 이상 등의 근본적 분산을 억제하고, 막아 주는 역할을 수행해야 한다고 주장하였다. 콩트의 이러한 다양한 철학적 노력에도 불구하고 프랑스인 아니 유럽인들은 유기적이고, 통합적이고 갈등이 없는 문화를 성취하지 못하였다. 그러나 근래의 전개되고 있는 유럽 국가 연합을 위한 행보는 콩트의 부활을 예고하고 있는지 모른다.

어휘 다지기

인류교
각각의 개인 속에 존재하며 개인을 초월하여 존재하는 대존재(大存在)를 숭배하는 콩트가 창시한 종교를 말한다. 콩트는 전통적인 종교에서 말하는 초월적 신에 대한 사랑을 부정하고 인류에 대한 사랑을 역설하였다.

생각 넓히기

콩트의 실증주의는 법학에도 지대한 영향을 미쳐 법실증주의를 탄생시켰지요.

법실증주의란 무엇일까요?

일반적으로 실정법(實定法)만을 법으로 인정하는 법학의 입장을 말한다.

법실증주의가 법사상에서 지배적 지위를 차지한 것은 19세기인데, 이 시기는 근대 국가가 확립되면서 근대법 체계가 정비되는 때이다. 법실증주의는 법의 이론이나 해석 · 적용에 있어서 어떠한 정치적 · 사회적 · 윤리적 요소도 고려하지 않고, 오직 법 자체만을 형식 논리적으로 파악하려는 입장이다. 따라서 실정법을 초월하는 자연법(自然法)의 존재를 인정하지 않는다는 점에서 자연법 사상에 대립된다. 법실증주의는 실정법 체계의 완전무결성에 대한 확신을 바탕으로 법관에 의한 법 창조 내지 자의적 판단을 배제하려는 사상으로 법학 및 실정법의 발전과 그것을 통한 국가 권력의 확립에 크게 기여하였다.

존 스튜어트 밀

영국의 경제학자 · 철학자 · 사회과학자로서 어린 시절 벤담의 저서에 영향 받고, 공리주의(功利主義)에 감명 받아 공리주의 협회의 설립에 참가하여 연구 · 보급에 힘썼다. 그러나 1826년 우울증에 걸린 것이 전기가 되어 감정을 경시하고 이성(理性)을 만능으로 보는 공리주의에 의문을 품게 되었으며, 칼라일, 워즈워스, 콜리지 등의 영향을 받아 사상적으로 전환하게 되었다. 그리하여 1865~1868년 하원의원이 되었으며, 사회 개혁 운동에도 참가하였다. 대표적인 저서에 대의제(代議制)와 분권제(分權制)의 의의를 강조한 《대의정체론》(1861), 《공리주의 Utilitarianism》(1863), 영국의 여성 해방 사상 기념비적 문헌이 된 《여성의 종속 The Subjection of Women》(1869), 《사회주의론》(1879) 등이 있다.

그의 사상은 만년에는 점차 사회주의에 가까워져 갔지만, 그의 사회주의는 그 후의 영국에서 마르크스주의와는 다른 개량주의적 사회주의로 발전하였다.

2. 교과서에서 만난 콩트

① 생각 열기

창현이는 최근 여자 친구가 생기면서 부모님과 갈등이 많아졌다. 창현이의 부모님은 이성 교제가 공부에 방해가 된다며 대학에 들어간 후에 사귀라고 하신다. 하지만 창현이는 청소년기의 이성 교제가 학업을 저해시킨다는 부모님의 말씀에 의문을 가졌다. 창현이는 어떻게 정확하고 객관적인 해답을 얻을 수 있을까?

② 사회 문화 현상 탐구에 과학적인 연구 방법이 필요한 이유는 무엇인가?

우리는 누구나 사회적으로 퍼져 있는 편견을 어느 정도 가지고 있다. 여자는 이성적이기보다 감정적이라든지, 아이들은 때려야 나쁜 버릇이 고쳐진다든지, 사람의 성격은 타고난 것이라는 등의 편견은 사실에 대한 객관적이고 정확한 인식을 통해서 제거될 수 있다. 객관적 인식은 우리가 특정한 사회 문화 현상에 대해 호기심이 생길 때 특히 필요하다. 비슷한 사람들끼리 결혼하는 것이 더 행복할까, 아니면 성격이 다른 사람이 결혼하는 것이 더 행복할까?

왜 사람들은 필요 이상의 과시적인 소비를 할까? 지역감정이 지속되는 이유는 무엇일까? 이러한 사회 문화 현상에 대해 보다 정확하고 객관적인 연구를 하기 위해서는 과학적 탐구가 요구된다. 과학적 탐구 방법은 탐구 대상과 주제의 성격에 따라서, 크게 실증적 연구 방법과 해석적 연구 방법으로 나누어진다.

③ 실증적 연구 방법이란 무엇인가?

실증적 연구 방법은 객관적이고 가치중립적인 입장에서 과학적 절차와 방법에 의해 경험적 자료를 분석하여 사회 문화 현상에 관한 보편적 원리를 발견하려는 연구 방법이다. 이 방법은 주로 사회 조사나 실험 등에 의해 경험적으로 관찰 가능한 자료를 수집하고, 계량화한다. 계량화란 한 국가의 경제 성장의 정도는 국내총생산(GDP) 증가율을 통해서, 학업의 성취도는 시험 성적을 통해서, 인간의 지적 능력은 지능 검사 점수를 통해서 나타내는 것을 말한다. 계량화된 자료는 차이가 '있다' 또는 '없다' 는 것만을 나타내는 것이 아니라 그 차이의 정도까지도 나타낼 수 있다. 따라서 그만큼 정확하고 정밀한 연구를 할 수 있다는 것이 장점이다.

그러나 실증적 연구 방법은 계량화하기 어려운 인간의 심성, 의식, 가치 등의 정신적 영역을 탐구하는 데는 한계가 있다.

- 고등학교《사회문화》참조

해석적 연구 방법

해석적 연구 방법은 연구자의 경험, 지식, 직관적 통찰을 통해서 계량화하기 어려운 행위자의 동기나 의도 혹은 사회 조직과 제도의 의미를 심층적으로 해석하고 이해하는 연구 방법이다.

-고등학교《사회문화》참조

실증적 연구 방법과 해석적 연구 방법의 차이

구분	실증적 연구 방법(양적 접근)	해석적 연구 방법(질적 접근)
의의	자료를 계량화하여 사회 현상을 분석	직관적 통찰을 통해 사회 현상을 분석
주장자	콩트	베버
목적	사회 현상에 대한 일반적 법칙 발견	사회 현상의 의미 해석을 통한 이해
특징	㉠ 사회 조사나 실험 연구에서 주로 사용 ㉡ 연역적 연구(가설 설정 → 검증) ㉢ 자연과학과 같은 연구 방법	㉠ 참여 관찰이나 심층 면접에서 주로 사용 ㉡ 귀납적 연구(자료를 수집 → 해석) ㉢ 자연과학과는 다른 연구 방법 ㉣ 인간 행위의 관찰, 비공식적 문서(일기 · 편지), 공식적 문서의 이면의 의미 중시
장점	㉠ 계량적 · 통계적 연구 가능 ㉡ 정확하고 정밀한 연구 ㉢ 법칙 발견에 유리	㉠ 인간 행동의 개인적 · 사회적 의미 파악 ㉡ 주관적 의식의 심층 이해 가능 ㉢ 사회 현상의 생생한 묘사
단점	㉠ 계량화가 어려운 영역 연구 곤란 ㉡ 인간의 가치 · 동기와 분리	㉠ 객관적 법칙 발견 곤란 ㉡ 비교 · 분석 곤란 ㉢ 정확성과 정밀성의 결여
예	학교 수업 시간, 학원이나 과외 수강 정도, 자율 학습 시간과 성적의 상관관계 연구	학생의 성취욕, 장래 포부, 의지 등이 성적에 미치는 영향 파악

실증적 연구(연역적 연구) 방법

문제 제기 → 개념과 용어의 정의 → 가설 설정 → 연구 설계 → 자료 수집 및 분석 → 가설의 검증 → 일반화(법칙화)

사회적 혼란이 위대한 사회사상을 낳는다 – 사회학의 배경

중국의 춘추전국 시대에 수많은 철학자들이 나타나서 세상을 고민하며 위대한 사상을 꽃피웠듯이 콩트는 프랑스혁명과 산업혁명에 수반된 끊임없는 폭동과 반란, 그리고 규범의 붕괴로 극히 혼미했던 당시를 고뇌하며 사회가 안정과 질서를 회복하고 진보적 발전을 이룩하는 방안을 찾는 데에 깊은 관심을 기울였다.

콩트는 당시의 사회가 비록 정치적 · 경제적 · 사회적으로 혼란의 극을 치닫고 있다고 해도, 눈부신 발전을 이룩한 자연과학의 발전에 힘입어 허구적이고 추상적인 세계관을 퇴치하고 실증적인 세계관을 뿌리 내리게 함으로써 질서와 진보를 동시에 이룩할 수 있다고 확신하였다. 그는 특정 시기의 사회 안정과 질서를 이룩하게 하는 조건을 연구하는 사회학의 영역을 사회정학, 사회의 발전과 진보의 법칙을 연구하는 영역을 사회동학이라고 하였다.

사회정학과 사회동학은 각각 사회 질서와 사회 진보를 이룩하는 데 그 목적이 있다. 갈등과 대립 관계에 있는 질서와 진보의 이념을 실증적 원칙에 따라 통합함으로써 새로운 사회 질서를 확립하고 질서정연한 발전을 이룩할 수 있다는 것이 콩트의 사상적 특징이다.

이러한 사상은 1830년에서 1842년 사이에 저술한 《실증철학 강의》와 1851년에서 1854년 사이에 간행된 《실증정치학 체계》 같은 그의 대표적 저작에 제시되어 있다. 《실증주의 철학》에서 다루고 있는 커다란 두 주제는 인류 발전의 3단계 법칙과 과학의 분류에 관한 것이다.

콩트는 갈등과 대립을 해소하고 인간 사회의 정신적 통합을 이룩하는 데 골몰하였지요. 이러한 입장을 기능주의적 관점이라고 하지요. 똑같은 사회 현상을 바라보는 대표적인 관점이 두 개가 있는데, 이에 대해서 좀 더 공부해 볼까요? 여러분이 이해하기 쉽도록 도표로 정리할게요. 고등학교 《사회문화》에서 아주 중시되는 이론이랍니다.

콩트에게 영향을 준 인물들

콩트는 콩도르세와 튀르고 같은 계몽주의자들로부터 큰 영향을 받았다. 콩도르세는 인간 사회의 완성을 꿈꾸었다. 그는 인간이 사회를 완성할 것이라고 믿었다. 전형적인 계몽주의자의 모습이었다. 인간의 이성의 힘을 통해 사회를 변화, 발전시킬 수 있으며 궁극적으로 사회는 최상의 모습을 갖게 될 것이라고 콩도르세는 보았다. 계몽주의자였던 콩트는 콩도르세의 사상을 받아들였다. 또한 콩도르세는 과학이 발전해야 인간은 완전하게 될 수 있다고 보았다. 과학이 바로 인간에게는 가장 중요한 과제이자 열쇠였다. 과학은 누가 발전시키는가. 신이 아니라 바로 인간이었다. 과학은 객관적이고 실증주의적인 것이다.

콩트에게 영향을 준 또 한 명은 튀르고이다. 프랑스 재무장관 출신인 튀르고는 18세기 계몽주의 사상가 가운데 가장 영향력 있는 인물이었다. 그는 인간은 3단계의 단계로 진화한다고 보았다. 세상의 모든 사회는 사냥꾼, 양치기, 농부의 단계 중 하나에 놓여 있다고 튀르고는 주장하였다. 이러한 생각이 콩트의 사상에 영향을 주었다. 튀르고는 진보는 신이 간섭하여 나타난 결과가 아니라 사회의 구조적인 힘들에 의해 나타난 결과라고 보았다. 그리고 이러한 진보는 나름대로의 법칙이 있다고 보았다. 사회의 진보, 진보의 법칙, 3단계 진화 등의 주장이 콩트에 영향을 준 내용이다.

생시몽은 콩트의 협력자, 후원자, 동료였다. 생시몽은 인류와 사회에 관한 연구는 경험적 관찰에 기반한 실증 과학이어야 한다고 보았다. 실증 과학만이 사회를 객관적으로 연구할 수 있다. 그런데 생시몽은 과학은 연속적으로 발전하며 단순한 것으로부터 복잡한 것으로 발전한다고 보았다. 19세기가 바로 복잡한 과학, 즉 이전 과학보다 더 발전한 최고의 과학이 등장하는 시기라는 것이다. 그러면 이 과학의 이름은 무엇인가. 바로 실증

과학이다. 또한 사회는 발전의 법칙에 의해 지배 받고 있으며, 이러한 법칙들은 과학적인 관찰을 통해 밝혀질 수 있다.

-《콩트가 들려주는 실증주의 이야기》 중에서

기능론적 관점과 갈등론적 관점

구분	기능론적 관점	갈등론적 관점
입장	㉠ 사회의 구성 요소들이 상호 의존적 관계를 유지하면서, 전체 사회의 유지와 존속에 필요한 기능을 분담하여 수행 ㉡ 사회 구성 요소들의 역할과 기능 및 행위 방식들은 사회 구성원의 합의에 바탕을 두고 있다.	㉠ 사회의 제반 구성 요소들은 서로 갈등 관계에 있으며, 이러한 갈등은 사회 변동에 기여함 ㉡ 사회 구성 요소들의 역할과 기능 및 행위 방식들은 지배 계층의 이익을 위한 것이다.
비판	기존 질서나 권력 관계의 유지에 기여하고, 사회 변동을 소홀히 함	협동과 조화를 경시하고, 사회의 존속과 통합을 소홀히 함
예	학교는 국가 사회 전체의 유지와 존속에 필요한 지식과 가치를 가르침	학교는 학생들에게 특권층의 가치를 주입시킴으로써 기득권층의 권익을 재생산하는 데 기여함

사회사상이란?

사회를 종합적으로 이해하는 이성의 작용으로서, 사회의 바람직한 모습에 관한 체계적인 생각이나 태도를 말한다. 사회사상은 인간의 사회적 삶과 관련된 개념들을 정의 · 분석 · 구별하며, 사회적 삶을 이해할 수 있는 개념적 틀을 발전시켜 주고, 사회적 삶이 왜 특정한 방식으로 구성되어 있으며, 사회의 상이한 구성 요소들이 어떻게 연관되어 있는지를 설명해 준다. 또한 사회사상은 현 사회를 정당화하거나 비판, 바람직한 사회에 대한 대안을 제시하는 기능을 수행한다.

- 교육인적자원부, 《윤리와 사상》

자연과학과 비교한 사회사상의 특징

	자연과학	사회사상
탐구 대상의 특징	거의 변하지 않음	끊임없이 변화함
탐구자의 태도	자연계의 현상을 설명할 뿐 자연계 그 자체를 변화시키려고 하지는 않음	사회를 단순히 있는 그대로 설명하는 데 만족하지 않고 근본적으로 변화시키고자 함 → 변혁 지향적, 실천적
탐구 방법 및 시각	자연계를 바라보는 기본 방법과 시각에 관해서 합의를 하는 경우가 일반적임	동시대, 동일 문화권의 사상가라 할지라도 같은 사회 현상에 대해서 서로 다른 견해를 가질 수 있음

- 교육인적자원부, 《윤리와 사상》 참조

조화를 추구하는 콩트

우리에게도 조화를 추구하는 사상이 있다. 단군의 건국 신화를 보면 천지 묘합의 원리를 발견할 수 있으며, 신라 시대 원효의 화쟁 사상, 고려 시대의 지눌이나 의천 등의 교선 통합 운동도 대표적인 조화 추구 행위이다. 조선 시대의 이이의 이통기국(理通氣局)과 유불선을 통합한 동학 역시 조화 사상의 정수이다. 양극단에 치우치는 입장은 선명할 수

> 는 있으나, 사회 안정이나 역사 발전에 부정적 영향을 주는 경우가 많으므로 우리는 항상 균형 잡힌 조화로운 사고와 중용의 길을 견지해야 할 것이다.
>
> *- 교육인적자원부, 《윤리와 사상》*

단군의 건국 이야기의 윤리적 의의

단군의 건국 이야기는 우리 민족 사회 윤리 사상의 원형이지요. 그 내용은 여러분들이 저보다 더 잘 알고 있을 터, 여기서는 그 분석을 해 봅시다.

인본주의	탐구인세(貪求人世): 천신인 환웅은 천상 세계에 있으면서도 인간 세상에 내려와 살기를 원하였음
	원화위인(願化爲人): 곰과 호랑이도 인간이 되기를 원하였음
천인합일	자연으로서의 하늘과 땅이 인간과 합하여 하나가 됨
	천신인 환웅(天)과 땅의 웅녀(地) 사이에서 단군(人)이 태어남 → 천 · 지 · 인의 조화
	자연과의 친화(親和)적 경향이 극대화된 형태로 나타난 것
조화정신	환웅과 웅녀의 결합 → 자연과 인간의 조화
	조화 정신은 한국 사상의 전개 과정에서 뚜렷한 특질로 형성 → 풍류도(風流道)나 원효의 화쟁(和諍)사상, 동학사상에 나타난 유 · 불 · 도(儒佛道) 삼교(三敎)의 조화성 등
홍익인간	추상적 개념이 아니라, 경제 · 생명 · 사회 복지 · 사회 정의 등 현실적 삶의 여러 영역에 있어 이상적 완성을 도모한 실천적 목표
	환웅이 곡식(경제적 가치)과 생명, 질병(사회 복지)과 형벌(사회 정의), 선악(도덕) 등 인간 사회와 관련된 360여 가지 일을 다스렸음
평화사상	홍익인간의 이념 자체가 평화적 맹수인 호랑이와 곰도 단지 사람이 되기를 꿈꾸고 기원하는 소박한 품성을 가진 동물로 등장

- 교육인적자원부, 《윤리와 사상》

원효의 화쟁사상

원효 사상의 근본을 이루는 원융회통(圓融會通)의 논리 체계를 이르는 말로서, 한국 불교의 전통으로 이어져 내려온 사상이다. 특정한 교설이나 학설을 고집하지 않고 비판과 분석을 통해 보다 높은 가치를 이끌어 내는 사상이며, 모순과 대립을 하나의 체계 속에서 다룬다.

- 교육인적자원부, 《윤리와 사상》

조화의 통합의 대가 – 의천과 지눌의 비교

의천(義天,1055~1101)	교관겸수(教觀兼修)	교종과 선종의 조화 강조
지눌(知訥,1158~1210)	정혜쌍수(定慧雙修)	선정(禪定)과 지혜를 병행하여 닦아야 함 → 불교계 통합 논리
	돈오점수(頓悟漸修)	단번에 진리를 깨친 뒤 번뇌를 차차 소멸시켜 나가는 수행법

돈오점수

비록 본래의 성품이 부처와 다르지 않음을 깨달았으나(頓悟) 오랫동안의 습기(習氣)는 갑자기 버리기 어려우므로 깨달음에 의해 닦아 차츰 공이 이루어져서 성인의 태를 길러 오랜 동안을 지나 성인이 되는 것이므로 점수라 한다. 마치 어린애가 처음 태어날 때 갖추어진 모든 기관이 어른과 다를 것이 없지만, 그 힘이 아직 충실하지 못하기 때문에 제법 세월이 지난 뒤에 비로소 사람이 되는 것과 같다.

이통기국

'이'란 보편적인 것이고, '기'는 특수한 것으로서 '이'와 '기'의 양자가 서로 의존하여 보완 관계를 유지하면서 조화됨을 강조하는 율곡의 사상이다.

-교육인적자원부, 《윤리와 사상》

동학사상

서세동점기 최제우(1824~1864)에 의해서 창시된 민족 종교 사상이다. 민족 고유 사상인 경천사상을 기본으로 유·불·도의 사상을 융합하여 서학인 천주교에 대항하기 위해서 만든 종교로서 동학 혁명의 정신적 지주가 되었다. 그 핵심 사상을 요약하면 다음과 같다.

인내천(人乃天)	사람이 곧 하늘이다.
오심즉여심(吾心卽汝心)	내 마음이 곧 네 마음이다.
사인여천(事人如天)	자신을 포함한 모든 사람들이 하늘만큼 존귀하기 때문에 모든 대인 관계에 있어서 하늘을 섬기는 것처럼 신중하고 경건하며 겸손해야 할 것.

- 《한국근현대사》 교과서 참조

콩트가 제시한 역사 발전의 세 단계

칼 마르크스도 역사 발전의 법칙을 설명하고 있지만 우리의 콩트도 인간 정신의 역사적 발전 법칙을 전개하고 있다. 사실 콩트의 철학은 인간 정신의 역사적 발전을 추적하는 데서 시작된다. 인간 지식의 의미는 추상적 사유 체계가 아니라 정신을 주도하는 역사의 일반 법칙에서 도출된다고 보았기 때문이다. 콩트의 주장을 도표로 정리하면 다음과 같다.

자연과학과 비교한 사회사상의 특징

신학적 단계	사제와 군인 지배 시대 (고대~중세)	인간 지성의 출발점으로서 사람들이 모든 현상의 원인을 초자연적인 절대자의 의지와 섭리 속에서 찾는 단계이다. 이 단계는 처음의 물신 숭배의 시기에서 다신교의 시기를 거쳐 결국 일신교로 완성된다. 이 단계에서 인간 정신은 자연적이고 사회적인 현상을 자신의 인식 한계를 넘어서는 어떤 존재나 힘에 귀속시킨다.
형이상학적 단계	법률가의 지배 (근대 이후~ 18세기 계몽사상기)	이 단계에서는 초자연적인 절대자라는 관념은 어떤 추상적 본질이라는 관념으로 바뀌어 온갖 현상들을 지배하는 근원적 본질이 무엇인가에 대한 탐구를 하게 된다. 콩트에 의하면 이 단계는 초자연적 힘을 추상적인 힘으로 대치했을 뿐 본질적으로 신학적 단계의 변형에 지나지 않는다고 한다.
실증적 단계	산업 경영자와 과학자의 지배 (19세기 초~ 콩트 당대)	인간 정신 발달의 가장 궁극적인 지향점이다. 이 단계에서는 형이상학의 단계의 특징을 이루던 추상적이고 관념적인 사고는 거부되며, 사람들은 구체적인 현상들에 대한 정확한 관찰을 통해 사실들 사이의 일반 법칙을 발견하려고 노력한다.

여기서 주의할 점이 있다. 인간이 비록 실증적 단계에 도달한다고 해도 신학적 단계의 허구적 개념들에서 완전히 자유로울 수는 없다는 사실이다. 어떤 종류의 예감의 형태로 그것이 남아 있으며 이것들이 과학적 성과를 얻기 위한 영감이나 동력으로 작용하기도 한다. 예를 들면 연금술사들의 무모한 정열이 화학의 발달에 많은 기여를 했던 것처럼 말이다. 이와 같이 역사는 연속적이며 정신은 혁명적 전환이나 단절에 의해서 진행하지 않고 교정과 점진적 변형을 통하여 자연스럽게 진행된다. 이런 맥락에서 과거와의 무조건적 단절을 외치는 것은 무모한 시도가 될 수도 있다.

콩트는 노동자의 적인가?

콩트는 노동자들에게 정치권력을 맡겨서는 아니 된다고 주장하였다. 콩트에 따르면 정상적인 상황에서 민중은 여론을 통해서 정치가들의 행동을 통제하고 완화시키는 일에 만족하여야 한다. 노동자들은 노동자로서 남아 있을 때 고귀하다는 이러한 콩트의 주장은 계급 이동을 부정하는 반동성을 띠고 있다.

현대와 같은 대중 민주주의 시대에 이런 주장을 하는 사람은 없지만 콩트가 살던 시기는 기본적으로 부르주아 계급이 주도하던 시절이었고 영국에서 차티스트(Chartist, 1838~1848) 운동이 한창 벌어지던 시기였다. 이런 보수적인 주장을 하는 철학자는 의외로 많다. 그 예로서 공자, 이황, 플라톤 등을 들 수 있다. 콩트의 노동자관에 대해서는 다양한 평가가 가능하겠지만, 노동자의 적극적 정치 참여를 부정적으로 바라보고 있다는 점에서는 반 노동자적이라고 할 수 있다.

공자의 정명사상(正名思想)

공자(孔子, BC 552~479)는 유학의 비조로 동아시아의 정신사에 큰 영향을 끼친 철학자이다. 공자의 정명사상도 보수성을 짙게 풍긴다. 정명이란 각자의 지위를 바르게 한다는 것으로, 천자(天子), 제후(諸侯), 대부(大夫), 서인(庶人), 모두가 자기의 직책에 맞게 모든 힘을 쏟는다는 것이다. 그는 군신(君臣)과 부자(父子)가 각자 자기의 명분을 지키고 침범하지 않으면 사회의 질서는 확립된다고 생각하였다. 각 신분을 고정시켜 봉건적 질서를 유지코자 함이 그 목적이었다. 그러나 이 사상은 맹자에게 계승되어 역성 혁명론의 근거가 되기도 하였다.

이황의 보수성

이황(李滉, 1501~1570)은 조선 중기의 학자 · 문신이자 영남학파의 거두로 도산서원을 설립, 후진 양성과 학문 연구에 힘썼다. 그는 일본 유학계에도 큰 영향을 끼쳤으며, 조선 시대의 봉건적인 신분 질서를 유지하기 위해 주자학을 이용하였다. 중국의 주자는 인간의 성을 본연의 성과 기질의 성으로 나누었다. 본연의 성이란 태어날 때부터 하늘로부터 부여 받은 순수하고 선한 마음이다. 반면에 기질의 성은 현실적인 기질의 차이에 따라 악하게 될 수도 있는 마음이다. 이황은 통치 계급은 본연의 성을 구비한지라 지배자가 될 수 있는 반면에 피지배 계급인 상민들은 기질의 성을 가지고 있으므로 지배를 받아야 한다고 주장하였다. 이는 양방 지체 체제를 더욱 확고히 하는 매우 보수적인 이론으로 평가된다.

플라톤

여러분은 악법도 법이라며 독배를 마시고 죽어 간 소크라테스의 제자 플라톤(Platon, BC 429?~347)을 잘 알 것이다. 그도 통치 계급과 피치자를 고정시키고 있다. 그는 이성을 가진 금(金) 계급인 통치자가 용기를 가진 은(銀) 계급인 방위 계급을 활용하여 욕망으로 가득 찬 동(銅) 계급인 생산자 계급을 지배하는 것을 이상적인 정치 형태로 보았다. 사람을 금은동으로 나눈 사고 자체는 우리의 상식으로서는 이해하기 어렵다. 이런 사고는 중세의 신 앞의 평등 그리고 근대의 법 앞의 평등이 정착되자, 그 설 자리를 잃고 있다. 만인은 평등하다. 철저한 인간 평등의 사고는 우리나라의 동학사상에서 찾을 수 있다.

콩트는 여성의 적, 마초(macho)인가?

콩트는 《실증주의 서설》이라는 그의 저서에서 여성의 진정한 행복은 가정 속에서 남성의 사랑을 받으며 사는 것이라는 주장을 펼치고 있다. 여성이 남성에 복종하는 것은 자연스러우며 이는 '새로운 사회'에서도 계속되어야 한다. 여성은 영원히 유아기적 단계에 머물러야 한다고 보았다.

그에 따르면 자유나 평등을 핑계 삼아 여성들로 하여금 남성과 경쟁을 시키는 것은 여성의 자연스런 목표에 반하는 일이다. 인류의 진정한 진보는 여성을 모든 종류의 노동으로부터 해방시켜 가정생활의 울타리 속으로 몰아넣는 일이다. 이럴 경우 여성들은 남성들의 부양을 받게 되어 지참금이나 유산도 필요 없게 되며 사랑의 감정을 부추기는 자연스런 임무에 충실할 수 있다. 사랑하고 사랑의 감정을 불러일으키는 일이 여성의 본성이기 때문이다.

이런 여성 비하적인 사고 내지는 여성의 주체성을 부정하는 사고는 역사상 상당히 만연되어 있었다. 플라톤이 대표적인 사람이다. 플라톤은 처자(부인과 자식)에 대한 공유를 주장하여 여성 비하의 원조가 되었고, 진정한 사랑이란 남녀 간의 사랑이 아니라 남성끼리의 정신적 사랑(플라토닉 러브)이라고 하였다. 이리하여 서양에서는 여자를 무엇인가 결여된 남자로 간주하였다. 남녀평등권이 보장되고, 여성들의 사회 진출이 현저히 증가한 오늘날의 입장에서는 도저히 이해하기 힘든 주장이다.

프랑스혁명 이후 평등의 시대가 도래했지만, 여성들은 여전히 정치적 권리 행사에서 소외되었으며 20세기에 와서야 비로소 주권자로서 대접받게 되었다. 우리나라의 경우 여성들의 사회 참여가 현저하게 증가하고 있으며 남녀 불평등을 초래하는 많은 법률과 제도들이 철폐되고 있다.

인형의 집

노르웨이의 극작가 입센의 작품으로 내용은 이러하다.

변호사 헬마의 아내 노라는 세 아이의 어머니이며 남편에게 사랑을 받고 있다. 어떤 사건을 오해한 남편으로부터 심하게 욕을 먹은 노라는 지금까지 자기가 단순히 인형으로 취급되어 귀여움을 받은 데 불과했다고 생각하고, 아내가 되기 이전에 책임 있는 한 인간으로서 살기 위하여 집을 뛰쳐나간다. 이 작품이 세상에 나오자 노라는 신여성의 대명사가 되었고, 여성 해방 운동이 각처에서 불타오르기 시작했다. 입센의 가장 뛰어난 대표작임은 물론 세계 근대극의 대표작이다. 한국에서는 1925년 조선 배우 학교에서 맨 처음 공연되었다. 입센의 육필 원고는 유네스코 세계 기록 유산에 지정되었다.

여성을 비하하는 속담

- 굿하고 싶어도 며느리 춤추는 것 보기 싫어 안 한다.
- 시집살이 못하면 동네 개가 다 업신여긴다.
- 암탉이 운다.
- 여자는 나가면 버리고 그릇은 벌리면 깨진다.
- 여자는 사흘만 안 때리면 여우가 된다.
- 여자 팔자는 뒤웅박 팔자.
- 집안 망신은 며느리가 시킨다.
- 딸 둔 죄인.

호주제 폐지와 관련한 헌법재판소 판례

헌법재판소는 호주제를 규정한 민법 778조와 781조 1항 일부분, 826조 3항 일부분에 대해 재판관 9명의 6 대 3 의견으로 헌법 불합치 결정을 내렸다.

헌재는 호주제가 헌법상 양성 평등의 원칙 및 개인 존엄에 위배된다고 판단하였다.

재판부는 결정문에서 '호주제는 성 역할에 관한 고정관념에 기초, 호주 승계 순위, 혼인, 자녀 등의 신분 관계 형성에 있어 정당한 이유 없이 남녀를 차별함으로써 많은 가족들이 불편과 고통을 불러오고 있다' 고 밝혔다. 또 '개인을 가족 내에서 존엄한 인격체로 존중하는 것이 아니라 가(家)의 유지와 계승을 위한 도구적 존재로 취급, 양성 평등 및 개인의 존엄을 천명한 헌법 36조 1항에 위배된다' 고 설명했다.

콩트에 대한 평가

사상이란 그 시대의 상황을 고민한 사색의 흔적이다. 콩트의 실증주의도 200년 전 프랑스의 특수 상황 하에서 전개된 사유 방식이다. 그리하여 그것은 단지 인류 정신사의 유물로만 남을 수도 있다. 하지만 콩트의 실증 철학의 가치는 오늘날의 맥락에서 찾을 것이 아니라 프랑스혁명 이후의 사회 혼란 속에서 찾아야 한다. 모름지기 하나의 사유는 그 시대의 가치 속에서 의미를 가지며, 그러한 과정을 통해서 새로운 사유가 형성되는 것이기 때문이다.

구조주의 이래로 수많은 현대 사상가들이 실증주의적 사유의 한계를 지적하였다. 오늘날의 시각에서 보면 도저히 동의할 수 없는 주장들이 엿보이긴 하지만 이러한 과거의 철학적 사유들의 집적에 의해서 오늘날의 철학이 성립하고 발전하는 것이다. 이렇게 본다면 콩트 철학의 현대적 적실성은 많지 않지만, 콩트의 철학이 현대 철학의 자양분의 역할을 한 것은 높이 평가하여야 할 것이다.

실 전 논 술

논술 문제

case 1 아래의 제시문 (가)와 (나)를 읽고 각각 어떤 근거 하에 기술되었는지 밝히고 자신의 입장을 밝혀보세요. (600자 내외)

가 안분지족이란 말이 있다. 모름지기 사람은 제 자신의 분수를 알아야 편히 살 수 있다는 말이다. 여성은 여성으로서 분수를 지키며 살아야 하고, 노동자는 노동자로서의 삶의 자세를 견지해야 한다. 또한 국민은 국민으로서 국가의 통치에 순응해야 나라가 시끄럽지 않고 일사분란하게 발전할 수 있다. 일찍이 공자도 그의 정명 사상에서 임금은 임금다워야 하고, 신하는 신하다워야 하며, 아비는 아비다워야 하고, 아들은 아들다워야 한다고 주장하였다. 플라톤 또한 욕망으로 가득 찬 생산자 계급은 이성으로 체화된 철인왕의 지배를 받아야 한다고 역설한 바 있다. 각자가 주어진 자기의 역할을 다할 때 사회는 조화를 이룰 수 있고 우리의 행복 또한 증진될 수 있다. 근래 보이는 각 분야의 무질서는 각자의 본분을 망각한 경거망동에 기인하므로 우리 모두는 각자의 위치에서 최선을 다하여 공익 실현에 앞장서야 할 것이다.

나 우리는 자유롭게 개성 신장을 하며 행복을 추구하기 위하여 태어났다. 사회의 모든 억압은 운명적으로 우리에게 주어진 것이 아니라 기득권자들에 의해서 규정되고 강요된 것일 따름이다. 여성에 대한 억압은 남성 우월주의의 결과이며, 노동자에 대한 억압은 자본자의 이기적 욕망 때문이다. 또한 국민에 대한 순응의 강요는 지배층의 이익을 관철하기 위한 폭력에 불과하다. 확인될 수도 없고 입증될 수도 없는 인간의 본성을 가정하고, 그에 맞추어 살아가라고 강요하는 것은 고귀한 인간에 대한 지적 사기에 불과하다. 이성의 체화자로서의 철인이나, 인의의 체화자로서의 왕은 역사상 존재한 적도 없고 존재하지도 않을 것이다. 여성도 같은 인간이며, 노동자도 타고난 노동자가 어디 있단 말인가? 왕후장상의 씨가 어디 따로 있다는 말인가?

생각 쓰기

case 2 아래의 글을 콩트의 입장에서 평가해 보세요. (400자)

역사는 진보한다. 자본주의의 발달과 더불어 우리는 이전에 경험하지 못했던 풍요로움을 누리고 있고, 과학 기술의 발달에 따라 우리는 문명의 이기를 맘껏 즐기고 있다. 경제적 풍요는 개인의 행복과 복지를 몇 단계 끌어 올렸으며, 과학 기술의 발달은 인간의 편익을 엄청나게 증가시켰다. 바야흐로 우리가 꿈꾸던 멋진 신세계가 도래하는 중이다.

생각 쓰기

case 3 콩트는 인간의 역사 또는 의식의 발전 단계를 3단계로 구분한 바 있다. 즉 신학적 단계와 형이상학적 단계 그리고 실증적 단계가 그것이다. 신학적 단계와 형이상학적 단계는 본질에서 동일하니 신학적 단계와 실증적 단계의 예를 우리의 삶 속에서 찾아 서술해 보세요.

생각 쓰기

아비투어 철학 논술

case 1 사회를 바라보는 관점은 다양하다. 현실을 긍정하며 주어진 현실에 적응하는 입장이 있고, 현실을 부정하며, 새로운 미래를 향하여 투쟁하는 입장도 있다. 집단을 개인보다 우선시하는 집단주의가 있고, 개인을 집단보다 우선시하는 개인주의가 있다. 또한 기존의 상태를 지키고자 노력하는 보수주의가 있고 기존의 상태를 변화시키려는 진보주의도 있다.

제시문 (가)의 경우는 집단의 질서와 조화를 강조하는 집단주의 및 보수주의적 입장에 근거하고 있다. 모순과 질곡이 있더라도 개인은 전체 집단을 위해서 희생하는 것이 도리라는 것이다.

제시문 (나)의 경우는 집단보다는 개인의 자유를 강조하는 개인주의(자유주의)와 진보주의의 입장이다. 집단이란 개인을 위해서 만들어진 존재이기 때문에 집단이 개인을 억압할 때 또는 기존의 제도가 개인을 구속할 때는 이의 변혁을 추구하는 것이 인간의 본성이라는 입장이다. 나는 위의 양 입장을 모두 지지하지 않는다. 극단주의는 상황 개선에 아무런 도움이 되지 않기 때문이다. 개인을 집단에 종속시키는 집단 위주의 사고는(가) 개체로서의 인간의 존엄성을 파괴하는 것이며, 질곡에 눈감고 순응하며 사는 태도는 집단의 건전한 발전에도 도움이 되지 않는다. 또한 모든 현상들을 갈등론적인 시각에서만 보는 것도(나) 타당하지 않다. 만고불변의 제도는 있을 수 없지만 일정한 제도는 이성의 산물일 수도 있으며 자연의 요구인 경우도 있을 수 있다. 질곡을 벗어나려 할 때에도 유연한 사고와 유연한 투쟁이 오히려 효과적일 수도 있다. 말로 해도 될 것을 굳이 싸움으로 해결하는 것은 역량의 낭비이며 인간 이성에 대한 불신이다. 콩트가 언급한 질서 속의 진보는 아직도 유효하리라 생각된다.

case 2 산업혁명과 과학 기술의 발전은 우리를 매우 풍요롭게 했다. 콩트가 활동했던 당시 많은 사람들은 물질적 힘의 중요성을 강조했다. 현재도 마찬가지이다. 많은 사람들이 물질적 부를 쟁취하고 이를 증가시키기 위하여 수단과 방법을 가리지 않는다. 돈을 위해서는 사랑도 버리고 우정도 버리는 사람들을 종종 보게 된다. 이들은 물질적 풍요가 곧 행복이며 물질적 부의 축적이 곧 행복의 축적이라고 생각한다.

그러나 콩트는 이러한 일반적 인식과는 달리 정신적이고 도덕적인 가치를 높이 평가하였다. 그는 가정의 화목이 사회를 유지하고 발전시키는 데 반드시 필요하다고 주장하였다. 즉 사회를 이끌어 나가는 원동력은 물질이 아니라 우리의 따뜻한 마음이며, 인간의 행복에 물질은 필요조건일 뿐 충분조건은 아니라고 주장하였다. 멋진 신세계는 우리의 마음에 있지 돈에 있지 아니하다. 많은 철학자들도 흘러넘치는 부가 아니라 공정한 부의 분배, 물질로부터 자유로운 우리의 마음이 이상 사회로 가는 첫걸음이라고 하였다.

case 3 몇 년 전 동남아에서 쓰나미가 발생하여 수많은 사람이 사망하였다. 그리고 일본에서는 매년 지진이 발생하여 많은 피해가 발생하고 있다. 신학적 단계에 따른다면 이는 다음과 같이 설명될 수 있다.

'동남아에서는 기독교를 믿지 않고 다른 종교를 신봉하기 때문에 하나님이 분노하여 징벌한 것이야. 일본의 경우는 위안부 강제 연행을 부인하는 등 뻔뻔해서 신이 우리 대신 심판을 한 것이야!'

또 실증적 단계라면 아래와 같이 설명할 수 있을 것이다.

'동남아에서 발생한 쓰나미는 인류의 환경 파괴에 기인한 기후 시스템의 교란 때문이고, 일본에서 지진이 빈발하는 것은 일본 열도가 환태평양 지진대에 위치하고 있기 때문이야!'

※ 추기: 특정 종교를 선전하거나 폄하할 의도가 없음.

Abitur

철학자가 들려주는 철학이야기 050

고봉 기대승이 들려주는 사단칠정 이야기

저자_**이지영**
성신여자대학교 사범대학 윤리교육과를 졸업하고, 지금은 일산 백석중학교에서 도덕 교사로 재직하고 있다.

고봉 기대승에 대하여

奇大升

고봉 기대승에 대하여

1. 고봉의 생애와 사상

① 고봉이 살던 시대는?

. 고봉 기대승(高峯 奇大升, 1527~1572)은 우리에게 낯설게 느껴지는 인물일 수 있지만 한국 성리학 발전에 큰 공을 세운 인물이기에 퇴계 이황 선생과 율곡 이이 선생과 함께 같이 알아 두어야 할 중요한 인물이다. 또한 퇴계 이황 선생과의 서신 교환을 통해 퇴계 이황 선생의 사상을 변화시켰으니 한국 성리학 발전에서 없어서는 안 될 인물이기도 하다.

그럼 고봉 기대승이 과연 어떤 인물인지 자세히 알아보도록 하자.

그는 중종 22년(1572) 음력 11월 18일 전라남도 광주에서 태어났다. 이 당시는 조선이 내부의 모순을 서서히 드러내기 시작할 무렵이었다. 고봉의 집안은 시대의 모순을 선비적 양심으로 제거하고 유학 본래의 위민(爲民)·민본(民本) 정치를 실현하고자 했던 사림(士林)파에 속해 있었다. 당연히 고봉도 사림계에 속해 떳떳하고 당당한 선비의 신분을 가지게 되었다.

고봉은 32세에 식년문과 을과에 응시하여 수석으로 합격하고 승문원 부정자를 받아 벼슬길에 오르게 된다. 그는 벼슬에 올라서도 현실에 안주하거나 권력을 탐하기보다는 불법적인 행위로 국가 권력을 농락하려 하는 올바르지 못한 행동을 하는 인물들을 배척하고 대의명분에 어긋나는 논의나 판단에 대해 앞장서서 대결하고 배척하고자 하였다. 그러다 보니 그는 조정과의 사이가 좋을 수가 없었고 잦은 마찰로 인해 자주 사직하고 귀향해야 했다. 결국 성균관 대사성 자리에 오른 고봉은 44세에 사직하고 귀향하여 후진 양성과 학문에만 힘썼다.

그는 그리 길지 못한 생애를 살았다. 그는 46세에 관직을 부여받아 수개월 동안 조정 일을 보다가 곧 사직하고 귀향하게 된다. 그러나 귀향 도중 병을 얻어 46세의 나이에 단명하고 만다. 고봉은 비록 짧은 삶을 살았지만 민본 정치를 꿈꾸며 올곧은 기개를 가지고 불의에 저항하고자 했다. 그러한 그의 정치인으로서의 모습과 당시 굴지의 석학으로 인정받고 있던 퇴계의 이론에 대비될 커다란

어휘 다지기

사림(士林)파

조선 중기에 성리학을 기본 학문 배경으로 삼은 정치 세력으로, 조선 전기에 활동하던 정치 세력인 훈구파에 대응한 세력이다. 당시 부정부패와 비리로 얼룩졌던 훈구파에 맞서 대항하였기 때문에 훈구파와 잦은 마찰을 빚었었다.

사칠논변

사단(四端)과 칠정(七情)에 관한 논변을 줄여서 사칠논변(四七論辨)이라 한다.

업적을 쌓은 점은 한국 성리학 발전에 크게 공헌하여 길이 본받을 만하다.

일찍이 그는 대과에 급제하던 해(32세)에 퇴계 이황을 만났고, 퇴계와의 8년여에 걸친 '사칠논변(四七論辨)'을 통해 한국 성리학의 발전을 꾀하게 되었다. 당시 성리학은 조선의 통치 이념이기는 하였지만 아직 독자적인 학문으로 정착되지 못한 상태였다. 이때 퇴계와 고봉의 사단 칠정에 관한 논변은 우리나라의 성리학 발전에 큰 영향을 미치게 되었다. 이들의 논쟁을 시작으로 후에 퇴계학파의 계보를 이어받은 우계 성혼(牛溪 成渾)과 고봉의 입장에 선 율곡 이이(栗谷 李珥) 선생의 6년여에 걸친 논쟁이 이어지고 이러한 사칠논변은 한국 성리학의 핵심 주제로 떠오르게 된다.

② 사단과 칠정에 대하여

고봉 기대승의 핵심 사상에 대해 알기 위해서는 일단 사단(四端)과 칠정(七情)이 무엇인지를 알아야 한다. 사단과 칠정에 대해 먼저 알아보기로 하자.

사단은 인간의 본성에서 우러나오는 착한 마음씨이며, 칠정이란 인간의 본성이 사물을 보았을 때 생기는 일곱 가지 감정을 말한다.

사단은 맹자가 실천 도덕의 근간으로 삼은 것으로 측은지심(惻隱之心), 수오지심(羞惡之心), 사양지심(辭讓之心), 시비지심(是非之心)의 네 가지이다. 측은지심은 남을 불쌍히 여기고 도와주려는 마음이고, 수오지심은 자신의 잘못을 부끄러워하고 불의를 미워하는 마음이다. 사양지심은 양보할 줄 아는 마음으로 자신의 욕심을 버리고 남을 먼저 생각하는 마음이며, 시비지심은 옳고 그름을 따질 줄 아는 마음, 즉 옳은 것을 옳다고, 그른 것을 그르다고 말할 줄 아는 마음을 말한다. 이 네 가지 마음은 각각 인(仁)·의(義)·예(禮)·지(智)라는 덕목과 연결된다. 이러한 마음은 인간의 본성에서 우러나오는 것으로 태어날 때부터 갖게 되는 선(善)한 마음이다.

칠정은 《예기》에 나오는 말로 희(喜, 기쁨)·노(怒, 노여움)·애(哀, 슬픔)·구(懼, 두려움)·애(愛, 사랑)·오(惡, 미움)·욕(慾, 욕심)의 인간의 일곱 가지 감정을 말하는 것으로 선과 악을 모두 포함한다.

사단 (四端)	측은지심(惻隱之心): 불쌍하게 여기는 마음 [인(仁)]
	수오지심(羞惡之心): 자신의 잘못을 부끄러워하고 불의를 미워하는 마음 [의(義)]
	사양지심(辭讓之心): 양보하는 마음 [예(禮)]
	시비지심(是非之心): 옳고 그름을 따지는 마음 [지(智)]
칠정 (七情)	희(喜, 기쁨), 노(怒, 노여움), 애(哀, 슬픔), 구(懼, 두려움), 애(愛, 사랑), 오(惡, 미움), 욕(慾, 욕심)

③ 선후배의 만남

고봉 기대승은 32세의 나이에 퇴계 이황을 만났다. 그때부터 퇴계 이황과 고봉 기대승 간의 사단 칠정에 관한 논쟁이 시작되었다. 이것이 바로 '퇴고

사칠논변(退高四七論辨)' 이다.

당시 퇴계는 58세였고, 기대승의 나이는 32세였다. 한참 후배였던 기대승이 퇴계의 의견에 이의를 제기한다는 것 자체가 당시로서는 사회적으로 큰 논란이 될 수 있었다. 하지만 퇴계와 고봉은 논쟁을 하는 동안 서로 예를 갖추었으며, 퇴계는 고봉을 후배라 여기기보다는 같이 학문을 연구하는 동지로 생각하고 고봉은 퇴계를 스승으로 생각하였다. 이렇게 두 학자의 논쟁으로 인해 한국의 성리학은 발전을 꾀하게 된다.

또한 이러한 논쟁은 후에 우계 성혼과 율곡 이이에게로 이어져 또 한 번

어휘 다지기

퇴고사칠논변

퇴계와 고봉의 사단 칠정에 관한 논쟁을 줄여서 '퇴고사칠논변(退高四七論辨)' 이라고도 한다.

고봉이 퇴계 이황의 사상에 이이를 제기한 부분은 퇴계의 사상이 너무 이(理)와 기(氣)를 구분한다는 것이다. 다시 말해 사단과 칠정을 이원론적으로 구분한다는 것에 이의를 제기한 것이다. 퇴계는 사단은 이가 발(發)한 것이고, 칠정은 기(氣)가 발한 것이라고 이원론적으로 구분하였다. 이에 고봉은 이와 기는 서로 떨어질 수 없으므로 사단과 칠정도 따로 떨어뜨려 생각할 수 없고 칠정 가운데 사단을 포함시켜 생각해야 한다고 주장하였다.

이러한 고봉의 주장에 퇴계 이황도 어느 정도 수긍하고 '사단은 이가 발하여 기가 이에 따르는 것이고, 칠정은 기가 발하여 이가 이것을 타는 것이다(四端 理發而氣隨之, 七情 氣發而理乘之)' 라는 이기호발론(理氣互發論)을 주장하며 이원론적인 부분을 조금 수정하였다.

의 논쟁을 낳았다. 퇴계의 입장에 있던 우계 성혼과 고봉 기대승의 입장에서 있던 율곡 이이가 또 다시 사단 칠정에 관해 논변을 펼친 것이다.

이러한 이들의 논쟁은 후에 많은 학자들에게 좋은 본보기가 되었으며 우리나라 성리학 발전에 많은 밑거름이 되었다.

2. 세상 속에서 기대승 만나기

① 사회병리 현상과 사단칠정

조금씩 훔친 금가루로 아파트 구입 '티끌 모아 태산?'

자신이 근무하는 귀금속 공장에서 눈치 채지 못할 정도로 조금씩 훔치는 수법으로 약 2년 동안 억대의 금을 빼돌려 아파트를 마련한 세공기술자가 경찰에 붙잡혔다.

서울 혜화경찰서는 자신이 근무하는 귀금속 공장에서 억대의 금품을 훔쳐온 혐의로 박모씨(39)를 불구속 입건했다.

박씨는 서울 종로의 한 귀금속 공장에서 세공기술자로 일하면서 업주가 눈치 채지 못할 만큼의 금가루를 빼돌리는 수법으로 지난 2005년 3월부터 1억여 원어치의 귀금속을 훔쳐온 혐의를 받고 있다.

박씨는 지난해 12월 주인 이모씨가 설치한 CCTV에 금을 빼돌리는 모습이 찍히면서 덜미를 잡혔다.

- 〈경향신문〉 2007 · 3 · 21일자

인터넷 보험 사기단 공모 2000만 원 '꿀꺽'

서울 서부경찰서는 26일 인터넷 사이트에 '사기 아르바이트 모집' 광고를 내 사기단을 모집한 뒤 교통사고를 위장, 보험금을 챙긴 혐의로 배모씨(32)를 구속하고 아르바이트에 참여한 대학생과 부부 등 일당 24명을 불구속 입건했다.

경찰에 따르면 배씨 등은 지난해 9월 서울 천호동에서 교통사고가 난 것처럼 꾸며 보험사에서 330여만 원을 받아내는 등 모두 6차례에 걸쳐 2000만 원을 챙긴 혐의를 받고 있다.

조사 결과 배씨는 가벼운 사고가 발생하면 보험회사에서 현장에 나오지 않기 때문에 사고를 내지 않고도 보험사에서 합의금을 받을 수 있다는 점에 착안, 이 같은 사기 행각을 벌여 온 것으로 드러났다.

- 〈경향신문〉 2007 · 3 · 26일자

위의 사례들은 요즘 우리 사회에서 많이 나타나고 있는 사회병리 현상의 모습들이다. 최근 들어 사회 곳곳에서 흉악 범죄, 미신, 비행 등의 사회악이 나타나고 있는데 이러한 현상들을 바로 사회병리 현상이라 한다. 여기서 우리가 살펴보아야 할 것은 범죄를 저지르는 범인들이 과연 인간이 본래부터 갖고 있는 착한 마음씨인 사단을 갖고 있음에도 불구하고 어떻게 그러한 범죄를 저지를 수 있느냐 하는 것이다.

인간은 태어날 때부터 선한 마음인 사단을 갖고 태어난다. 그런데 왜 인간이 살아가는 사회에는 이 같은 사회병리 현상이 나타나는 것일까? 인간이 선한 마음을 갖고 태어난다면 사회에는 나쁜 일이 생기지 말아야 하는 것 아닐까? 그러나 사회에는 항상 좋은 일, 아름다운 일들만 있는 것이 아니라 앞서 언급한 사건들과 같은 범죄가 계속해서 일어나고 있다. 이것은 우리 인간에게 선한 마음인 사단뿐 아니라 선과 악이 동시에 존재하는 칠정도 있기 때문이다. 즉, 인간에게는 선한 감정과 함께 악한 감정도 동시에 존재한다. 선한 마음과 악한 마음이 혼재되어 있어 악한 마음으로 인해 선한 마음이 가려질 수 있다. 범죄를 저지른 사람들도 본래는 착한 마음이 있었으나 욕심(칠정七情 중 욕慾)이라는 악에 의해 선한 마음이 가려지게 된 것이다. 그러므로 인간은 악을 버리고 선을 행하는 방법을 생각해야 하며 항상 자신의 마음을 다스리는 자세가 필요한 것이다.

어휘 다지기

사회병리 현상

범죄, 비행, 빈곤, 미신 등의 사회악이 나타나는 현상이다.

일용 노동 일감이 떨어진 뒤 보상금을 타기 위해 아들의 손가락을 잘랐던 어느 아버지의 이야기는 사회병리 현상의 대표적인 사례이다. 그러나 우리 사회에는 이러한 사회병리 현상을 극복하며 살고 있는 사람들이 많다는 것을 잊지 말아야 한다.

-교육인적자원부, 중학교 《도덕》 2

② 책 속에 나타난 사단칠정의 사례 찾기

측은지심

"사람들은 다 사람에게 차마 못하는 마음이 있느니라. 사람들이 어린아이가 막 우물에 빠지는 것을 보면, 다 놀라고 불쌍한 마음을 가지지. 이는 그 어린아이의 부모와 사귀려 함도 아니며, 마을 사람들과 벗들에게 칭찬을 받기 위하여 그러는 까닭도 아니며, 그 원성을 듣기 싫어서 그렇게 하는 것도 아니니라. 이것은 사람에게 본래부터 측은지심, 즉 깊이 불쌍히 여기는 마음이 있기 때문에 그렇단다."

아버지께서는 갑자기 산신령 같은 말투로 말씀하셨습니다.

"맹자께서 하신 말씀이니라. 이러한 마음이 측은지심이야. 너처럼 일부러 불쌍해 보이려고 하는 행동에 아이들이 속아 주면 안 되는데 말이다. 허허허, 그래도 우리 제민이 대단한데. 이렇게 적재적소에 써먹을 줄도 알고."

"아아, 그런 마음이 측은지심이구나."

-《고봉 기대승이 들려주는 사단칠정 이야기》 중에서

사양지심

"그 김밥 맛있냐?"

이 갑작스러운 질문에 제민이와 혜민이는 이 상황을 어떻게 극복해야 할지 눈빛을 교환하며 눈으로 대화를 나누고 있습니다.

"아저씨 하나 먹어 봐도 되지?"

제민이는 속으로 생각합니다.

'김밥은 한 줄밖에 없고, 나는 배가 무지 고프다. 이것도 혜민이랑 나눠 먹으려면 모자랄 텐데……. 그런데 저 무서운 아저씨가 김밥을 달라고 한다. 어떻게 하지? 아저씨도 아침부터 많이 배가 고프기는 하셨을 거야. 그래도 어떻게 애들 먹는 걸 뺏어 먹냐? 그래. 내가 사양지심을 베풀어 보지 뭐. 사양지심(辭讓之心)! 양보할 줄 아는 마음. 내가 가지고 싶지만 남을 먼저 생각하는 마음. 이렇게 보면 나도 참 멋지단 말이야.'

-《고봉 기대승이 들려주는 사단칠정 이야기》 중에서

수오지심

황희 정승의 한 아들이 높은 관직에 있으면서 집을 새로 짓고 집들이 잔치를 베풀었다. 물론, 아버지 황희 정승도 모셨다. 그런데 집을 둘러본 황희 정승은 그대로 돌아가려 했다. 아들이 놀라 앞으로 나서며 "아버님!" 하고 부르니, 황희 정승은 "나는 이렇게 크고 호화로운 집을 가진 아들을 둔 적이 없다" 하고는 나가 버렸다.

아들은 아버지의 뜻을 알아채고 자신의 잘못을 부끄러워하며, 곧 새집을 팔고 조그만 초가집으로 이사했다. 그리고 남은 돈으로는 가난한 백성들을 도와주었다. 그 후 다시 아들의 집을 찾아온 황희 정승은 "관리가 돈을 좋아하면 정신이 썩는 법이다. 썩은 정신으로 어떻게 백성을 다스리겠느냐? 뒤늦게나마 네가 크게 깨닫고 마음을 바로잡았으니 아비의 마음도 기쁘구나!"라고 하며 기쁜 표정을 지었다.

-교육인적자원부, 중학교 《도덕》 2

시비지심

제민이는 양복을 입고 넥타이를 맵니다. 머리에 젤까지 발라 가지런히 넘기고 나니 제민이 스스로 보기에도 너무 근사한 모습입니다. 혜민이는 그런 제민이를 보며 깔깔대고 웃습니다.

"야, 외삼촌이 결혼하는 거지 네가 결혼하는 거냐?"

"그러는 너는? 덩치도 큰 게 애들 같은 옷이나 입고, 창피하다 창피해. 수오지심을 좀 가져라."

"뭐? 수오지심? 너는 옳은 것을 옳다 하고 잘못된 것을 잘못되었다고 지적할 줄 아는 마음인 시비지심이 부족해. 어떻게 옳은 것을 그르다 하고 그른 것을 오르다 할꼬? 쯧쯧쯧."

서울에서 울산으로 오는 동안 내내 사이가 좋았던 제민이와 혜민이가 다시 티격태격하기 시작합니다. 역시 둘 사이는 견원지간을 벗어날 수가 없는가 봅니다. 그런데도 외할머니는 뭐가 그리 좋으신지 흐뭇하게 웃으십니다.

-《고봉 기대승이 들려주는 사단칠정 이야기》 중에서

칠정

"그래, 제민이 말이 맞다. 우리가 사물을 보고 생기는 감정이 칠정이니까, 삼촌이 신부를 처음 보았을 때부터 생긴 사랑하는 마음을 '애(愛)' 라고 보는 게 맞지."

"칠정이 사물을 보고 생기는 감정이에요? 그럼 사단은요?"

"사단에는 측은지심, 사양지심, 수오지심, 시비지심이 있지. 지금 말한 사단은 인간이면 마땅히 가져야 하는 네 가지의 좋은 마음이란다."

제민이와 혜민이는 밥 먹을 생각도 잊고 아저씨의 말씀을 듣습니다.

"제민이와 혜민이가 울산으로 오는 길에 영구차에서 울고 있는 사람들을 봤는데, 그 때 기분이 어땠지?"

"슬펐어요(애哀). 그분들이 슬퍼하는 모습이 너무 슬펐어요."

"그래. 그리고 버스가 떠나려고 하는 것을 봤을 때는?

"두려웠어요!(구懼)"

"그래. 이렇게 우리가 어떤 사물을 보고 자연스럽게 갖게 되는 감정이 바로 칠정이란다. 기쁜 감정, 화나는 감정, 슬픈 감정, 두려운 감정, 사랑하는 감정, 미워하는 감정, 탐내는 마음……. 여기에는 좋은 것들도 있지만 좋지 않은 것들도 있지. 바로 이게 사람이 사물을 보고 갖게 되는 일곱 가지 감정, 칠정이란다. 사단과의 차이점을 알겠니?

"네, 사단에는 좋은 것들만 있고, 칠정에는 좋은 것과 나쁜 것이 섞여 있어요."

아저씨는 흐뭇하게 웃으십니다.

-《고봉 기대승이 들려주는 사단칠정 이야기》 중에서

슬픔
애

1강_ 사단 이야기 ①

측은지심

인간의 본성에 관해 맹자는 성선설을 주장합니다. 성선설은 인간의 본성은 선하다는 것으로 인간은 태어날 때부터 선한 마음을 갖고 태어난다고 보는 것입니다. 그래서 인간이라면 누구나 어린아이가 물가로 기어갈 때 그것을 막으려고 자신도 모르게 달려가는 것, 자식이 부모님에게 효도하고자 하는 것 등을 그 예라고 봅니다. 이러한 것들은 누군가에게 배우거나 지식을 습득하여야만 하는 것이 아니라 자신도 모르게 저절로 그렇게 한다는 것입니다. 이러한 선한 마음을 바탕으로 여기서 측은지심, 수오지심, 사양지심, 시비지심의 사단(四端)이 나오게 되는 것입니다.

case 1 다음 제시문 (가)와 제시문 (나)에서 선글라스 아저씨가 공통적으로 가졌던 마음은 사단 중 무엇에 해당되는지 간단히 설명하시오. (300자 내외)

가 (교통사고 현장에서 열심히 뛰어다니면서 사람들을 보살피는 선글라스 아저씨)

"사고 났나 봐. 너무 끔찍하다."

재미있는 구경거리는 아닌 모양입니다. '교통사고라면 다친 사람이 없어야 할 텐데' 라는 괜한 걱정이 앞섭니다.

"그러게, 다친 사람은 없대?"

"모르겠어. 그런데 아까 그 선글라스 아저씨가 사고라는 말에 내려가시더라."

"그 아저씨가 왜?"

혜민이의 말대로 아저씨는 버스에서 내린 것 같습니다. 왜 내렸는지 궁금하기도 하면서, 이 버스를 다시 안 탔으면 하는 마음도 듭니다.

"저기! 선글라스 아저씨."

"어디?"

혜민이가 가리킨 곳을 아무리 봐도 아저씨의 모습은 보이지 않습니다.

"어디? 안 보이는데?"

"아유, 저기 있잖아 저기. 저 아줌마 있는데."

"저 아줌마는 또 누군데?"

"아유 저기. 사고 난 자동차 운전자인가 봐."

그러고 보니 어떤 아저씨가 놀란 아주머니를 도로변에 앉혀 놓고 이마를 짚어 보고, 눈을 들여다보며 안정을 시키려고 하고 있습니다. 아주머니 이마에서 약간 피가 흐르고는 있지만 그래도 크게 다친 곳은 없는 것 같습니다.

(중략)

"그나저나 선글라스 아저씨 의외로 멋진데?"

"멋지긴."

괜히 이죽거려 보지만 앞장서서 사람들을 도와주는 선글라스 아저씨가 제민의 눈에도 달리 보입니다.

-《고봉 기대승이 들려주는 사단칠정 이야기》 중에서

나 "아저씨는 지금 아프리카에서 불쌍한 어린이들을 돕고 계시단다. 이번에 외삼촌 결혼식 보려고 잠깐 들어온 거야."

"네에? 정말요?"

선글라스 아저씨는 제민이의 머리를 쓰다듬어 주며 말씀하십니다.

"그래. 지금 아프리카 아이들은 병이 들어도 약을 구할 수 없어 치료할 수가 없단다. 의사의 치료를 받기는 더더욱 힘들고, 너희 같은 아이들이 아프리카에서는 굶어 죽기도 해. 그래서 그 아이들이 안타까워 그곳에서 의료 활동을 하고 있단다."

-《고봉 기대승이 들려주는 사단칠정 이야기》 중에서

어휘 다지기

성선설과 성악설

성선설(性善說)은 맹자가 주장한 이론으로 인간의 본성이 선하다는 것이다. 이러한 선한 마음에서 측은지심, 수오지심, 사양지심, 시비지심의 4단이 나온다고 보았다. 그러나 이러한 선함을 믿고 계속해서 선하고자 하는 노력을 게을리 한다면 불선(不善)이 될 수도 있으므로 항상 선한 마음을 갖고자 노력하여야 한다고 하였다.

성악설(性惡說)은 순자가 주장한 이론으로 인간이 본성이 악하다는 것이다. 인간은 자신을 중심으로 놓고 생각하는 이기적 욕심을 갖고 있는데 이러한 것이 바로 성악설의 근거가 된다고 보았다. 그러므로 우리는 후천적인 교육이나 가르침을 통해 악한 마음을 선한 마음으로 바꿔야 한다고 하였다.

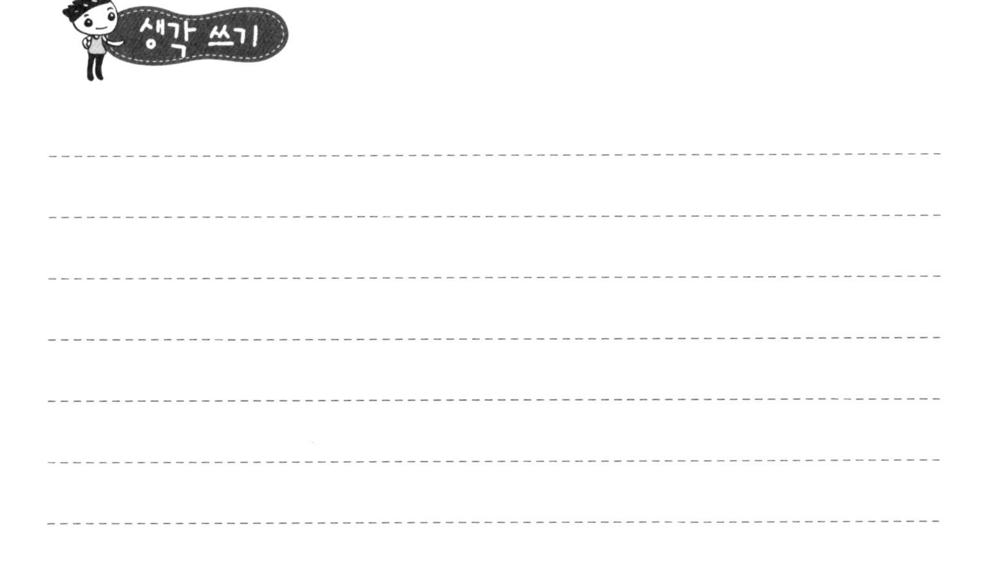

2강_ 사단 이야기 ②

시비지심

옳은 것을 옳다고 말하고, 잘못된 것을 잘못됐다고 말하는 것은 어찌 보면 너무나 당연한 일이다. 그러나 살다 보면 상황에 따라 옳은 것이라 하더라도 옳다고 말하지 못하는 경우도 있고, 잘못된 것을 잘못됐다고 말하지 못하는 경우도 있다. 그런 상황에서 우리가 어떤 선택을 하는 것이 바람직한 것일까?

다음 제시문을 잘 읽고 물음에 답하시오.

가 △△주유소 직원인 김○○씨는 얼마 전 사장으로부터 기름을 주유할 때 손님이 눈치채지 못하도록 정량보다 조금 부족하게 넣으라고 지시했다. 그렇게 하면 △△주유소는 어마어마한 이득을 볼 수 있게 된다. 이 지시에 대해 김○○씨는 그렇게 되면 소비자들을 속이게 되는 것이므로 절대로 그렇게 할 수 없다고 말하였다. 그리고는 사장의 지시에도 아랑곳하지 않고 정량을 주유하였고, 이로 인해 사장으로부터 미움을 받게 되고, 언제 해고될지 모른다는 불안감을 갖고 지내게 되었다. 그런데 그런 일이 있은 며칠 뒤, 신문에 우수 주유소에 대한 기사가 나왔다. 그 기사에는 △△주유소의 이름이 적혀 있었고, 소비자에게 기름 정량을 주유하는 우수 주유소라고 소개가 되어 있었다. 알고 보니, 시청 감시 차량들이 서울 시내 주유소 곳곳을 돌아다니며 기름을 정량대로 제대로 주유하고 있는지 몰래 검사를 하고 다녔던 것이다. 만약 김○○씨가 사장의 지시에 따라 기름을 부족하게 넣었다면 우수 주유소로 소개되어 많은 손님들을 모을 수 있었을까? 이 일로 인해 △△주유소는 많은 돈을 벌게 되었고, 김○○씨도 해고될지 모른다는 불안감에서 벗어나 더 많은 월급을 받으며 즐겁게 일할 수 있게 되었다.

나 유노와 준하는 가장 친한 친구이다. 공부할 때, 학교에 등하교할 때, 학원에 갈 때 도 항상 같이 다니는 단짝 친구이다. 그러던 어느 날 학교 앞 문방구를 지나다가 준하가 가장 갖고 싶어 하던 게임기가 진열되어 있는 것을 보았다. 그것을 당장 사고 싶지만 지금 준하가 가지고 있는 돈으로는 턱없이 부족하였다. 그렇다고 부모님을 조르자니 절대 사 주실 부모님이 아니었다. 얼마 전에도 게임기를 하나 샀기 때문이다. 결국 준하는 그 게임기를 훔치기로 마음먹었다. 그래서 유노에게 게임기를 훔칠 계획을 이야기하고 문방구 주인아저씨가 다른 곳으로 시선을 돌리도록 망을 봐 달라고 부탁하였다. 유노는 고민이 되었다. 내가 망을 봐 주지 않으면 분명히 준하는 나와 절교하자고 할 것이고, 그렇다고 나의 양심을 속이면서까지 도둑질에 동참할 수도 없는 노릇이었다.

어휘 다지기

양심에 관한 이야기

미국의 원주민인 아메리카 인디언들에게는 양심에 대한 다음과 같은 믿음이 있다.

"내 마음속에는 삼각형이 있다. 평소에는 가만히 있으나, 무언가 나쁜 일을 하면 빙글빙글 돌면서 모난 곳으로 내 마음을 찌르기 때문에 나의 마음은 심한 고통을 느낀다. 나쁜 일을 많이 하면 그 삼각형은 닳아 없어져 나의 마음은 조금도 아프지 않게 된다."

아메리카 인디언들이 우리에게 주는 교훈은, 양심을 지키지 못하고 거짓된 삶을 살다 보면, 언젠가는 양심의 기능이 마비되는 상태에 도달할 수 있다는 것이다. 이런 상태에 있는 사람은 인간으로서 해서는 안 될 나쁜 일을 저지르고도 자신의 잘못을 대수롭지 않게 여긴다.

- 교육인적자원부, 중학교 《도덕》 1

case 2-1 **제시문 (가)의 교훈점을 한 문장으로 작성하시오.**

case 2-2 제시문 (나)의 유노와 같은 상황이라면 어떻게 행동하는 것이 올바른 것일까? 만약 나라면 어떻게 행동할 것인지 쓰고, 그 이유를 사단의 시비지심과 연결시켜 설명하시오. (600자 내외)

생각 쓰기

3강– 칠정 이야기

우리가 흔히 인간의 감정을 이야기할 때 희(喜)·노(怒)·애(哀)·락(樂)을 가장 대표적인 것으로 꼽는다. 하지만 인간의 감정은 기쁨, 노여움, 슬픔, 즐거움뿐만 아니라 두려움, 사랑, 미움, 욕심 등 더 많은 것들이 있다. 인간의 이러한 감정들에 대해 알아보자.

다음 제시문을 잘 읽고 물음에 답하시오.

가

시민단체 회원들과 한국 거주 아시아인들이 3월 2일 서울 광화문에서 아프간 폭탄 테러로 사망한 고 윤장호 하사를 추모하고 한국군의 즉각 철군을 요구하는 '피스몹'을 진행하고 있다.

– 〈경향신문〉 2007·3·2일자, 이상훈 기자

아프가니스탄에 파병되었다가 폭탄 테러로 순직한 고 윤장호 하사의 빈소에 조문 행렬이 이어졌다.

아들과 함께 단 하루라도 더 있고 싶은 아버지의 마음을 뒤로 하고 영결식 일정은 오는 5일로 최종 결정됐다.

윤하사의 빈소에는 정 관계 인사와 각 군 장병, 일반인 등 2천여 명의 발길이 이어졌다. 많은 국민들이 윤하사의 죽음을 안타까워하며 빈소를 찾아와 윤하사의 마지막 가는 길을 외롭지 않게 했다.

3일 오전에는 이명박 전 서울시장과 이재정 통일부 장관이 유가족을 찾아 위로했다.

오는 5일 영결식을 치르는 고 윤장호 하사의 유해는 대전 국립현충원 전사자 묘역에 안장될 예정이다.

- 〈경향신문〉 2007 · 3 · 3일자

"저 아저씨들은 왜 베옷을 입고 있는 걸까?"

"어떤 할아버지께서 돌아가셨대. 그래서 무덤을 만들러 가는 길이라고 하더라. 굉장히 슬퍼 보였어."

"어? 저쪽에 있다. 영구차!"

영구차 주위로는 한 무리의 사람들이 모여 울고 있습니다. 제민이가 만났던 아저씨들도, 혜민이가 만났던 아주머니들도 침울한 얼굴로 눈물을 닦고 있습니다. 제민이는 할 말을 잃은 채 그저 멍하니 그 슬픈 풍경을 바라보고만 있습니다. 울고 있는 사람들의 표정이 어찌나 슬픈지 제민이의 기분도 울적해집니다.

-《고봉 기대승이 들려주는 사단칠정 이야기》 중에서

case 3-1 **제시문 (가)의 일반 조문객들과 (나)의 제민이는 칠정 중 어떤 감정을 가지고 있는지 간단히 쓰시오. (200자 내외)**

생각 쓰기

case 3-2 제시문 (가)의 일반 조문객들과 제시문 (나)의 제민이는 자신과 직접적으로 관련이 없는 일임에도 불구하고 문제 1번에서와 같은 감정을 느꼈다. 왜 자신과 직접적으로는 관련이 없는 일인데도 이러한 감정들이 생기는 것일까? (400자 내외)

생각 쓰기

4강_ 기대승의 올곧은 신념

정치인은 국민들을 대표하여 국가 일을 수행하는 사람들이다. 이들이 올바른 신념과 행동으로 나라를 이끌어갈 때 국민들은 편안하고 행복한 삶을 살 수 있는 것이다. 그런데 우리나라는 정치인에 대한 부정적 인식이 심하며, 실제로 부정부패와 비리로 정치사회가 멍들어 가고 있다. 이때 기대승의 위민(爲民)·민본(民本) 정치사상은 어떤 시사점을 줄까?

case 4 제시문 (가)는 기대승이 정치 활동을 할 때의 올곧은 신념을 보여 주고 있으며, 제시문 (나)는 오늘날 우리나라의 고위직 관리자들의 모습을 보여 주고 있다. (가)의 내용을 바탕으로 (나)의 고위직 관리자들을 비판해 보시오. (800자 내외)

가 기대승은 중종 22년(1572) 음력 11월 18일 전라남도 광주에서 태어났다. 그는 32세에 과거에 합격하고 벼슬길에 오르게 된다. 그는 벼슬에 올라서도 자신의 권력을 누리고 재물을 탐하기보다는 잘못된 행동으로 권력만을 탐하는 인물이나 불법적인 행위로 국가 권력을 농락하려 하는 인물들을 배척하며 대의명분에 어긋나는 논의나 판단에 대해 앞장서서 대결하고 배척하고자 하였다.

나 아프가니스탄 바그람 기지에서 폭탄 테러에 의해 숨진 고(故) 윤장호(27) 하사를 애도하는 분위기 속에서 현역 장성들이 내부 지시를 무시하고 골프를 즐겼다는 일부 언론의 보도와 관련, 국방부가 경위 조사에 착수할 계획인 것으로 알려졌다.

국방부 관계자는 '합참과 육군 본부가 고 윤하사의 영결식 때까지 장성들에게 골프를 자제하라는 지침을 내렸지만 일부 장성들이 군 골프장에 출입했다는 보도가 있어 경위를 조사할 것' 이라고 말했다. 이 관계자는 '현재까지 소장 1명이 골프를 친 것으로 파악하고 있다' 고 덧붙였다.

○○○신문은 100여 명의 장교들과 6명 이상의 장성들이 내부 지시를 어기고 3 · 1절 휴일에 서울 시내 2곳의 군 골프장에서 '부적절한 골프' 를 즐겼다고 2일 보도했다.

합참과 육군 본부는 지난달 28일 테러 희생자인 윤하사의 넋을 추모하자는 취지에서 장군들의 골프장 출입 자제를 당부하는 지침을 하달한 바 있다.

-〈경향신문〉 2007 · 3 · 2일자

생각 쓰기

5강_ 관용의 자세

사람들은 모두 다 자신의 생각을 갖고 있다. 그런데 누군가가 자신의 의견에 반대한다면 그때의 기분은 어떨까? 특히나 자신보다 지위가 낮다고 생각하는 사람, 또는 자신보다 못하다고 여기는 사람에게 항의를 받거나 저항을 받는다면 기분이 좋을까? 그런 상황에 처한다면 어떻게 해야 할까?

case 5 제시문 (가)와 제시문 (나)를 읽고 만약 나의 생각에 반대하는 후배가 있다면 어떻게 해야 할지 (가), (나)의 내용을 바탕으로 적어 보시오. (600자 내외)

가 기대승은 퇴계 이황과 8년여 동안 사단칠정(四端七情)에 관한 편지를 주고 받으셨어. 고봉 선생님은 이 편지에서 퇴계의 사단칠정론에 대해 이(理)와 기(氣)는 관념적으로는 구분할 수 있지만 마음속에서는 이와 기를 구분할 수 없다고 반박하셨지. 퇴계 선생님은 제자인 고봉의 이런 주장에도 기분 나빠하지 않고 고봉의 학식을 존중해 주셨대.

-《고봉 기대승이 들려주는 사단칠정 이야기》 중에서

어휘 다지기

관용

① 상대방의 잘못을 너그럽게 용서해 주는 마음

② 상대방의 의견을 받아들일 줄 아는 마음

나 한 그루의 우정 나무를 위해

이해인

우리가 한 그루 우정의 나무를 아름답게 가꾸기 위해서는

한결같은 마음의 성실성과 참을성, 사랑의 노력이 필요하다.

지나친 고집과 독선, 교만과 이기심은 좋은 벗을 잃어 버리게 하기 때문에

우리는 늘 정성스럽고 진지한 자세로 깨어 있어야 한다.

나와는 다른 친구의 생각을 불평하기보다는 배워야 할 점으로 받아들이고,

그의 기쁨과 슬픔을 늘 나의 것으로 받아들이는

넓은 마음을 지니자.

그가 나의 도움을 필요로 할 때에는 늘 흔연히 응답할 수 있는 민감함으로 달려가자.

- 교육인적자원부, 중학교 《도덕》 3

생각 쓰기

아비투어
철학 논술
예시 답안
이
기

case 1 제시문 (가)는 교통사고 현장에서 그 사고와 크게 관련이 없는 선글라스 아저씨라는 사람이 앞장서서 사고 난 사람들을 치료해 주고 도와주는 모습을 보여 주고 있다.

제시문 (나)는 아프리카에서 힘들고 어렵게 살아가고 있고, 기본적인 의료 혜택조차 받고 있지 못하는 아이들을 위해 봉사 활동을 하고 있는 선글라스 아저씨의 모습을 보여 주고 있다.

두 지문에서 선글라스 아저씨가 가졌던 공통적인 마음은 사고를 당한 사람과 힘들고 어렵게 살아가고 있는 아프리카 아이들을 측은히 여기고 불쌍히 여긴 마음이다. 이것을 사단과 연결시키자면 측은지심(惻隱之心), 즉 불쌍하게 여기는 마음이라고 할 수 있다.

case 2-1 '정직한 것이 지금 당장은 손해를 주는 듯하나 결국에는 이익이 된다' 라는 내용의 문장으로 만들면 된다.

예를 들어, '양심을 지키는 것이 결국은 이익이다' '정직한 것이 당장은 손해일지 모르나 결국에는 유익한 것이다' 라는 식으로 문장을 만들면 된다.

case 2-2 사단의 시비지심은 옳은 것을 옳다고 말하고, 그른 것을 그르다고 말할 줄 아는 마음을 말한다. 즉 옳고 그름을 구분할 줄 아는 것이다. 제시문 (나)의 유노의 상황은 도둑질을 해서는 안 된다고 옳은 소리를 할 경우에는 가장 친한 친구와 절교하는 상황을 맞게 되고, 친구와의 친분을 유지하기 위해 도둑질하는 것을 도와줄 경우 양심에 어긋나는 행동을 하게 된다. 이러한 상황에서 유노의 올바른 선택은 지금 당장은 친구와 사이가 어긋날 수 있지만 양심을 지켜 도둑질을 도와주지 않아야 하고, 더 나아가 친구가 도둑질을 하지 않도록 설득하는 것이 가장 최선을 방법일 것이다. 가령 설득이 되지 않아 친구 관계를 유지하기 위해 도둑질을 도와주었다고 가정해 보자. 옛 속담에 바늘 도둑이 소 도둑이 된다는 말이 있다. 한 번 도둑질로 원하는 것을 얻었다면 그 다음에도 또 원하는 물건이 있을 때 도둑질로 물건을 가지려 할 것이고, 그때마다 유노는 친구라는 명목 하에 준하의 도둑질을 도와줘야 한다. 그렇게 된다면 그 친구는 물론 유노 자신도 범죄자의 길로 들어서게 된다. 그러므로 유노 자신도 양심을 지키고 더 나아가 준하도 그러한 행동을 하지 못하도록 설득하는 것이 친구 사이가 어긋날 일도 없고, 양심을 어길 일도 없게 하는 것이므로 가장 바람직하다고 생각된다. 이것이 바로 사단의 시비지심을 실천하는 것이라고 할 수 있다.

case 3-1 제시문 (가)의 일반 조문객들은 자신과 직접적으로 관련 있는 일은 아니지만 국가를 위해 희생한 고 윤장호 하사를 애도하기 위해 조문을 온 것이다. 이것은 칠정 중 슬픔에 해당하는 애(哀)의 감정이다.

제시문 (나)의 경우에서 제민이도 자신과 직접 관련된 일은 아니지만 할아버지가 돌아가셔서 슬퍼하는 어떤 가족의 모습을 보며 슬픔을 느꼈다. 제시문 (나) 역시 제시문 (가)와 같이 칠정 중 슬픔에 해당하는 애(哀)의 감정이다.

case 3-2 사단과 마찬가지로 칠정도 인간의 본성에서 우러나오는 일곱 가지 감정으로, 모든 사람들이 똑같이 이러한 감정들을 느낀다. 그렇기 때문에 꼭 자신의 일이 아니더라도 기쁜 일에 대해서는 같이 기쁨을 느끼고, 슬픈 일에 대해서는 같이 슬픔을 느끼는 것이다. 제시문 (가)의 일반 조문객들도 고 윤하사의 죽음을 애통해하며 같이 슬픔을 느꼈고, 제시문 (나)의 제민이도 할아버지의 죽음을 슬퍼하는 어떤 가족들의 마음을 공감하고 같이 슬픔을 느낀 것이다.

case 4 제시문 (가)는 기대승의 정치 신념을 보여 주고 있다. 그는 선비적 양심을 가지고 당시 조선 사회의 모순과 비리를 제거하고 유학 본래의 위민 · 민본 정치를 실현하고자 했던 사림파에 속하는 인물이었다. 그는 벼슬에 올라서는 자신의 권력과 힘을 믿고 행동하기보다는 잘못된 행동을 일삼고, 자신의 권력만을 탐하는 사람을 배척하며 멀리하고자 했다. 또한 부당한 일과 대의명분에 맞지 않은 논리나 판단에 대해서도 맞서 싸우고자 했다. 이러한 올곧은 신념을 가지고 백성을 위한, 백성이 근본이 되는 정치를 하고자 했던 것이다. 그리하여 그는 부의 균등화를 통해 모든 국민이 부유하게 잘사는 그런 사회를 만들고자 노력하였다.

그런데 제시문 (나)에 나타나 있는 우리나라 현역 장성들의 모습은 사뭇 다르다. 아프가니스탄에 파병되었다가 폭탄 테러에 인해 숨진 고(故) 윤장호 하사의 영결식 날, 타국에서 고국을 위해 일하다가 테러에 의해 숨진 그를 추모하고 애도해야 할 장본인들이 골프장에서 골프를 즐겼다는 보도는 상식적으로 받아들이기 힘든 이야기이다.

현역 장성들을 비롯하여 우리나라를 이끌어 가고 있는 정치인들(고위 관리자), 그들이 우리 국민들 모두의 일을 자신의 일처럼 여겨야 하는 것은 당연하다. 아무리 자신과 관계가 없는 일이라 하더라도 국민을 위해 일하는 사람들인 만큼 국민을 근본으로 여기고 소중히 생각하여야 한다. 기대승의 위민 · 민본 정치가 바로 이러한 것이다. 그는 언론의 개방을 통해 국민들의 소리를 들어야 한다고 하였으며 국민의 소리를 듣지 않으면 나라가 위태로워진다고 보았다. 또한 관리자는 스스로 절약하고, 절제해야하며, 모든 재물의 혜택이 국민 모두에게 돌아가야 한다고 하였다. 그리하면 부의 균등화를 통해 모든 국민이 부유하게 잘사는 사회가 될 수 있다고 보았다.

이러한 기대승의 위민 · 민본 정치사상을 본받아 우리나라 고위 관리자들도 국민을 위한, 국민을 근본으로 하는 정치 활동을 펼쳐야 한다. 그래야만 오늘날 우리나라의 심각한 문제인 부정적인 정치 문화도 청산될 수 있을 것이다.

case 5 사람들은 저마다 각자의 생각을 가지고 있다. 하지만 자신의 생각을 다른 사람과 교류하지 못한다면 우물 안 개구리처럼 갇혀 있는 지식이 되고 만다. 자신이 갖고 있는 지식을 다른 사람과 이야기하며 교류할 때 더 풍부한 지식을 얻을 수 있게 되는 것이다. 이때 필요한 자세가 바로 관용의 자세이다. 관용에는 두 가지 의미가 있는데, 첫째는 다른 사람의 잘못을 너그럽게 용서해 주는 마음이고, 둘째는 다른 사람의 의견을 받아들일 줄 아는 마음이다. 여기서는 두 번째 의미로서의 관용의 자세가 필요하다.

아무리 자신보다 지위가 낮다고 생각되는 사람이라 하더라도, 또는 자신보다 못하다고 여기는 사람이라 하더라도 그 사람의 생각을 무시해서는 안 되며 그의 의견도 존중해 줄 줄 알아야 한다. 나의 생각이 항상 옳을 수는 없으며, 나의 잘못된 판단은 다른 사람과의 의견 교환을 통해 바로잡을 수 있는 것이다.

퇴계 이황이 자신보다 한참 나이가 어린 후배의 의견을 무시하지 않고 받아들여 서로 예를 갖춰 의견을 교환하고 결국에는 우리나라 성리학 발전에 큰 획을 긋게 되었듯이, 친구의 충고와 조언, 후배의 진언을 진지하게 받아들임으로 인해 자신은 한층 더 발전할 수 있게 된다. 우리는 자신만이 옳다는 편견에서 벗어나 다른 사람들과의 교류를 통해 더 발전된 모습으로 거듭나야 할 것이다.

논술 답안 쓰기

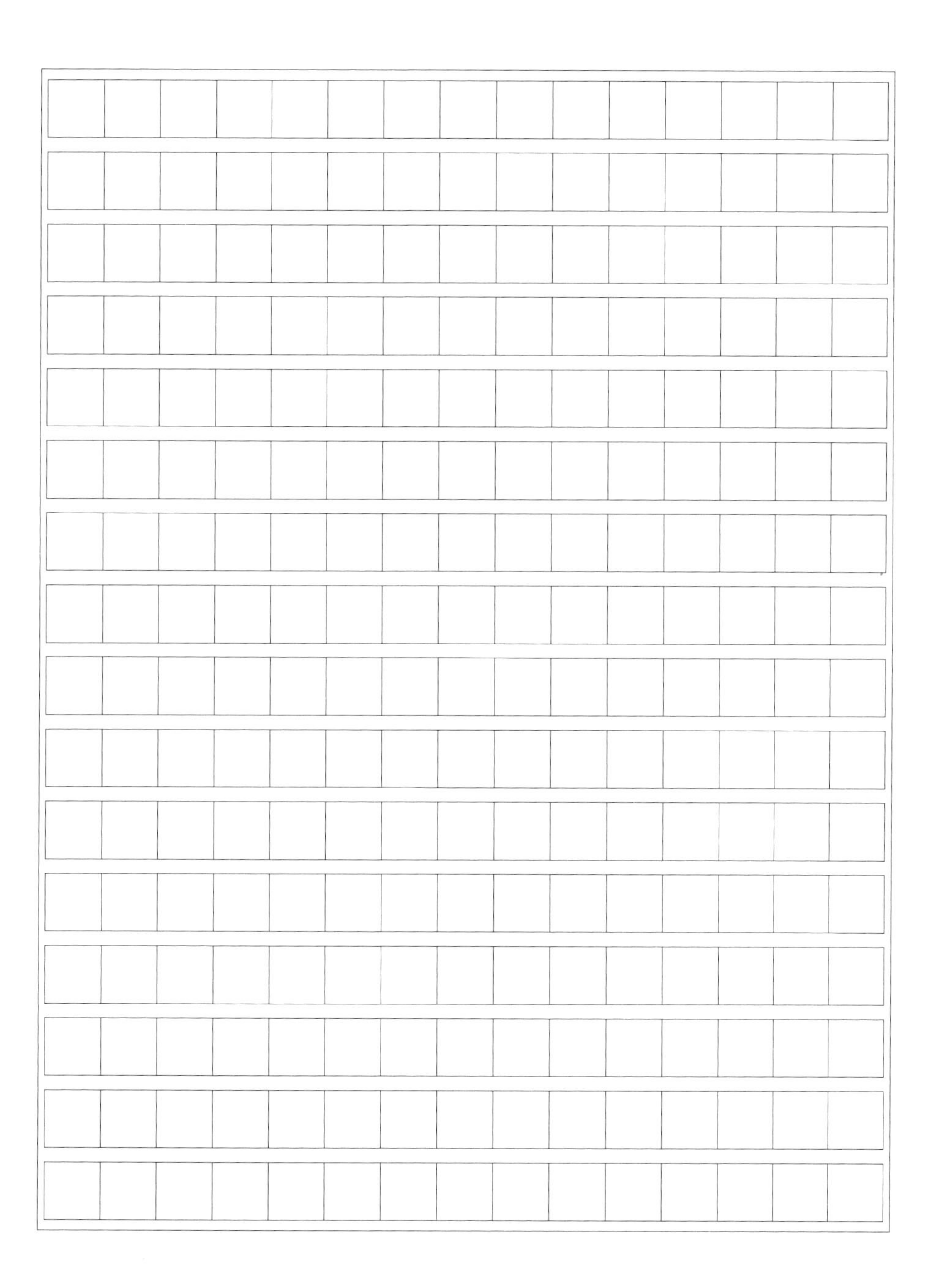